5歳児の指導計画完全サポート

監修／原 孝成

はじめに

　近年、共働き家庭の増加や、働き方の変化などにより、保育所・幼稚園・認定こども園などに通う子どもが増えています。

　2017年3月の保育所保育指針及び幼保連携型認定こども園教育・保育要領の改定では、保育所・認定こども園が幼児教育を行う施設であることが明記され、乳幼児期の学びを保障することが大きな課題となっています。また、改定においては幼児期に育みたい資質・能力が明確に示され、5領域に基づく学びの重要性が記載されるようになりました。

　改定されても「『保育』は養護と教育が一体的に行われるものである」という考え方自体は変わりません。ただ、「養護」は基礎的事項として、より安全で安心できる子どもの生活環境をつくっていく保育者の視点としてまとめられました。また、「教育」の側面である「保育内容」は内容の充実と質の向上がはかられるようになりました。

　このような社会や制度の変化のなかで、一人ひとりの子どもを理解し、子どもの最善の利益のために適切な環境を構成していくことや、指導計画を立案していくこと、それに基づく実践をとおして自分の保育を振り返り、次の指導計画を改善・立案していくことが、保育者の重要な役割となります。

　本書が、そのような保育者にとって保育の質を向上させる一助となれば幸いです。

原 孝成

目次

はじめに 1

第1章 指導計画の基本

保育所保育指針改定で
指導計画はどう変わったの？ 6
指導計画はなぜ必要なの？ 8
10の姿をどう保育に生かすの？ 10
5歳児の発達と指導計画 12
指導計画にはどんな種類があるの？ 14
要録はどう変わったの？ 16
月案の見方のポイント 18
月案の項目別・指導計画のポイント 20
週案・日案について 24
週案の見方のポイント 26
日案 28
年度の最初に立てる計画のポイント 30
年間指導計画 32
5歳児教育課程 34
食育計画 36
保健計画 38
避難訓練計画 40
学校安全計画 42
避難訓練、防犯対策は
子どもが覚えやすい標語で 44

第2章 12か月の指導計画

4月の指導計画

月案（めろんぐみ：保育所） 46
月案（すいかぐみ：保育所） 48
月案（しろくまぐみ：幼稚園・認定こども園） ... 50
週案（保育所） 52
4月の遊びと環境 54
4月の文例集 55

5月の指導計画

月案（めろんぐみ：保育所） 56
月案（すいかぐみ：保育所） 58
月案（しろくまぐみ：幼稚園・認定こども園） ... 60
週案（保育所） 62
5月の遊びと環境 64
5月の文例集 65

6月の指導計画

月案（めろんぐみ：保育所） 66
月案（すいかぐみ：保育所） 68
月案（しろくまぐみ：幼稚園・認定こども園） ... 70
週案（保育所） 72
6月の遊びと環境 74
6月の文例集 75

7月の指導計画

月案（めろんぐみ：保育所） 76
月案（すいかぐみ：保育所） 78
月案（しろくまぐみ：幼稚園・認定こども園） ... 80
週案（保育所） 82
7月の遊びと環境 84
7月の文例集 85

幼保連携型認定こども園園児指導要録（1学期） ... 86

8月の指導計画

月案（めろんぐみ：保育所） 88
月案（すいかぐみ：保育所） 90
月案（しろくまぐみ：幼稚園・認定こども園） ... 92
週案（保育所） 94
8月の遊びと環境 96
8月の文例集 97

9月の指導計画

項目	ページ
月案（めろんぐみ：保育所）	98
月案（すいかぐみ：保育所）	100
月案（しろくまぐみ：幼稚園・認定こども園）	102
週案（保育所）	104
9月の遊びと環境	106
9月の文例集	107

10月の指導計画

項目	ページ
月案（めろんぐみ：保育所）	108
月案（すいかぐみ：保育所）	110
月案（しろくまぐみ：幼稚園・認定こども園）	112
週案（保育所）	114
10月の遊びと環境	116
10月の文例集	117

11月の指導計画

項目	ページ
月案（めろんぐみ：保育所）	118
月案（すいかぐみ：保育所）	120
月案（しろくまぐみ：幼稚園・認定こども園）	122
週案（保育所）	124
11月の遊びと環境	126
11月の文例集	127

12月の指導計画

項目	ページ
月案（めろんぐみ：保育所）	128
月案（すいかぐみ：保育所）	130
月案（しろくまぐみ：幼稚園・認定こども園）	132
週案（保育所）	134
12月の遊びと環境	136
12月の文例集	137

幼保連携型認定こども園園児指導要録（2学期） … 138

1月の指導計画

項目	ページ
月案（めろんぐみ：保育所）	140
月案（すいかぐみ：保育所）	142
月案（しろくまぐみ：幼稚園・認定こども園）	144
週案（保育所）	146
1月の遊びと環境	148
1月の文例集	149

2月の指導計画

項目	ページ
月案（めろんぐみ：保育所）	150
月案（すいかぐみ：保育所）	152
月案（しろくまぐみ：幼稚園・認定こども園）	154
週案（保育所）	156
2月の遊びと環境	158
2月の文例集	159

3月の指導計画

項目	ページ
月案（めろんぐみ：保育所）	160
月案（すいかぐみ：保育所）	162
月案（しろくまぐみ：幼稚園・認定こども園）	164
週案（保育所）	166
3月の遊びと環境	168
3月の文例集	169

個別の指導計画

項目	ページ
3、4、5歳児の個別の指導計画	170
Dちゃんの個別指導計画（入園時に配慮が必要なことがわかっているとき）	172
幼保連携型認定こども園園児指導要録（3学期）	176
保育所児童保育要録	178
保育日誌	182
写真や動画を記録に生かすには？	186
CD-ROMについて	188

本書の使い方

第1章 指導計画の基本を解説！

本書の第1章では、指導計画がなぜ必要なのか、指導計画にはどんな種類があるのか、また、改定された保育所保育指針に基づいた、指導計画の作成のポイントや、年度はじめに立てる計画について説明しています。

第2章 その月に必要な指導計画がまるごとわかる！

本書は、月ごとに指導計画を掲載しています。その月に必要な指導計画がまとめて見られますので、実際に計画を作成する際に便利です。また、1年間の保育の流れや、それぞれの計画の関連性についても理解しやすい構成となっています。

付属CDR すべての例文を掲載！

本書に掲載されている指導計画の例文はすべて、付属CDRに掲載されています。コピーして、ご自身の園の指導計画に貼り付けることで、すぐに利用することができます。

第 1 章

指導計画の基本

この章では、「指導計画」とは何か、なぜ必要なのかについて説明しています。
また、それぞれの計画を立案する際のポイントについてもまとめています。

保育所保育指針改定で
指導計画はどう変わったの？

保育所保育指針、幼稚園教育要領、幼保連携型認定こども園教育・保育要領が改定（訂）＊され、2018年4月から施行されましたが、どのような内容なのでしょうか。また、指導計画にはどのような影響があるのでしょうか。ここでは、特に保育所保育指針（以下、指針）の改定を中心に見ていきましょう。

1. 保育所保育指針の改定について

❶改定のポイントは？

①0・1・2歳児＊も「教育の視点」が充実！

新しい指針では、0・1・2歳児の項目が充実しました。それにともない、これまで3歳以上児で重視されていた「教育」の視点が、新しい指針では0・1・2歳児にも多く入りました。

②養護がより重要に！

これまでの指針では、養護は保育内容の項目に入っていましたが、新しい指針では第1章「総則」の「基本的事項」に入りました。これは、養護の視点がより重要になった、ということを示します。

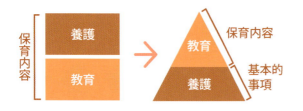

③具体的な保育目標が示された

新しい指針では、具体的な保育の目標となる「育みたい資質・能力」「幼児期の終わりまでに育ってほしい姿」（以下、10の姿）が示されました。これは、今までの指針にはなかったものです。

❷保育所保育指針、幼稚園教育要領、幼保連携型認定こども園教育・保育要領の3つには関連性はあるの？

もともと「保育内容」の項目においては、この3つは共通の形をとっていましたが、今回の改定により、保育所・幼稚園・認定こども園において日本の乳幼児期の子どもが受ける「幼児教育」を、3つの施設で共通して行おうという姿勢がより全面に押し出されることになりました。ここでいう「幼児教育」とは、3歳未満児からの教育も含めます。

＊改定（訂）：保育所保育指針は「改定」、幼稚園教育要領と幼保連携型認定こども園教育・保育要領は「改訂」と表記されている。
＊0・1・2歳児：保育所保育指針では0歳児を「乳児」、1・2歳児を「1歳以上3歳未満児」としている。

2. 特に指導計画に関わる部分について

❶指導計画の位置づけは？

今回の改定で、指導計画の項目が、第4章から第1章「総則」に移動されました。これは、指導計画がより重要な位置づけになったことを示します。今後は、指導計画を立てることが保育者の重要な役割の一つであることを意識しましょう。

❷計画の流れは変わるの？

基本的に流れは変わりません。ただし、保育者の保育に対する見方が変わります。これまでは、幼児教育における「目標」というのはあくまで方向性であって達成目標ではない、という漠然としたものであったと思います。しかし、10の姿が示されたことによって、育ってほしい姿が具体的になり、評価の視点が明確になりました。活動そのものは変わらなくても、日々の保育の先に10の姿があることを念頭に置きながら立案しましょう。

❸評価の視点は変わったの？

目標が具体化したことにより、評価の視点もより明確で、具体的になりました。しかし、評価自体が変わるわけではありません。10の姿とは、決して達成度のチェックリストではないのです。

❹「0・1・2歳児の教育の視点充実」を指導計画にどう反映させればいいの？

これまで、0・1・2歳児の保育では「養護」の側面が重要視されていましたが、今回の改定により、0・1・2歳児のなかにも「学び」や「教育」の視点があるということが示されました。つまり、これまで養護の「ねらい」「内容」に入れていた項目のなかにも「教育」に入る要素がある、という視点で指導計画を作成していくことが大切なのです。

❺3歳以上児の個人案はどう変わったの？

従来と同じく3歳以上児については、特に配慮が必要な子どもの個別の指導計画を作成します。指導計画の作成に当たっては、一人ひとりの子どもの理解が重要となります。子どもを理解する視点としては、その子どもの体の機能に関する生理的・医療的な情報、生活習慣の自立、運動・言葉・理解力などの発育状況、行動面での特徴など心理的、保育・教育的情報、園での友だち関係や家庭・地域社会との関係などの社会的情報をしっかり把握しておくことが重要になります。

▶ くわしくは170、171ページ

❻小学校への接続はどう変わったの？

今回、小学校の学習指導要領※も改訂され、それに伴い、小学校の学習についても10の姿を踏まえることが明記されました。今後、保育所・認定こども園等側からだけでなく、小学校側からも積極的に連携が進められることが期待されます。そのため、10の姿を踏まえた園の保育目標や子どもの記録を整えていくことが、これから重要になると思われます。

※学習指導要領:学校教育法等に基づき、各学校で定められる教育課程（カリキュラム）を編成する際の基準。

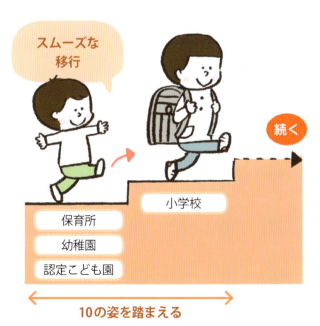

指導計画はなぜ必要なの?

指導計画はなぜ必要なのでしょうか。計画を立てるためにどのような視点があるのでしょうか。
ここでは、計画の必要性と計画を立てるために必要な乳幼児期の子どもを見るための視点を見ていきましょう。

1. 指導計画とは?

　保育所保育指針では、第1章の「総則」において、「保育の目標」が示されています（下図）。これを達成するために各園で「全体的な計画」を作成します。指導計画とは、この全体的な計画に基づいて、保育が適切に展開されるために作成する具体的な計画のことをいいます。つまり指導計画とは、保育の目標を達成するためにあるのです。

保育の目標

- ✚ 健康（心と体の）
- ♥ 人間関係（人との関わり）
- 🍎 環境（生命、自然及び社会の事象に対する興味や関心）
- 💬 言葉（言葉への興味や関心）
- ♪ 表現（豊かな感性や表現力）

以上：教育

- 養護（生命の保持及び情緒の安定）

2. 養護と教育とは?

　保育とは、養護と教育を一体的に行う営みです。

養護…子どもが安心して生活していくために保育者が行う援助や関わり
教育…子どもが健やかに成長し、活動が豊かに展開されるために保育者が行う発達の援助

　指導計画において「養護」とは、子どもたちが成長していく基礎となるもので、保育者の視点で書かれます。生命の保持や情緒の安定といった養護の要素というものは、常に安定していることが重要です。実際の指導計画においても「養護のねらい」は、前月と変わらないということもあります。

　指導計画において「教育」とは、子どもたちが学んでいく姿や環境のなかで成長していく力を書くもので、子どもの視点で書かれます。日々子どもたちが学ぶことは変化していくので、「教育」の要素というものは、常に子どもに合わせて変化させていくことが重要です。

3. 5領域とは？

5領域とは、子どもの育ちに関わる要素を「健康」「人間関係」「環境」「言葉」「表現」の5つに分類したものです。指導計画においては、「保育内容」の項目になる部分です。それぞれの項目の特徴は下記の通りです。

①健康	心身の健康に関する領域
②人間関係	人との関わりに関する領域
③環境	身近な環境との関わりに関する領域
④言葉	言葉の獲得に関する領域
⑤表現	感性と表現に関する領域

4. 育みたい資質・能力とは？

今回の指針改定で、一生ものの「生きる力の基礎」として幼児教育で一体的に育みたい3つの柱が、「育みたい資質・能力」として具体的に示されました。これにより、乳幼児期の教育が、小学校・中学校・高校へとつながる学びの基礎となることがよりはっきりと示されました。指導計画においては特に「ねらい」を立てるときに、育みたい資質・能力を念頭に置くとよいでしょう。

育みたい資質・能力

知識及び技能の基礎

遊びや生活のなかで、豊かな経験を通じて、さまざまなことについて感じたり、気づいたり、わかったり、できるようになること

思考力、判断力、表現力等の基礎

遊びや生活のなかで、気づいたこと、できるようになったことなども使いながら、考えたり、試したり、工夫したり、表現したりすること

学びに向かう力、人間性等

心情、意欲、態度が育つなかで、よりよい生活を営もうとすること

5. 幼児期の終わりまでに育ってほしい姿（10の姿）とは？

10の姿は、5領域がめざす目標をよりくわしく表したもので、適切な生活や遊びの積み重ねで見られるようになる子どもの姿です。子どもによって見られる姿は異なり、到達すべき目標ではありません。今後は10の姿を念頭に置いて、すべての計画を作成していく必要があります。また、この10の姿は、小学校の先生たちが、小学校に入ってくる子どもたちがこれまでどのような保育を経験してきたかを見るための視点としても使用されます。

▶ くわしくは10、11ページ

10の姿をどう保育に生かすの?

2018年4月より施行された保育所保育指針等では、5歳児の後半ごろまでに育ってほしい具体的な「10の姿」を示しています。内容について、くわしく見ていきましょう。

幼児期の終わりまでに育ってほしい10の姿

10の姿は5歳児の後半ごろまでに育ってほしい具体的な姿です。3、4歳児ごろから念頭に置いて指導計画のねらいを立て、5歳児の終わりごろまでに10の姿につながるような経験ができることが望ましいといえます。

❶健康な心と体 ▶健

・どんな内容?
身体を動かして運動能力を適切に発達させたり、自分のやりたいことをしたりして、安定した心の状態が得られることです。また、子ども自身がすすんで健康を保持したり、安全を意識したりして行動できるようになることも含まれます。

・たとえばどんな活動で身につくの?
日々の遊びのなかで、楽しいと感じられることを思う存分行うとよいでしょう。健康維持については、衛生習慣を身につけるだけでなく、病気予防や食にも関心をもてるような活動を取り入れます。安全に対する意識については、場に応じた行動をとることで育まれますので、さまざまな状況や場面を経験することが大切です。

❷自立心 ▶自

・どんな内容?
やりたいことをやってみることから始まり、年齢が上がるにつれて「最後までやりぬこうとする気持ち」が育まれていきます。できるようになった喜びや満足感が自信となり、自分のことを自分でやりたいという心の成長につながります。

・たとえばどんな活動で身につくの?
新しいことに挑戦する機会をつくりましょう。はじめはうまくできないことも、工夫を重ねて「できるようになる」力が身についていきます。少し上達したらほめてがんばりを認め、あきらめずに「もう一度やってみよう」という気持ちが芽生えるような言葉がけがとても重要です。自分で乗り越えた満足感、達成感が自立心に結びつきます。

❸協同性 ▶協

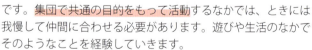

・どんな内容?
友だちと関わるなかでお互いの思いや考えなどに気づき、共有することです。集団で共通の目的をもって活動するなかでは、ときには我慢して仲間に合わせる必要があります。遊びや生活のなかでそのようなことを経験していきます。

・たとえばどんな活動で身につくの?
遊びのなかで、共通の目的のためにともに考えたり工夫したり、協力し合う体験が共同性につながります。他児の行動を見たり他児のイメージを知ったりして刺激を受け、そこに自分なりのイメージを足して遊びを広げるごっこ遊びも、友だちとの関わりが深まる遊びです。運動会などの行事も仲間意識が芽生えやすく、クラス全体に一体感が生まれるよい機会となります。

❹道徳性・規範意識の芽生え ▶道

・どんな内容?
道徳性とは、良いことと悪いことがきちんと判断できることで、規範意識とは、社会的なルールを守ったり、生命を尊重する心が身についたりすることです。自分がルールを破りそうになったときに気づき、コントロールできる態度が望まれます。

・たとえばどんな活動で身につくの?
ルールのある遊びや活動のなかで、子ども同士のトラブルを経験することが重要です。年齢の低い子どもの場合は保育者の仲立ちが必要ですが、5歳児では、なるべく自分たちで解決できるように支えます。自分の思い通りにならないことがあっても、納得して気持ちを切り替える「自己調整力」は、生活の中で身についていくものです。

❺社会生活との関わり ▶社

・どんな内容？

友だちや保育者、地域の身近な人々などとふれあい、つながりがあることに気づき、そのなかで自分が誰かの役に立つことを意識することです。また、世の中のものや事象などの情報を集め、役立てることも含まれます。

・たとえばどんな活動で身につくの？

散歩の際に商店街に行く、敬老の日に近所の高齢者施設を訪ねるなど、遊びや行事をとおして園内外のいろいろな人と関わる機会をつくりましょう。また、日本の伝統文化や行事に親しむこと、世界の文化にふれることも社会への関心を広げることにつながります。必要に応じて図鑑や映像なども活用し、情報にふれられるようにしましょう。

❻思考力の芽生え ▶思

・どんな内容？

ものとの多様な関わりから、子どもが自由に試したり工夫したり考えたりして思考力を発展させていくことです。また周囲の友だちと関わって遊ぶなかで、イメージを広げ、よりよい考えを自ら生み出していきます。

・たとえばどんな活動で身につくの？

製作遊びやごっこ遊びをとおしてイメージを広げることはもちろん、植物を見て色や形の違いに気づくことも該当します。どんな経験をしても子どもはさまざまなことを考えていますので、子どもの考えを引き出す言葉がけが大事です。先回りして正解の答えを与えてしまうのではなく「どうしたらいいと思う？」と問いかけ、ともに試行錯誤を楽しみましょう。

❼自然との関わり・生命尊重 ▶然

・どんな内容？

動植物の飼育や観察をとおし、生物が成長する不思議に関心をもち、命の大切さを感じとることです。また四季折々の季節感、雨風や太陽の日ざしなど感覚で自然を感じることも、子どもの心を豊かに育みます。

・たとえばどんな活動で身につくの？

幼児期の子どもは悪気なく生物を乱暴に扱うことがありますが、そうした際に命の大切さが理解できるような言葉がけをしたり、日ごろから大人が生物にどのように接しているかを見せたりしていくことが大事です。飼育係、植物の水やり係などの当番体験、1年の自然の移り変わりを意識できる戸外活動を充実させましょう。

❽数量や図形、標識や文字などへの関心・感覚 ▶数

・どんな内容？

数や文字の形や意味、大小・長短・重さや軽さなどを比較することに関心がもてるようにすることです。また、標識など生活のなかで意味を伝える記号やマーク、世界の国旗などにふれることも大切です。

・たとえばどんな活動で身につくの？

遊びや生活のなかで、数や文字に興味をもてる活動を計画していきましょう。たとえば、いもほりの際にいもの大きさ比べをすると、何をもって比較すればよいかを子どもなりに考えます。文字に関しては、お店やさんごっこの看板などを率先して書きたがる子どももいます。文字の練習ではなく、「書きたい」「読みたい」という自発的な気持ちを大切にしましょう。

❾言葉による伝え合い ▶言

・どんな内容？

「伝え合い」とは相手の話に関心をもって聞き、その内容を受け止めたうえで自分の思いを相手に伝えることです。絵本や物語などに親しみ、言葉の響きを楽しみながら、言葉や表現を身につけることが望まれます。

・たとえばどんな活動で身につくの？

朝の会や帰りの会などで発表や話し合いの時間を設けるほか、活動の際にグループごとに「作戦会議」をすると、子どもたちはことのほか活発に意見を出し合います。また、子ども同士で遊びのやり方を教え合う場をつくるのもよいでしょう。また、園の入口に写真を掲示しておくと、子どもたち自身が、家庭で保護者に、園での活動を説明するきっかけになります。

❿豊かな感性と表現 ▶感

・どんな内容？

感性とは、諸感覚で感じとる、受け止める力です。自然物の変化や天候に季節感を感じたり、絵や音楽に楽しさや美しさを感じたりすることです。表現とは、自分の内面にあるものを、絵や歌や楽器、動作や言葉などで表すことを指します。

・たとえばどんな活動で身につくの？

絵や製作、歌や楽器演奏などの表現が重視される傾向がありますが、「見る」「聴く」といった「鑑賞」によって感性を磨くことをおろそかにしてはいけません。製作したものを子ども同士で見せ合い、友だちの作品について話したり、他のクラスの歌を聞いたりすることも立派な鑑賞です。また、季節の移り変わりをさまざま方法で感じるような戸外での経験も大切です。

▶月案・週案のマークもチェックしよう！

5歳児の発達と指導計画

	5歳～	～5歳6か月
食事	● 他児の食べるペースに合わせたり、時間配分を意識して完食できるようになる。 ● 食事中のマナーを守ろうとする。	● 食材や料理についての関心が高まり、好きな食べ物について話すことが増える。 ● 食事と健康保持の結びつきを理解するようになる。
睡眠	● 午睡前後の身支度を自分でできるようになる。 ● 午睡を必要としない子どもが増える。	● ふだんは午睡をしなくても、疲れを感じた日には自ら眠ろうとする。 ● 睡眠や休息の必要性を理解するようになる。
排泄	● 活動の途中でも、トイレに行きたいと伝えることができるようになる。 ● 一人で排泄ができ、便の後始末もできるようになる。	● 長時間の活動の前に、自ら意識してトイレに行っておこうとする。 ● 排泄後、自分から手洗いをする。
言葉	● 気持ちや経験したことを自由に話せるようになる。 ● 発音が明瞭になり、赤ちゃん言葉をあまり使わなくなる。	● 人の話を聞く力が育ち、質問に的確に答えられるようになる。 ● 字を読んだり書いたりすることに興味をもつ。
運動	● 運動機能が成熟し、全速力で走れるようになる ● 集中力、持久力などが発達し、上達するまで挑戦するようになる。	● 手指の器用さが発達し、ボタンかけやひもを結ぶなど細かい作業ができるようになる。 ● 身体のさまざまな部分を同時にコントロールでき、跳び箱、鉄棒などが上手になる。
人間関係	● ルールを守って、皆で遊ぶ楽しさを感じる。 ● 年下の子の気持ちを考えながら、世話をしたり遊んであげたりできる。	● 当番や係の役割を楽しみ、友だちと協力して取り組むようになる。 ● 保育者や友だちの気を引くためわざと乱暴な行動をする子どももいる。

5歳児は、満5歳～6歳になるまでの時期を示します。この時期は、基本的生活習慣が身につき、見通しをもって生活や遊びに取り組むことができるようになる時期です。また、この時期になると、友だちと相談しながら1つのものをつくったり、力を合わせて目的や課題に取り組めるようになります。ただし、発達には個人差がありますので、あくまで目安ととらえておき、指導計画作成の際に配慮する必要があります。

▶ ～6歳

● 調理や野菜の成長に興味をもつ。 ● ほぐす、つまむなど箸を上手に使えるようになる。	● 箸の使い方のマナーを意識するようになる ● 味わって食べ、味覚を言葉で表現するようになる。
● 午睡をとらなくても、休息時間の意味を理解して静かに過ごすことができる。 ● 目覚めたとき、スムーズに起き、次の活動にうつることができる。	● 午睡をほぼ必要としなくなる。 ● 早寝早起きの意義がわかり、規則的な生活習慣を意識するようになる。
● トイレをノックする、ドアをきちんと閉めるなどのマナーが身につく。 ● トイレを汚したときは自分で始末をしたり、保育者に伝えることができる。	● トイレットペーパーをちょうどよい分だけ使うことを意識できる。 ● 順番を守る、清潔に保つなどを意識してトイレを使う。
● 要求や反論などの主張に、理由をつけて話せるようになってくる。 ●「を」「に」などの助詞を正しく使った文章で話せるようになる。	● 言葉を使って自分の考えを組み立てるようになる。 ● 人の話をよく聞き、皆で会話することを楽しむことができる。
● 冒険的な遊びを好むようになり、危険な遊び方をする子どももいる。 ● ボール投げやサッカーなど距離感を意識して行えるようになる。	● 平衡感覚が発達し、右と左を別々に動かす動作ができるようになる。 ● 全身の運動機能がほぼ完成し、大人と同じような動きができるようになる。
● 友だちと自分を比べる視点をもつようになる。 ● よいこと、悪いことを理解しながら行動し、子どもだけで問題を解決するようになる。	● 友だちの意見や考えを受け入れようとする。 ● 友だちと一緒に取り組むことに喜びを感じる。

指導計画にはどんな種類があるの？

指導計画にはどんな種類があるのでしょうか。立てる時期と、種類について見ていきましょう。

1. 何を、いつ計画するの？

❶年度の最初に立てるもの
――年間指導計画・食育計画・避難訓練・保健計画

年度のはじめ（あるいは前年度末）に立てる指導計画の代表は、年間指導計画です。年間指導計画は、年齢別に1年間の主な活動を見通すもので、「全体的な計画」（幼稚園、認定こども園の場合には教育課程も）をもとに、季節の行事を考慮しながら記載します。全体的な計画は、毎年さほど大きく変わることはありませんので、年間指導計画も前年度のものをベースとして作成します。ただ、保育所保育指針が改定されたなどの際には、計画を再度検討することが必要となり、それに伴い年間指導計画も見直しを検討します。立案の際には12か月を見渡し、行事が多すぎる月がないかバランスを見ることも重要です。

食育計画や避難訓練、身体測定や健康診断などの保健計画も基本的には前年度の計画をもとにし、年度の最初に立てます。これらの計画は、外部の関係者とのスケジュール調整が必要なため、年度はじめには確定できない場合がありますが、実施する時期の目安は決めておきます。　▶くわしくは30、31ページ

❷月ごとに、あるいはもっと短期のスパンで立てるもの――月案、週案、日案、個人案

月案は毎月の具体的な指導計画で、年齢ごと、またはクラスごとに作成します。大体の場合、年度初めに3か月〜半年分ほど作成し、その後はクラスの状態を見ながら調整していきます。

週案は前週の終わりに作成するため、柔軟性のある計画づくりを心がけましょう。天候や子どもの状況などを見ながら作成していきます。

個人案は、障がいのある子どもなど、特別な配慮が必要な子どもに対し、個別で作成するものです。家庭や関係機関と連携しながら計画を立案することが大切です。いずれも、子どもの日々の状態をよく観察しながら、次の計画作成へと生かしていくことが大切です。

> 先週は雨で室内で遊ぶことが多かったから、今週は外での活動を増やそう。

4月	年度の最初（年度末）に立てるもの

- 年間指導計画
- 食育計画
- 保健計画
- 避難訓練計画

4月〜3月	月ごとに、あるいはもっと短期のスパンで立てるもの

- 月案
- 週案
- 日案
- 個人案

青文字…長期の指導計画　赤文字…短期の指導計画

❸振り返り

指導計画作成、日々の保育活動を充実したものにするうえで、振り返りは大変重要な要素です。園は、子どもたちがともに生活しながら心身ともに健やかに成長していくための場です。活動を滞りなくこなしていくのではなく、「ねらい」の達成のための環境構成や保育者の関わりが適切であったかを立ち止まって考え、明日の保育に生かしていくことが大切です。

振り返り

前月の計画 → 計画の立案 → 振り返り

2. 年間指導計画とは？月案とは？

❶年間指導計画とは？

どんな計画？
年間指導計画とは年齢ごとに、各園の全体的な計画に沿いながら作成する計画です。

どんな内容？
1年間の園の行事を念頭に置きながら、1年のなかでどんなことを経験し、達成させたいかについて考慮しながら期ごとに立案していきます。

1期 4〜6月
2期 7〜9月
3期 10〜12月
4期 1〜3月

誰が立てるの？
園長（施設長）が中心となって保育者全員で作成します。

大切なこと
大きな行事以外にも、水遊びや木の実拾いなど季節の遊び関連、また「こういう体験をしてほしい」といった園の方針を踏まえた活動計画を加えていきます。

▶ 年間指導計画の見方は32、33ページ

❷月案とは？

どんな計画？
月案とは、年間指導計画をもとにした年齢ごと、あるいはクラスごとにつくられる月単位の計画です。

どんな内容？
必須となる活動を配置しながら、「ねらい」を達成するための活動内容、環境構成など具体的な計画を記します。

誰が立てるの？
主任の保育者を中心に、実際に日々子どもたちに接しているクラス担任が話し合い、クラスの特徴や状況に合った計画を立てます。

大切なこと
年間の目標を達成するための段階が踏めているかどうか、長期的な視点を忘れないように注意します。月案は必ず、計画、実践、評価、改善の手順で次の月に計画を生かしていきましょう。

▶ 月案の見方は18、19ページ
▶ 週案・日案のポイントは24、25ページ

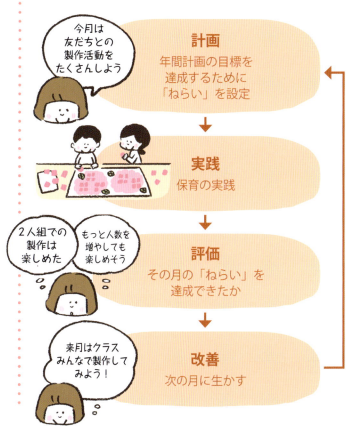

要録はどう変わったの？

保育所保育指針等の改定にともない、各教育・保育施設から小学校へと送られる要録（保育所児童保育要録等）の書式も変更されました。その内容と書き方のポイントについてみていきましょう。

要録ってどんな記録？

要録は、子どもたちが卒園を迎えるまでにどのような育ちがあったかを記録するもので、小学校に送られます。施設の性格上から要録の書式は異なりますが、いずれも「10の姿」の視点をベースに置いた記録であり、基本的な内容は同じです。小学校の通知表のように「〜の課題ができたか」という評価判定ではなく、あくまでも子どもたちの育ちの姿を記録します。

【保育所児童保育要録】

どの期間の記録？
入園したときからの記録をもとに、5歳児クラスの1年間の記録について年度末までにまとめます。

誰が書くの？
5歳児クラス時の担任の保育者が書きます。

1歳のとき　　5歳のとき

【幼保連携型認定こども園園児指導要録、幼稚園幼児指導要録】

どの期間の記録？
入園時から学期ごとに記録をまとめておき、3年間（2年保育の場合は2年間、認定こども園については入園から）の3学期分を提出します。

誰が立てるの？
3年間（あるいは2年間）の各担任の保育者が、それぞれ担当した年度の記録を書きます。

大切なことは？

一人ひとりの子どもについて、どんな力が育ったか、どんなことを乗り越えたか、どんな体験をしたかを10の姿と5領域に沿ってできるだけ具体的に記します。できないこと、即ちマイナス視点の評価は書く必要はありません。

長いスパンでの成長について書くには、日々の記録が大事になります。月ごと、学期ごとの振り返りをまとめる際に、それぞれの子どもたちの記録をその都度、10の姿を意識しながら見るなかで、どのような育ちがあったかが見えてくるでしょう。10の姿の視点を踏まえることで、保育所・幼稚園・認定こども園に通った子どもの情報が統一された形で小学校に渡るため、小学校では一律に子どもたちの状況について把握しやすくなるというメリットがあります。

保育所児童保育要録の見方

保育の過程と子どもの育ちに関する事項
主に最終年度（5歳児）における1年間の保育の過程と子どもの育ちについて、10の姿や5領域を考慮しながら記載する項目です。

最終年度に至るまでの育ちに関する事項
最終年度に至るまで（入園〜4歳児クラス）の育ちの経過や背景について、入園からのさまざまな記録を活用しながら記載します。

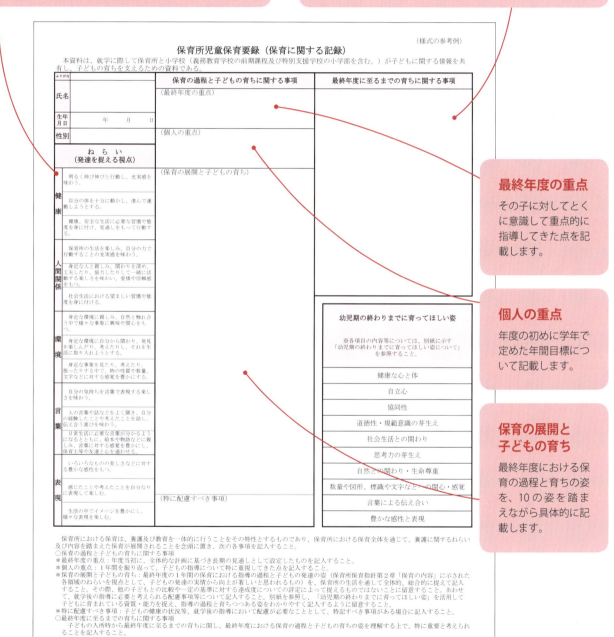

最終年度の重点
その子に対してとくに意識して重点的に指導してきた点を記載します。

個人の重点
年度の初めに学年で定めた年間目標について記載します。

保育の展開と子どもの育ち
最終年度における保育の過程と育ちの姿を、10の姿を踏まえながら具体的に記載します。

▶ 保育所児童保育要録の文例は178ページ
▶ 幼保連携型認定こども園園児指導要録の文例は86、138、176ページ

月案の見方のポイント

月案は、年間指導計画をもとに、大きな行事を軸としながら作成します。
子どもたちが充実した園生活を送れるよう、
その時期の発達の特性に合った活動と援助を考えます。
季節感に富んだ活動を意識することも大切です。

前月末の子どもの姿
各月の活動を考えるにあたっては、そのときどきの子どもの状態や興味を踏まえることが重要になります。一人ひとりの姿を観察し、浮かびあがってきたことを具体的に書きます。

ねらい
年間指導計画のねらいと、現在の子どもの姿を踏まえて考えます。発達のようすや季節感を考慮して作成します。

内容
「ねらい」を達成するためには、子どもにどのような経験をさせたいか、具体的な活動や体験の内容を書きます。

職員との連携
計画を実践していくうえで必要な共通認識、保育者やほかの職員間の役割担当、特に重視すべき連絡事項について書きます。

家庭・地域との連携
保護者や地域とともに子どもを育てていくという立場から、共有すべき事柄について書きます。各家庭、地域の方々と信頼関係を築くことを目的とします。

5月 月案・めろんぐみ 保育所

CD-ROM → 5歳児_月案
→ p56-p61_5月の月案（めろんぐみ）

5月　めろんぐみ　月案
担任：A先生

今月の保育のポイント
連休前に身についた生活リズムが、連休中に崩れやすくなります。保護者にも協力してもらい、少しずつリズムを取り戻していきましょう。連休中の出来事や健康状態について保護者に確認し、体調の変化を見逃さないよう見守っていくことが必要です。

前月末の子どもの姿
- 連休中の家族での計画を楽しみにしている様子が見られた。
- 素材の違いを感じながら、イメージしたものをつくる活動を楽しんでいた。

[5領域]
健康＋
人間関係♥
環境★
言葉●
表現♪

	ねらい	内容
	＋身のまわりのことについて見通しをもってすすんで行う。	＋汗をかいたとき、汚れたときなど、自分からすすんで衣服を着替える。
	♥地域の人たちに親しみをもつ。	♥こどもの日の行事で、地域の人たちとの交流を楽しむ。
		♥こどもの日の前に、地域の人への招待状をつくる。
	★身近な動植物に興味や関心をもつ。	★散歩の時間に、花や葉、昆虫などを観察して楽しむ。
	●いろいろな言葉を使うことに興味をもつ。	●保育者との会話や絵本などによって新しい言葉に興味をもち、自分なりに使ってみようとする。
	★●♪身近にあるものの美しさに気づく。	★●♪日常生活のなかで美しいものをみつけ、感じたことを言葉に出して保育者に伝える。

職員との連携
- こどもの日の行事に地域の人たちにも参加してもらうことを計画し、配布するお知らせの内容を検討する。
- こどもの日の食事の内容を調理員などと話し合う。

家庭・地域との連携
- 町内会を通じて、地域の人たちをこどもの日の行事に招待し、子どもたちがつくった招待状を渡す。
- 散歩のときに子どもたちが話した内容を保護者に伝え、家でも子どもの話を聞く時間をとってもらうよう伝える。

養護のねらい
前月末の子どもの姿を踏まえながら、生命の保持と情緒の安定の視点から意識すべきことを書きます。

健康・安全への配慮
心身の健康を守るうえでの留意点について書きます。感染症がはやる時期の対策、予定している活動で注意すべき事柄を想定します。

行事
季節の行事、誕生会、避難訓練など、園でその月に行われる行事を書きます。

環境構成
「内容」を実現するために必要な物的環境（必要な道具）、空間の準備、人員の配置について書きます。

保育者の関わりと配慮事項
保育者が子どもたちに体験や活動を「させる」のではなく、子どもが自発的に行えるには、どのように関わるべきかを書きます。子どもの発達、感情面の安定にも留意して考えます。

反省・評価のポイント
その月が終わったあと、「ねらい」を達成できたか、そのための援助を行うことができたか、また立案そのものが適切であったかなどを振り返ります。この内容を、翌月の活動に活かしていきましょう。

食育
豊かな食の体験をし、食べることを楽しみ、興味をもてるような計画を考えます。行事食や旬の食材などにも配慮します。

[10の姿（幼児期の終わりまでに育ってほしい姿）]
健…健康な心と体　自…自立心　協…協同性　道…道徳性・規範意識の芽生え　社…社会生活との関わり　思…思考力の芽生え
自然…自然との関わり・生命尊重　数…数量や図形、標識や文字などへの関心・感覚　言…言葉による伝え合い　豊…豊かな感性と表現

5月・月案・保育所・めろんぐみ

養護のねらい
- 落ち着いて子どもがさまざまな活動に取り組めるような雰囲気づくりをする。
- 交通ルールを意識できるよう、外出の前には横断歩道を渡るときの決まりについて確認する時間をとる。

健康・安全への配慮
- 新しいクラスに慣れて活動的になる一方、けがをしやすくなるので事故が起こらないよう注意深く見守る。
- 汗をかいているときには、自分から衣服を着替えるよう声かけする。

行事
- こどもの日
- 身体測定
- 誕生会
- 避難訓練
- 職員会議

環境構成
- 子どもたちの衣服を取り出しやすい場所に置き、自分の衣服をすぐにみつけられるようにする。
- こどもの日の行事に地域の人たちを招待し、子どもたちとの交流の場をつくる。
- 子どもたちが興味をもったものをすぐに調べられるよう、ミニ図鑑や虫めがねを持参する。
- 自由に思ったことを口に出せるような雰囲気づくりをする。
- 壁面に絵を飾ったり、窓辺に花を飾ったりする。

保育者の関わりと配慮事項
- 汗をかいていても着替えようとしない子どもには声をかけ、清潔にすることの大切さを伝える。
- 日ごろから地域の人に親しみをもてるよう、外で会ったときにはあいさつをするよう促す。
- 子どもたちと一緒に図鑑で調べたり、子どもたちに質問をしたりする。
- 子どもの言葉の使い方が間違っていても、まずは受け入れ、話そうとしている意欲を認める。
- 「きれいだね」と子どもが話しかけてきたときには、子どもがどんなところに美しさを感じているかを言葉で引き出すように質問する。

食育
- こどもの日のかしわもちなどの行事食を知り、季節の行事について理解を深める。
- よくかんで食べることをしっかりと身につける。

反省・評価のポイント
- こどもの日に、子どもたちと地域の人たちが交流を楽しむことができたか。
- 園外保育の際に、子どもの発見や学びを深めることができたか。

月案の項目別・指導計画のポイント

月案は、月の単位で区切った計画です。月案を作成する際は、クラス全体を見渡すとともに個々の発達の違いにも配慮しながら計画を立てていきます。

① 前月末の子どもの姿とは　　保育者視点・過去形

「前月末の子どもの姿」は、前月にクラスの子どもたちがどんな体験をし、そのなかでどのような成長があったかを保育者を主語として記すものです。発達や体験の様子や集団としての姿がわかるように具体的に書きます。

表現のポイント

子ども一人ひとりの状況やクラスの雰囲気がわかるように書くことが大切です。ネガティブな表現になりすぎることは、避けましょう。

- ◯ 前年度の担任に甘える姿も見られたが、徐々に新しいクラスになじんできた。
- ✕ 新しい担任になじめなかった。

② ねらいとは　　子どもの姿・現在形

「ねらい」は、各月の、子どもたちに身につけてもらいたい力、体験してもらいたいことを示すものです。年間計画のねらいを達成するうえで各月にどのようなねらいを設定するか、または前月の子どもの発達や体験を踏まえてどう展開するか、2つの側面を考えて計画します。保育者が設定するものの、厳密には子ども自身のねらいですので、子どもを主語にして記します。

表現のポイント

従来は、心情（〜を楽しむ／〜を味わう）・意欲（〜しようとする）・態度（身につける／集団で〜する、ていねいに〜する）の要素を入れる、とされていましたが、それに加え今後は、「感じる」「気づく」「わかる」といった表現を使うとよいでしょう。単なる活動の列挙ではなく、子どもの自発的な姿を具体的に記します。

- ◯ 決まりを守って友だちと遊ぶことを楽しむ。
- ✕ ドッジボールや鬼ごっこを楽しむ。

○養護のねらいとは　　保育者視点・現在形

「養護のねらい」は、子どもの生命の保持、情緒の安定をはかるために必要な「保育者の関わり」について、保育者視点で書きます。子ども一人ひとりの発達の状況や集団としての姿を想定したうえで、感染症対策や生活や遊びの環境づくりのなかで気をつける点について記します。また、子どもたちが安心して自分の気持ちを表せるような保育者の関わり方についても書いていきます。

表現のポイント

養護は子どもたちが生活するための基礎となるものです。常に安定していることが大切ですので、養護のねらいは数か月にわたって同じこともあります。

> 🧑保育者視点 …… 保育者の視点で文章を書く。　🧑子どもの姿 …… 子どもの姿を書く。
> 現在形・過去形 …… それぞれ現在形（〜である）、過去形（〜であった）で文章を書く。

③ 内容とは 🧑子どもの姿 ・ 現在形

「内容」は、「ねらい」を達成するために経験させたい姿を具体的に書きます。この際、個々の運動能力の発達、体力、季節感、またクラスの子どもたちがどのような遊びを好んでいるかなどを踏まえることも必要となります。保育者が援助しつつも、活動する主体は子どもですので、子どもを主語にして記します。

表現のポイント

「ねらい」よりも具体的に書くことが大切です。実際の活動と絡めて書いていきましょう。
- ○ 園庭や公園で花や葉、虫などを観察して楽しむ。
- × 身近な動植物に興味をもつ。

月案の「ねらい」と「内容」は、5領域（▶9ページ参照）に沿って作成することが大切です。以下のマークを参考にしましょう。

健康✚＝心身の健康に関する領域
人間関係♥＝人との関わりに関する領域
環境🔺＝身近な環境との関わりに関する領域
言葉💬＝言葉の獲得に関する領域
表現♪＝感性と表現に関する領域

▶ 幼児期の終わりまでに育ってほしい10の姿のマークについては10、11ページを参照

④ 健康・安全への配慮とは 🧑保育者視点 ・ 現在形

子どもたちの生活面の基盤を支えるために重要な事項となります。健康や安全といった項目は、「養護」とも密接に関わってくるものです。「養護のねらい」の項目と内容が重なることもありますので、共通の項目としてもかまいません。しかし、自然災害だけでなく、不審者による事故も目立つ昨今は、とりわけ安全対策に重きを置く必要があります。かつては「行事」の項目に書かれていた避難訓練、防災訓練も、このたびの保育所保育指針改定で重視されていますので、この項目に避難訓練に関する詳細な配慮事項を特記します。

健康
- 感染症の予防
- 感染症が発生した際の対応
- 健康増進

安全
- 危険を防ぐための留意点
- 避難訓練、防災訓練

5 環境構成とは 保育者視点・現在形

「環境構成」では、「ねらい」を達成するために必要な環境をいかに構成するかを、保育者視点で記します。人的環境である保育者の声かけや援助については、❻の「保育者の関わりと配慮事項」に書きます。環境を準備するのは保育者ですが、あくまで子どもたちが主体性を発揮できるための環境構成です。

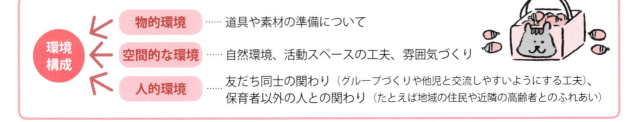

環境構成
- 物的環境……道具や素材の準備について
- 空間的な環境……自然環境、活動スペースの工夫、雰囲気づくり
- 人的環境……友だち同士の関わり（グループづくりや他児と交流しやすいようにする工夫）、保育者以外の人との関わり（たとえば地域の住民や近隣の高齢者とのふれあい）

6 保育者の関わりと配慮事項 保育者視点・現在形

「保育者の関わりと配慮事項」とは、活動の過程で、子どもの気持ちを受容したり共感したりしながら、必要に応じて行う働きかけのことです。常に子どもと同じ目線に立ち、子どもの行動や言葉を受け止めたうえで意思のキャッチボールをする、提案をして子どもが自分で答えを導き出せるようにいざなうなど、子どもがみずからものごとに関わっていく主体性を引き出せるような関わり方を考えながら、保育者視点で書きましょう。先回りして手を出しすぎることなく、また情緒の安定や安全に配慮しながら対応することを意識します。

表現のポイント

この項目は、「〜させる」という表現をなるべく避けることが、子どもの主体性を引き出す姿勢にもつながっていきます。

7 職員との連携とは 保育者視点・現在形

長時間保育では、登園・降園で担当の保育者が異なることがあるため、子どもや保護者に対する伝達事項や情報を共有し、引き継ぎをしっかりと行うことが必要です。「職員との連携」では、日々の連絡事項に加え、行事の際の役割分担など、活動のなかの共通理解について、保育者視点で書きます。感染症、体調不良の子どもが出やすい時期などは特に申し合わせや情報管理が重要となります。保育者同士だけでなく調理師、嘱託医、看護師、保健師との連携体制についてもここに記します。

月案の項目別・指導計画のポイント

8 家庭・地域との連携 　保育者視点 ・ 現在形

　日ごろから健康状態や成長の様子を細かく報告し合い、家庭との信頼関係を築くことが大切です。保護者の方々とともに子どもを育てる意識をもって、保護者の方にお願いすることや知っておいてほしい事柄を記します。

　地域の方々との連携については、運動会や行事の際にあらかじめ告知をしておき、園の活動を知ってもらうようにして、トラブルの防止や良好な関係の構築につなげます。そのほか、地域の夏まつりの際に自治会と連携するなど、地域の方々との交流をもつことが、園に通う子どもたちを「みんなで見守る」環境づくりにつながります。

9 食育 　子どもの姿 ・ 現在形

　「食育」は、「ねらい」や「内容」と重なる部分もあります。食育というと、「行事食を楽しむ」「食材の名前に興味をもつ」などの項目があげられることが多くなりますが、基本的には「おいしさを感じて食べることを楽しむ」「積極的に食べようとする」ことを軸としていきましょう。早いうちから食事マナーに力を入れる園もありますが、就学前の段階で最も大事なのは、食事を楽しむ心を育てることです。そのための取り組みや工夫、季節感のある食体験について考え、子どもを主語にして書きましょう。

10 反省・評価のポイント 　保育者視点 ・ 過去形

　月の終わりに月案を振り返り、「ねらい」を達成できたか、子どもがどのような体験をしてどのような力が育ったか、適切な援助ができたかなど、保育者が自身の保育に対する反省と評価を記します。反省・評価の対象になるのは「子どもが〜できたか」ではありません。子どもたちの活動の様子、子どもの発達に対して、保育者がどのように関われたのか、環境づくりや立案、援助のしかたなどについてうまくいったこと、無理があった点を冷静に振り返ります。この反省と評価は、次月、そして先々の計画づくりの大事な根拠となっていきます。

週案・日案について

ここでは、保育者の日々の保育と大きく関わってくる短期の指導計画である、週案・日案について見ていきましょう。

1 週案とは

● どんな計画？
週案は、1週間という単位での子どもたちの計画です。基本的には、月案の「ねらい」をベースに立てていくものです。

● どんな内容？
週案は、1週間の生活の流れで活動を見ていくための計画です。大きな行事に関連する活動以外は、子どもたちの活動状況を見ながら、その週の遊びや生活の目標を立案していきます。

● 誰が立てるの？
クラスの担任の保育者が、前の週の終わりに、今週のクラスの様子を振り返って翌週分の案を立てます。

● 大切なこと
週案は、柔軟性をもたせることが大切です。週の活動は、天候や子どもたちの体調にも左右されます。変更したり、順番の入れ替えをしたりするなどして、活動がバランスよく展開されるようにしましょう。

2 日案とは

● どんな計画？
日案は、1日の単位での子どもたちの計画です。その日に行う活動や遊びについて、時間に沿って、流れを記入していくものです。

● どんな内容？
今日はこのような生活にしたい、このような体験をしてほしいなど保育者の願いをこめて計画を立案します。そのうえで、実際の子どもの姿を見ながら変更したり書き足したりしていきます。

● 誰が立てるの？
クラスの担任の保育者が前日の子どもの姿を振り返りながら立てます。毎日新しい計画を立案していくのは負担が大きいので、週単位で、おおまかな活動内容がすでにプリントされているものに、担任が書き足していくという場合もあります。

● 大切なこと
週案と同様、柔軟性をもたせることが大切です。子どもの実態をよく観察し、活動を変更したり、玩具や用具を足したり、環境構成図に書き込みを入れたりすることが大切です。

3 週案、日案で取り入れたい5歳児の遊びとは

　日々の保育では、子どもの発達に即した遊びを計画することが大切です。ここでは、5歳児の遊びの例について取り上げます。

● **複雑な動きを楽しむ遊び**
一輪車、跳び箱、なわとび、大なわとび

● **ルールのある集団遊び**
ドッジボール、サッカー、しっぽとり、がっちゃん鬼、どろけい

● **構成遊び（一つの形をつくり上げる遊び）**
折り紙、ブロック、大型積み木

● **自然物で試したり工夫したりする遊び**
葉っぱや木の実を集める遊び、花や野菜を育てる、虫や小動物の飼育、光るどろ団子づくり、落ち葉を使った製作遊び

● **友だちと協同して楽しむ遊び**
お店やさんごっこ、遊園地ごっこ、郵便やさんごっこ、劇遊び

● **言葉や数、文字などを使った遊び**
なぞなぞ、しりとり、ジェスチャーゲーム、カルタ、すごろく

---

column　はじめて指導計画を立てるときのポイント

　この春からはじめて担任になり、はじめて指導計画を立てるという方もいるでしょう。はじめて指導計画を立てるときには、どのようなことがポイントとなるのでしょうか。

①学生時代に学んだ資料を活用する

　いざ保育の現場に立つと、はじめての体験ばかりで困惑しがちですが、そんなときは学生時代に慣れ親しんだテキストや実習ノートを開きましょう。園によって力を入れていることや方針に違いはあっても、基本はかつて学んできたことのなかにあります。保育者という職業に憧れ、地道に勉強を重ねてきた努力に自信をもって計画を立ててみましょう。

②わからないことは先輩に聞く

　何を書いてよいかわからなかったり迷ってしまったりしたときは、一人で悩まずに、できるだけ早く先輩の保育者に聞くのが一番です。「忙しそう……」と遠慮してしまいがちですが、聞かれなければ、何がわからないのかがわかりませんから、遠慮せずに聞きましょう。園の方針や決まったフォーマットなどもありますから、慣れている人に聞くのが早道です。

③目の前の子どもたちをよく見る

　そして何よりも、目の前の子どもたちをしっかりと見ることが重要です。次の週に反映させていく子どもたちの表情の変化やちょっとした成長に目配りし、記録していくほどに、変化に気づく目も養われていきます。子どもたちができるようになったことをともに喜び、気づいたことを翌月、翌週の計画にいかに反映させていくかを意識することで、一人ひとりの子どもたちに合った計画がつくれるようになります。

週案の見方のポイント

週案では、1週間の活動の連続性を意識することが大切です。
季節の特徴や子どもの姿を見て柔軟に変更できる余地を残しましょう。

予想される子どもの姿
前週のクラスの様子を振り返り、子どもたちの興味がどこにあるか、何を求めているかを考えて記します。また、子どもたちの健康面の状況についても配慮します。

活動予定
この日のメインとなる、おおまかな活動を書きます。

内容
「活動予定」の具体的な内容を、生活と遊びの両面から考えます。子どもたちの発達状況、興味に合った内容を計画します。

環境構成
「内容」を実践するために必要な道具、集中できる空間づくりについて書きます。

4月 週案・すいかぐみ　保育所

CD-ROM → 5歳児_週案 → p52-p53_4月の週案

進級

4月　すいかぐみ　週案
担任：B先生

予想される子どもの姿
- 新しいクラスでの活動を楽しみにする子どもと、不安で落ち着かない様子の子どもが見られる。
- 自分から友だちと積極的に関わっていこうとする姿が見られる。

	4月○日（月）	4月○日（火）	4月○日（水）
活動予定	園庭散策	室内遊び（絵本、大型積み木、製作、ごっこ遊び）	入園式に向けた準備 ←金曜日の入園式に向けて準備を行います。
内容	▲春の自然に興味をもち、世話をすることを楽しむ。 ▲園庭の植物を観察することを楽しむ。	▲新しい場所やいろいろな玩具、用具の使い方を知り、友だちと遊ぶことを楽しむ。	♥入園式での自分の役割を意識する。 ♪入園式を楽しみにしながら、飾りつけを保育者と一緒に行う。
環境構成	●図鑑などを保育室に用意し、観察した植物についてすぐに調べられるようにする。 ●園庭の植物に水をあげるためのじょうろを用意しておく。	●安心してやりたい遊びができるよう、4歳児クラスのころから使い慣れている玩具も用意しておく。	●理解しやすいように、一人ひとりの役割を紙に書いて準備する。 ●子どもたちの意見も聞きながら、飾りつけする。
保育者の配慮	●保育者も一緒に植物を観察し、質問に答えたり、図鑑で一緒に調べたりする。 ●植物の世話をしている姿を認め、大切にする気持ちを大事にできるようにする。	●保育者も一緒に遊びながら、新しい場所や玩具の使い方をわかりやすく伝えていく。	●自分の役割を意識している姿を認め、年長児としての自信がもてるようにする。 ●自分たちも入園式に関わったという達成感がもてるように声かけをしていく。

マーク

週案の「内容」は、5領域（▶9ページ参照）に沿って作成することが大切です。マークを参考に作成しましょう。
健康✚=心身の健康に関する領域
人間関係♥=人との関わりに関する領域
環境▲=身近な環境との関わりに関する領域
言葉●=言葉の獲得に関する領域
表現♪=感性と表現に関する領域
また、幼児期の終わりまでに育ってほしい10の姿も念頭に置いておきましょう。健 自 協 道 社 思 然 数 言 感

ねらい

月案のねらいをベースに、活動を具体的に記します。前週との連続性やバランスも意識しましょう。

振り返り

1週間の活動を振り返り、子どもの姿について気づいたこと、保育者の環境構成や援助が適切だったかを記します。保育者自身の反省点や課題なども記録しておくと、今後の参考になります。

[5領域] ✚…健康 ♥…人間関係 ▲…環境 ●…言葉 ♪…表現
[10の姿（幼児期の終わりまでに育ってほしい姿）]
健…健康な心と体　自…自立心　協…協同性　道…道徳性・規範意識の芽生え　社…社会生活との関わり　思…思考力の芽生え
然…自然との関わり・生命尊重　数…数量や図形、標識や文字などへの関心・感覚　言…言葉による伝え合い　感…豊かな感性と表現

🎯 ねらい

- ♥年少児と関わり、優しく接する。協
- ✚♥友だちと相談しながら一つのことに取り組む。協
- ▲外遊びのときに自然に興味や関心をもつ。然

☑ 振り返り

新しいクラスになり、落ち着いて行動できない子どもがいたので、集中できるような遊びを取り入れるよう心がけたところ、皆で楽しむ様子が見られた。

4月　週案・保育所・すいかぐみ

	4月○日（木）	4月○日（金）	4月○日（土）
	進級お祝い会	入園式	異年齢保育
	入園式の前日の進級お祝い会で、自分たちが年長になったことを意識づけるようにします。		
	♥最年長児になったことの喜びを感じ、進級お祝い会に参加する。社	♥●皆で声をそろえて入園児に「おめでとう」と声をかける。社 言 ♥年少児に優しく接する。協 道	♥年長児になったことを意識しながら異年齢児との遊びを楽しむ。自 社 ▲遊んだあとの後片づけに積極的に関わる。道
	●5歳児クラスになったことを意識して行動できるよう、園でのルールを確認し、それを守れるよう話をする時間を設ける。	●入園児が泣き出したりしたときは、すぐに保育者に伝えるように話しておく。	●年齢の異なる子ども同士でも一緒に楽しめるゲーム（手つなぎ鬼、ハンカチ落とし）や活動を準備する。
		年少児の面倒をみることは、土曜日の異年齢保育にも生かされます。	
	●一人ひとりの最年長児になった喜びやとまどいを受け止めながら、意欲的に活動できるよう言葉がけをする。	●子どもたちの様子に気を配り、対応に困っている子には話を聞いて、必要な手助けをする。 ●入園式が終わったあとは、一人ひとりの優しく接していた姿を認め、自信がもてるようにする。	●遊びや活動の内容を保育者が把握し、子どもたちに適したものを選ぶようにする。 ●遊びの状況によって、ルールを変えたり、玩具や用具を足したりする。

週案で使われる表現

戸外（こがい）…園庭や公園などの室外のこと。

固定遊具…ブランコ、すべり台、ジャングルジムのこと。

異年齢保育…異なる年齢の子どもを一緒に保育すること。

保育者の配慮

子どもが自発的に活動しようとする意欲を引き出すための、保育者の具体的な関わりについて書きます。健康面・安全面にも留意します。

日案

ポイント
その日に経験する生活や遊びを具体的に書きます。

11月○日　めろんぐみ

ねらい
- 友だちと共通のイメージをもって遊ぶことを楽しむ。
- かぜの予防を意識しながら、身のまわりのことをすすんで行う。

内容
- 友だち同士でアイデアを出し合いながら、落ち葉を使った製作を楽しむ。
- 手洗いやうがいの必要性がわかり、自分からすすんで行う。

ポイント
その日にこのような生活や体験をしてほしいということを書きます。

ポイント
1日の活動予定について、時間に沿って書きます。

ポイント
その日のねらい、内容を実現するために必要な道具、空間づくりについて書きます。

時刻	1日の生活の流れ	環境構成
9:00	●登園 ・あいさつをし、身のまわりのものを整理する。 ●朝のお話 ●自由遊び ・（保育室）お絵かき、ブロック、積み木 ・（園庭）砂遊び、なわとび	●個人の持ち物を置く場所をわかりやすく整えておく。 ●全員が話に注目できるような雰囲気づくりをする。 ●前日のお絵かきの続きを楽しめるようにテーブルは前日のままにしておく。
9:40	●片づけ、手洗い、うがい	●自分から手洗い、うがいができるように石けんやコップを用意しておく。
10:10	●製作 ・園外保育で集めた木の葉や木の実を使ってグループで製作する。 ・接着剤の使い方を知る。 ●片づけ、トイレ、手洗い、うがい	●画用紙や接着剤を配り、接着剤の使い方などを伝える。 ●どれくらい接着剤を使うと貼れるのか、まずは保育者が見本を見せる。 ●子どもたちで片づけができるよう、用具や素材の置き場所をわかりやすく掲示しておく。
11:10	●昼食、片づけ	●当番の子どもがその日の献立を皆に伝える。 ●片づけた食器をのせやすい高さのテーブルを用意しておく。
12:30	●午睡 ●おやつ、片づけ	●早くに目が覚めても静かにしていられるよう時間を決めて見回る。 ●当番は配膳の手伝いをする。
15:00	●起床、トイレ、着替え ●製作の続き	●着替えたパジャマやタオルを自分でたたんで棚にしまえるようにしておく。 ●午前中の製作の続きを行う。
17:00	●降園準備 ●随時降園	

● CD-ROM → ■ 5歳児_日案

ポイント
1日の活動を振り返り、その日のねらい、内容を実現することができたかどうかを見るためのポイントを書きます。

ポイント
園庭、保育室の配置図を書きます。園庭の遊びの状況や、コーナーごとの遊びを把握するために、あとから書き足したりすることもあります。

反省・評価のポイント
● 自分なりに目的やイメージをもったり友だちとの関わりを楽しんだりしながら遊びや活動に取り組むことができたか。
● 生活の流れがわかり、自分から行動できるような援助や環境構成が行えたか。

保育者の援助	環境構成図
● 身のまわりのことを自分からしようとしている姿を認め、声かけする。 ● 就学に向けて、保育者の話を静かに聞けるよう促していく。 ● 前の日の活動を思い出しながら続けて取り組めるよう言葉がけをする。 ● 自分なりに目標をもってなわとびに取り組めるよう、励ます。	園庭 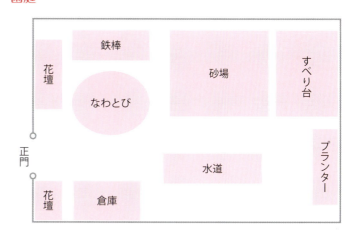
● 基本的な生活習慣が確実に身につくように働きかけ、自分から行う姿を認めてほめる。	
● どのように貼るかは子どもたちに任せ、話し合って取り組めるように働きかける。	
● 食事の時間を意識して片づけを始められるよう声をかける。	
● 食事に使われている食材について皆で話し、興味がもてるようにする。 ● 食器を片づけるときにほかの子どもにぶつからないよう見守る。	保育室 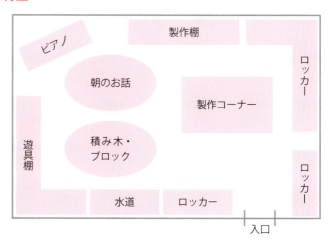
● 早くに目が覚めた子どもには、声をかけ、体を休めることの大切さを伝える。 ● 人数分きちんと配膳ができているか、子どもたちで確認できるようにする。	
● 上手にたためなくても努力している姿を認め、励ます。 ● 終わらなかったグループには、翌日続ければよいと声をかける。	
● 延長保育への引き継ぎを行う。	

年度の最初に立てる計画のポイント

●年間指導計画 ●教育課程 ●食育計画 ●保健計画 ●避難訓練計画 ●学校安全計画

年度の最初に立てる計画は園全体のカリキュラムと関わっているものが多く、
指針・要領改定の影響を大きく受けます。改定で変わった点と立案の流れ、ポイントを見ていきましょう。

1 年間指導計画立案の流れとは？

年間指導計画は、全体的な計画（これまでは保育課程と呼ばれていたもの）、（幼稚園・認定こども園ではそれに加えて）教育課程をもとに作成されます。通常の場合は前年度のものをベースに作成されますが、指針と要領が改定されたときにはカリキュラムや園の目標そのものが見直されます。それによって、年間指導計画にも当然、見直しの必要が出てくるのです。

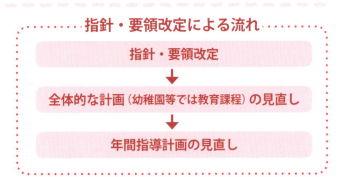

指針・要領改定による流れ
指針・要領改定
↓
全体的な計画（幼稚園等では教育課程）の見直し
↓
年間指導計画の見直し

2 指針改定でどこが変わったの？ ポイントは？

では、どこが変わったのでしょうか。これまでは各園がそれぞれ保育目標を立てていましたが、今回、「10の姿」（●10、11ページ参照）が示されたことによって、「10の姿」をベースにした形で今後は目標が立てられることになります。

「10の姿」は、年長児になってから急にめざすものではありません。0歳児から5歳児までのさまざまな体験をとおして成長していくことでだんだんと向かっていくものですので、0歳児のときから最終的には「10の姿」がある、ということをイメージして、年間指導計画を立てていくことが大切になります。

● くわしくは、32、33ページへ

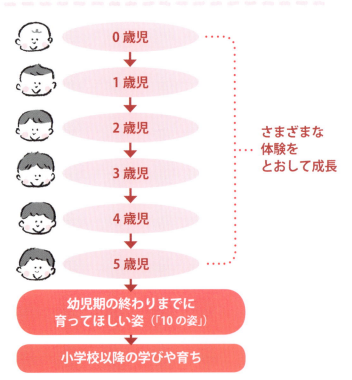

0歳児 → 1歳児 → 2歳児 → 3歳児 → 4歳児 → 5歳児

さまざまな体験をとおして成長

幼児期の終わりまでに育ってほしい姿（「10の姿」）

小学校以降の学びや育ち

3 食育計画はどんな計画？ どう変わったの？

　食育計画には、年間の食育計画と、短期の食育計画（▶月案の「食育」の項目を参照）があります。給食の献立自体は、調理員と栄養士が中心になって作成します。その献立や行事食をもとに、子どもたちの活動として、どのような食にまつわる体験をさせていくか、ということを食育計画に反映させていきます。改定により、食育の要素が5領域の「健康」のなかに入りました。食育計画だけでなく、ふだんの保育のなかでも食育の要素を意識することが大切です。

▶くわしくは、36、37ページへ

4 保健計画はどんな計画？

　保健計画は、健康診断や予防接種の日程を中心に立案していきます。3歳以上児では「自分自身の健康を考えて行動できるようになっていく」という視点が大切になっていきます。改定の影響はありませんが、重要な計画であることに変わりはありません。

▶くわしくは、38、39ページへ

5 避難訓練計画はどんな計画？ どう変わったの？

　避難訓練計画は、年のなかでどのような災害対策をするかを定める計画です。指針改定により、災害対策の重要性が盛り込まれました。火災、地震、不審者対応を想定した訓練のほか、地域によっては、津波の避難訓練も必要となります。
　3歳以上児については、避難訓練のしかたを理解し、落ち着いて避難できるようにしましょう。放送や保育者の指示はできるだけわかりやすいものにし、「おかしも」（おさない、かけない、しゃべらない、戻らない）、「いかのおすし」（行かない、乗らない、大声を出す、すぐ逃げる、知らせる）の約束を日頃から伝えておきましょう。

▶くわしくは、40、41、44ページへ

6 学校安全計画はどんな計画？

　学校安全計画は、幼稚園、認定こども園で作成が義務づけられている計画です。学校安全には、幼児が安全な生活をするために必要なことを理解し、安全な行動ができるような態度や能力を育てる「安全教育」、安全確保のための環境を整える「安全管理」、園が家庭や地域と連携して安全教育と安全管理をすすめるための「組織活動」があります。この3つの要素について、計画を立てます。▶くわしくは、42、43ページへ

年間指導計画

◉ CD-ROM → 📁 5歳児_年間指導計画

ポイント
年間目標とは、1年の最後にどのような姿になっていてほしいかを表すものです。

ポイント
期は3か月ごとに区切って示されます。それぞれの期において予想される発達の段階や季節ごとの行事を考慮し、計画を作成します。

		第1期 （4月～6月）	第2期 （7月～9月）	
年間目標		◉失敗を恐れず何でもやってみようという気持ちをもち、挑戦する。 ◉友だちとともに過ごす喜びを味わいながら達成感や充実感を味わい、前向き		
期		第1期 （4月～6月）	第2期 （7月～9月）	
ねらい		✚健康、安全な生活に必要な習慣や態度を身につける。健自 ♥年長になった喜びや自覚をもって活動する。協道	✚見通しをもって生活し、自分たちで遊びや生活をすすめていこうとする。健自 ♥友だちと工夫したり、協力したりして、一緒に活動する楽しさを味わう。協	
保育内容	健康✚・人間関係♥・環境▲・言葉●・表現♪	✚新しい環境での生活のしかたや流れを知る。健自 ✚戸外で体を動かして遊ぶ心地よさや、ルールのある遊びの楽しさを感じる。健道 ♥●好奇心や探究心が高まり、友だちと相談して疑問を解決する。協言 ♥▲異年齢児と関わることで、自覚や思いやりの気持ちをもつ。協道社 ▲身近な自然に興味や関心を高め、遊びに取り入れ試したり調べたりする。然思	✚自分の健康に関心をもち、季節の変化を感じながら生活に必要なことを行う。健然 ✚プール遊びの手順や約束を知り、安全な遊び方で楽しむ。健道 ♥●友だち同士で話をしたり、聞いたりするなどコミュニケーションをとることを楽しむ。言 ●自分の思いや考えを自分なりの言葉で伝えようとする。言 ▲♪自分の使いたい素材を選び、試したり工夫したりしてつくる。思感	
養護及び関わりのポイント		◉進級時の高揚、不安などを受け止めながら、安心して自分の気持ちを出せるように関わる。 ◉子どもの目線に立って遊具を点検することで、けが・事故の予防をする。	◉発見や達成感、手応えを友だちや保育者と共有できるように関わる。 ◉友だちと思いが違ったときに気持ちが揺れ動く体験を大切にしながら、乗り越えていく過程を見守る。	
環境構成のポイント		◉安心して活動に取り組めるよう、4歳児クラスのときに使っていた玩具を用意しておく。 ◉生活の決まりや約束ごとをわかりやすく伝えたり、掲示したりする。	◉友だちとイメージを共有して遊べるような素材、用具を準備しておく。 ◉安全にプール遊びができるよう毎日点検をする。	
家庭・地域・小学校との連携		◉園での子どもの様子を積極的に伝え、関係づくりをしていく。 ◉1年間の保育方針や活動内容、予想される子どもの姿を具体的に知らせ、共有する。	◉七夕まつりなどの園の行事に地域の方を招き、交流できるようにする。 ◉小学校の先生に子どもの状況について伝え、共通理解をはかる。	

年間計画立案のポイント

年間指導計画とは、各園の全体的な計画に沿いながら、園全体の共通目標に向けて、子どもたちにどのような経験をさせ、どのような力を身につけてもらいたいかということを年齢ごとに示すものです。

に生活する。

第3期 （10月〜12月）	第4期 （1月〜3月）
✚必要なことに自分たちで気づき、園生活をすすめていこうとする。健自 ♥♠グループやクラスでの活動をとおして自分の力を発揮する。協社	✚充実感をもって行動する。健自 ♥友だちとともに過ごす喜びを味わい、自分たちで自信をもって園生活をすすめていく。協社
✚基本的生活習慣の自立に向け、生活リズムを整える。健 ✚自分の力を出し、体を動かして遊ぶ満足感を味わう。健自 ♥友だちと協力しながら活動し、やり遂げた喜びやさまざまな思いをともに味わう。協 ♪楽器の音色の美しさやリズムの楽しさを味わう。感数 ♪友だちと一緒に共通の目的をもち、生活や遊びに必要なものをつくる。思感	✚一人ひとりの基本的生活習慣の自立が高まり、自信をもって行動する。健自 ✚就学への喜びや期待がふくらみ、意欲的に生活する。健自 ♥共通の目的や課題に向かって、友だちと力を合わせてやり遂げる喜びを味わう。協 ♠♥小学校との交流をとおして、小学生とふれあい、身近に感じる。協社 ♠♪身近な文字や標識に興味や関心をもつ。数
●基本的生活習慣を確立することの大切さをわかりやすく伝える。 ●皆で運動会などの行事をやり遂げた喜びが次につながるよう、クラス全体での活動を設定する。	●就学に向け、一人ひとりのできるようになった部分を認め、自信がもてるようにする。 ●新しい環境への不安を受け止めて励ます。
●遊びに必要な材料や用具を子どもが自分で選べるよう環境を整える。 ●数量や文字に対する興味・関心が養われるように意識して、日々の保育環境を整える。	●1年間の出来事を思い出したり話し合ったりできるよう、これまでの活動をまとめたものを準備しておく。
●感染症の流行期のため、体調面に気をつけ、無理をしないで早めの休養を心がけるように働きかける。 ●活動への取り組みを伝え、がんばりや気持ちの揺れなどを保護者と共有する。	●小学校交流を小学校の担任と連携してすすめる。 ●発表会や卒園式の事前の姿を伝え、保護者とともに成長を喜び合えるようにする。

ポイント
ねらいは、それぞれの期で子どもたちに身につけてもらいたい力や、経験してもらいたいことを示すものです。

ポイント
保育内容は、5領域に沿って、ねらいを達成するために子どもたちが体験する事柄を具体的に示すものです。

ポイント
養護及び関わりのポイントは、子どもたちがねらいを達成するために必要な保育者の関わりを示すものです。

ポイント
環境構成のポイントは、ねらいを達成するために必要な、保育者の準備や配置について示すものです。

ポイント
家庭・地域との連携は、各家庭・地域との信頼関係を築くために連携しておきたい事柄を示すものです。小学校との連携は、子どもたちがスムーズに移行できるよう、小学校と連携しておきたい事柄を表すものです。

5歳児教育課程（幼稚園・こども園）

◉ CD-ROM → 📁 5歳児_教育課程

ポイント
期
各園の子どもの実態に合わせて、期の数や時期を区切ります。

ポイント
期の意味づけ
それぞれの期における子どもの姿を表しています。

ポイント
ねらい
それぞれの期で子どもたちに身につけてもらいたい力や経験してもらいたいことを表しています。

ポイント
保育者の姿勢
それぞれの期における保育者の姿勢や関わり方を示しています。

ポイント
家庭との連携
保育者と保護者との関わり方や連携しておきたい事項を示しています。

期	第1期 （4月～5月中旬）	第2期 （5月中旬～7月中旬）	
期の意味づけ	新しい環境のなかで、生活の場や人、物に慣れ、自分たちなりに遊びや生活をすすめていこうとする時期	友だちとのつながりを感じながら思いやイメージを出し合って遊びや活動をすすめ、実現するうれしさを味わっていく時期	
ねらい	●新しい環境のなかで自分のやりたい遊びや友だちとの関わりを楽しむ。 ●クラスの皆で動く楽しさを感じながら、安心感をもったりクラスとしてのつながりを感じたりする。 ●年長になった喜びや自覚をもち、すすんで行動しようとする。	●いろいろな遊びに取り組むなかで、経験の幅を広げ、繰り返し試したり工夫したりする楽しさを味わう。 ●自分の考えを言ったり、相手の考えを聞いたりしながら、友だちと一緒に遊ぶ楽しさを味わう。 ●個やグループで課題に取り組むなかで、自分の力を出したり、友だちと力を合わせたりする楽しさを感じる。 ●生活のなかで必要なことに気づき、取り組む。	
保育者の姿勢	●子ども一人ひとりのうれしさや不安を受け止める。 ●張り切ったり、役に立ちたいと思ったりしている気持ちを認める。 ●友だちとのつながりを感じられるように援助する。 ●生活のしかた、場所、クラスの決まりなどさまざまな約束を確認する。	●子ども一人ひとりのやってみたいという気持ちを応援する。 ●遊びや生活のなかで工夫できるような環境を整える。 ●友だちとのさまざまな関わりをとおして葛藤の経験ができるようにする。 ●グループの仲間と相談し、協力できるような活動をとり入れる。	
家庭との連携	（前期） ●クラス・学年として大切にしたいことを伝え、幼児の成長を園と家庭の両面から支えていく気持ちがもてるようにする。 ●進級への保護者の不安も受け止めつつ年長としての発達の過程や教育	活動、就学前教育としての意味合いを伝え、1年間の見通しをもち、成長を楽しみにできるようにする。 ●さまざまな保育への参加の機会をとおし、いろいろな保護者同士が関わりを広げ、他学級の幼児に親しみをもてるようにする。	

教育課程とは？

幼稚園や認定こども園（3歳児以上）の教育目標を達成するために、幼児の発達に即して、総合的に組織した**教育計画**のことです。教育基本法、学校教育法などの法令、幼稚園教育要領等、幼稚園教育要領解説等などの示す内容に従い、園や地域の実態も踏まえたうえで、各園で創意工夫して編成します。教育課程に沿って、長期・短期の指導計画も作成します。

誰が編成するの？

園長の責任のもと、全教職員で取り組むものです。そして、教育課程も指導計画も、毎年見直し・改善することが大切です。

第3期 (9月上旬〜10月中旬)	第4期 (10月中旬〜12月下旬)	第5期 (1月上旬〜3月中旬)
友だちとともに遊びや生活をすすめていくなかで、目標に向かって力を発揮していく時期	友だち関係を深め、自分の力を発揮したり互いのよさを受け止めたりしながら、共通の目的に向かって取り組んでいく時期	一人ひとりが自己肯定感をもち、互いのよさを認め合いながら、自分たちで遊びや生活をすすめていく時期
● 自分なりの目標をもって挑戦したり、友だちのなかで自分の力を発揮したりして、満足感や達成感を味わう。 ● 遊びや活動のなかで友だちの思いや考えに気づき、友だちと一緒に遊びをすすめていく楽しさを味わう。 ● 自分たちで生活をすすめていく気持ちをもち、できることをすすんでしようとする。	● 自分なりの目標をもち、考えたり挑戦したりするなど自分の力を発揮しながら活動や遊びに取り組み、最後までやり遂げた満足感を味わう。 ● 友だちと共通のイメージをもち、考えや力を出し合ってすすめる楽しさを味わう。 ● クラスや学年の課題に取り組むなかで見通しをもち、自分の役割を意識したり友だちと協力して力を発揮したりし、やり遂げた満足感を味わう。	● 自分の目標に向かって取り組み、やり遂げた満足感を味わう。 ● 友だちとのつながりのなかで、互いのよさを十分に発揮し認め合いながら遊びをすすめる。 ● クラスや学年の課題に取り組むなかで見通しをもち、自分の役割を意識したり友だちと協力したりし、満足感や達成感を味わう。 ● 自分たちの生活の流れがわかり、卒園までの見通しをもって積極的に遊びや生活に取り組む。
● 挑戦しようとする気持ちを受け止め、認める。 ● 自分なりの目標をもてるようにし、友だちとも目標を共有できるようにしていく。 ● クラスや学年の一員としての意識をもち、皆で活動し、やり遂げることで達成感を味わえるようにしていく。	● 一人ひとりが自己発揮しながら、友だちと協力して一つのものをつくり上げる充実感をもてるようにしていく。 ● 友だちと思いを出し合いながら、よさに気づき、自分たちで工夫してつくり上げていく。 ● 課題活動に向け、意識をもち、見通しをもてるようにしていく。	● 一人ひとりが課題を意識し、自分の力を発揮する経験がもてるようにしていく。 ● 1日や週の予定の見通しをもち、自分たちで生活できるようにする。 ● 自分たちの成長を感じられるようにしていく。 ● 就学に期待がもてるようにしていく。

（後期）
● 2学期の大きな行事のなかで、育てていきたいこと、幼児が経験することなどを伝え、成長の様子をクラスの多くの保護者同士が受け止め合い、ともに喜べるようにする。
● 学年で一緒に活動する場面が増えること、幼児同士の関わりを広げていくことを受け止め、他クラスの幼児、保護者との親しみを深めていけるような機会をもつ。
● 生活や行事のなかで、園の教育方針を受け止め教育活動に参加しながら、保育者や保護者同士で子どもの成長を喜び、共感する。
● 就学前教育としての小学校への接続を意識した幼稚園の取り組みを伝えるとともに、そこでの個々の育ちやよさや課題を共有し、就学への期待につなげていく。

食育計画

◉ CD-ROM → 📁 5歳児_食育計画

どんな計画なの？
食育計画とは、乳幼児期にふさわしい食生活が展開され、適切な援助が行われるようにするためのものです。食育計画は、保育園の全体的な計画に基づいて、年間計画や月案・週案とも関連づける形で作成されます。

誰が作成するの？
食育計画は、施設長（園長）の責任のもと、保育者、調理員、栄養士、看護師等の職員が協力して作成されるものです。「食を営む力の育成」に向けて、創意工夫しながら食育を推進していくための基礎となるものです。

20○○年度　食育計画

園全体のねらい：「食に関心をもつ」「食を楽しむ」「食のマナーを身につける」

5歳児クラスのねらい：食べ物に関心をもち、当番活動に積極的に取り組む。

[「園全体のねらい」とは]
園共通の内容として、食やそれに関連する事柄に子どもが興味・関心をもち、食は楽しいというとらえ方をするための目標です。

[「5歳児クラスのねらい」とは]
当番活動に積極的に取り組み、食材に関心をもち、食べ物をつくった人への感謝の気持ちをもてるようにするための目標です。

期		第1期 (4月～6月)	第2期 (7月～9月)
5歳児	内容	● 配膳や片づけなどの給食での当番活動にすすんで取り組む。 ● 栽培活動に取り組み、収穫を楽しみにする。 ● 食事のマナーを守ることをとおして、基本的な生活習慣を身につける。 ● 給食の食材に興味をもち、意識しながら味わう。	● 夏野菜（ナス、ミニトマト、ゴーヤ）を収穫し、旬の野菜を味わう。 ● 食具のもち方や食事のときの姿勢に気を配る。 ● 食事の時間の始まりと終わりを意識する。 ● 自分たちの体の成長が食べ物と関係していることを知る。 ● お月見団子づくりをとおして、グループで調理することを楽しむ。
	振り返り	● 給食当番の活動では、最上学年であることを意識しながら取り組む様子が見られた。 ● 栽培当番の順番を決め、皆で大切に育てる様子が見られた。	● 苦手な野菜でも自分たちで栽培したものは喜んで食べる姿が見られた。 ● お月見団子づくりでは、グループで協力しながら取り組む様子が見られた。

ポイント第1期
最上学年ならではの当番活動に取り組み、給食の時間を自分たちですすめていこうとする時期です。

ポイント第2期
栽培や収穫をとおして、夏の野菜に関心をもつ時期です。

食育計画立案のポイント

食育計画は、指導計画と関連づけて作成する。
「保育所保育指針」の改定により、保育内容「健康」に食育の内容が入ったので、月案などに示される保育内容との関連性がますます重要になりました。

食育計画は、各年齢をとおして一貫性のあるものにする。
1年をとおして目標が達成されるような計画にすることが大切です。

食育計画を踏まえた保育の実践や子どもの姿の評価を行う。
評価に基づいて取り組みの内容を改善し、次の計画や実践につなげましょう。

予定：給食の見本表示・食材の産地紹介（毎日）
　　　　献立・給食だより（毎月）
　　　　栽培（第1期）栽培、園庭の野菜の収穫、お月見団子クッキング（第2期）、
　　　　収穫、栄養について学ぶ、いもほり遠足、米の収穫見学（第3期）、
　　　　もちつき（第4期）

「予定」とは
期ごとにどのような経験をさせたいかを書く項目です。園全体で作成しますが、子どもの年齢によって体験することは異なります。

	第3期 （10月〜12月）	第4期 （1月〜3月）
	● いもほり遠足をとおして、秋の野菜に関心をもち、調理のしかたに興味をもつ。 ● 赤、黄、緑群の栄養の話を聞き、食べ物と体の関係に関心をもつ。 ● 給食調理員の人たちに感謝の気持ちを伝える。 ● 行事と食の関係について理解する。	● それぞれ役割を分担してもちつきに関わる。 ● 小学校での体験活動をとおして、小学校の給食に興味をもつ。 ● これまでの給食を振り返り、思い出しながら皆で食べることを楽しむ。 ● 食具や食器をていねいに扱う。 ● お正月、節分、ひなまつりそれぞれの行事の食事を楽しむ。
	● いもほり遠足や米の収穫見学をとおして、食材をつくっている人への感謝の気持ちをもつ様子が見られた。	● もちつきでは子どもたちで分担を決めて、取り組む姿が見られた。 ● 行事食（お正月・節分・ひなまつり）を楽しみにする姿が見られた。

ポイント第3期
食べ物をつくっている人への感謝の気持ちが芽生え、伝える気持ちがもてるようになる時期です。

ポイント第4期
就学を意識しながら、これまでの食の体験を振り返る時期です。

保健計画

◉ CD-ROM → 📁 5歳児＿保健計画

20 ○○年度　年間保健計画

年間目標	● 子どもが安心して安全に生活できる ● 健康、安全などに必要な基本的習慣・態度を養い健康の基礎を養う ● 子ども一人ひとりが心身ともに健やかに成長する	

期	第1期（4月～6月）	第2期（7月～9月）
目標	● 新しい環境に慣れる ● 生活リズムを整える ● 戸外で元気に遊ぶ ● 梅雨の時期を清潔に過ごす	● 休息のとり方に気をつける ● 暑さに負けない体づくり ● 歯みがきをていねいに行う ● 食品の衛生管理に気をつける
活動内容	● 身体測定（4月のみ頭囲、胸囲も） ● 幼児健診（月1回） ● 乳児健診（0、1歳児毎週） ● 歯科検診（6月） ● プール前検診（6月眼科、耳鼻科・内科検診） ● 献立表チェック（毎月） ● 食物アレルギーの見直し（毎月）	● 身体測定 ● 幼児健診（月1回） ● 乳児健診（0、1歳児毎週） ● 歯科歯みがきチェック ● 熱中症対策 ● プール水質管理 ● 水いぼ、とびひなど感染症対策 ● 献立表チェック（毎月） ● 食物アレルギーの見直し（毎月）
保護者への働きかけ	● 登園許可証について ● 生活リズムの大切さを伝える ● 歯科検診の報告 ● 感染症が発生した場合のお知らせ	● プール感染症についてのお知らせ ● 紫外線と水分補給について ● 冷房使用時の適温などについて ● 夏の休息のとり方について
留意点	● 新入園児の既往歴、体質など健康状態の把握 ● 進級に伴う体調の変化に留意する ● 園内の危険チェックの見直し	● 歯科受診状況、治療結果の把握 ● プール開始までに感染性疾患の治療が終わっているかどうかの把握 ● 熱中症予防
職員	● 職員検便検査（毎月） ● 職員健診 ● 乳幼児突然死症候群講習 ● アレルギー児の対応確認	● 職員検便検査（毎月） ● 食物アレルギー児の対応確認（変更児） ● 水難救助講習
保健だよりの内容	● 生活のリズム ● 手洗い、爪切り ● 梅雨時期の衣類の取り扱い ● 食中毒予防	● 生活のリズム ● プール、水遊び ● 日焼け、あせもなどの対策 ● 水分補給と休息について

年間目標とは
健康で安心、安全な環境のなかで過ごせるように設定される目標のことです。

目標とは
それぞれの期で達成すべき目標を設定します。

活動内容とは
それぞれの期で行う保健活動の予定を記載します。

保護者への働きかけとは
保護者に伝えるべきこと、気をつけてほしいことなどを記載します。

留意点とは
季節や子どもの成長をもとに、保育者が気をつけるべきことを記載します。

職員とは
職員が行う健診などを記載します。

保健だよりとは
園で行う取り組みを保護者にわかりやすく示すものです。

どんな計画なの？

保健計画とは、園児の発達・心身の状態・家庭の状況などに配慮し、健康で安心、安全な環境のなかで過ごせるように、年間目標に基づいて1年を4期に分けて季節ごとに作成するものです。園全体での計画なので0〜5歳すべてに対応する共通の計画です。

誰が作成するの？

保健計画は、施設長（園長）のもと、全職員が参画し、共通理解と協力体制のもと創意工夫して作成します。

登園時、下のチェック項目にあてはまる子どもがいたら、職員・保護者と共有し、対応を決定しましょう。

第3期（10月〜12月）	第4期（1月〜3月）
● 寒さに負けずに、戸外で遊ぶ ● 体力増進のため、薄着に慣れる ● インフルエンザ・かぜ予防	● かぜに注意する ● 寒さに負けずに元気に過ごす ● 戸外で遊んだあとのうがい、手洗いを忘れないように行う
● 身体測定（10月のみ頭囲、胸囲も） ● 肥満児の把握（11月） ● 幼児健診（月1回） ● 乳児健診（0、1歳児毎週） ● 歯科検診（11月） ● 歯みがき指導 ● うがい、手洗いの方法指導（4、5歳児） ● 献立表チェック（毎月） ● 食物アレルギーの見直し（毎月）	● 身体測定 ● 幼児健診（月1回） ● 乳児健診（0、1歳児毎週） ● 新入園児面接・健康診断 ● 4歳児歯ブラシ指導 ● 常備医薬品等点検 ● 献立表チェック（毎月） ● 食物アレルギーの見直し（毎月）
● インフルエンザ予防接種 ● ノロウイルスなど感染性胃腸炎の対策、対応について ● 登園停止期間について	● 乾燥時の湿度管理 ● かぜを引かない体づくり ● カイロや暖房器具による低温やけどの注意
● インフルエンザ予防接種状況確認 ● 身体発育状況の確認 ● うがい、手洗いの徹底 ● 流行性疾患の発生・罹患状況の把握	● 予防接種の接種状況の把握 ● 新入園児の既往歴等確認 ● 年間計画などの見直し ● 新年度の食物アレルギー対応確認
● 職員検便検査（毎月） ● 職員インフルエンザ予防接種 ● 食物アレルギー児の対応確認（変更児）	● 職員検便検査（毎月） ● 食物アレルギー児の対応確認（変更児） ● 新担当保育者への引き継ぎ
● ノロウイルス対策 ● インフルエンザについて ● 乾燥時のスキンケアの方法 ● 年末年始の過ごし方について	● かぜの予防・対策 ● 咳エチケットについて ● 家庭でのうがい、手洗い励行 ● 1年間の保健活動の振り返り

健康観察チェックリスト

【目】
- □ 目やにがある
- □ 目が赤い
- □ まぶたが腫れぼったい
- □ まぶしがる
- □ 涙目である

【耳】
- □ 耳だれがある
- □ 痛がる
- □ 耳を触る

【鼻】
- □ 鼻水、鼻づまりがある
- □ くしゃみをする
- □ 息づかいが荒い

【口】
- □ 唇の色が悪い
- □ 唇、口の中に痛みがある
- □ 舌が赤い
- □ 荒れている

【のど】
- □ 痛がる
- □ 赤くなっている
- □ 声がかれている
- □ 咳がでる

【顔・表情】
- □ 顔色が悪い
- □ ぼんやりしている
- □ 目の動きに元気がない

【胸】
- □ 呼吸が苦しそう
- □ 咳、喘鳴がある
- □ 咳で吐く

【皮膚】
- □ 赤く腫れている
- □ ポツポツと湿疹がある
- □ かさかさがある
- □ 水疱、化膿、出血がある
- □ 虫刺されで赤く腫れている
- □ 打撲のあざがある
- □ 傷がある

避難訓練計画

◉ CD-ROM → 📁 5歳児_避難訓練計画

20○○年度　△△保育園　避難訓練計画

ねらい
災害時に、園児に放送を静かに聞くこと、どのように行動するのか、自分自身はどうすればよいのかなどを繰り返し訓練を行って理解するため「ねらい」を設定します。

想定
災害の種類を想定します。火災については保育所内、近隣住居などの火災を想定します。津波が考えられる地域では、津波を想定した訓練も必要となります。

月
避難訓練は、少なくとも月1回行うことが法令で義務づけられています。

時刻
災害や火災は、さまざまな時刻や活動、場所で発生することを想定して訓練を行う必要があるため、月ごとに変化させる必要があります。

月	時刻	ねらい	想定
4月○日	9:30	●保育室で静かに放送を聞く。 ●防災ずきんのかぶり方を覚える。	地震
5月○日	10:00	●幼児クラスは自分で防災ずきんをかぶる。 ●保育者のそばに集まり、園庭に出る。	地震
6月○日	9:30	●静かに、落ち着いて園庭に出る。 ●地震と火災の放送の違いを知る。	火災（給食室）
7月○日	10:00	●保育室以外にいるときの避難方法を知る。 ●プールに入っているときの避難方法を知る。	地震
8月○日	11:15	●離れた場所の火災の対応を訓練する。 ●落ち着いて行動する。	火災（近隣住宅）
9月○日	9:00	●地域の避難訓練に参加する。 ●長い距離を落ち着いて行動できるようにする。	地震
10月○日	10:15	●不審者が侵入したときの対応を訓練する。 ●警察への通報方法を確認する。	不審者侵入
11月○日	総合	●消防署立ち会いで、訓練を行う。 ●消防車のサイレンや放水に慣れる。	火災（調理室）
12月○日	15:30	●午睡のあとでも、落ち着いて行動する。 ●地震のときには、すぐに靴を履くことを理解する。	地震（窓ガラス破損）
1月○日	抜き打ち	●災害は予告なしに起こることを理解する。 ●これまでの避難訓練の内容を復習する。	地震
2月○日	抜き打ち	●自ら避難行動をとれるようにする。 ●火災と地震の放送を聞き分けて行動する。	火災（園舎後方の倉庫）
3月○日	抜き打ち	●自ら避難行動をとれるようにする。 ●保護者への引き渡し訓練を行う。	地震

どんな計画なの？

避難訓練計画のポイント

保育所の立地条件や規模、地域の実情を踏まえたうえで、地震や火災などの災害が発生したときの対応などについて作成し、防災対策を確立しておくことが必要です。園全体の計画なので、基本的には0～5歳児すべてに対応する共通の計画です。

誰が作成するの？

避難訓練計画は、施設長（園長）のもと、全職員が参画し、共通理解と協力体制のもと作成します。

避難場所	実施方法
各保育室待機	● 新入園児も含め全員が、基本的な避難の方法を知る。 ● 避難経路を確認する。
各保育室待機 ➡園庭	● 4月の訓練内容を理解できているか確認する。 ● 保育室から園庭に各クラスが混乱なく避難する。
園庭 ➡○○公園	● 園外への避難経路を確認する。 ● 避難経路に障害物が置かれていないか確認する。
テラス、 プールサイド待機	● 放送を聞いたあと、すぐに保育者のもとに集まる。 ● 日差しが強いときはできるだけ日陰に避難する。
各保育室待機	● 園に延焼のおそれがない場合の避難方法を確認する。 ● 消火器の使い方を確認する。
園庭 ➡広域避難場所	● 歩けない乳幼児の担当など役割分担を明確にする。 ● 安全に避難できるよう、事前に経路を確認する。
各保育室待機 ➡園庭	● 警察の指導通りに実際に行えるか確認する。 ● 通報役、不審者対応役など役割を明確にしておく。
園庭	● 消防署員に立ち会ってもらい改善点などを聞く。 ● 園庭まで落ち着いて避難する。
各保育室待機	● 園舎内に倒れやすいものがないか確認し固定する。 ● 地震発生時にはドアを開けるなど避難経路を確保。
園庭 ➡広域避難場所	● 指示通りに落ち着いて行動できるようにする。 ● 職員も緊張感をもって訓練に臨む。
園庭 ➡○○公園	● 避難中にポケットに手を入れないよう注意する。 ● 避難時の決まり、避難の方法などを一緒に確認する。
園庭 ➡広域避難場所	● 避難経路、避難方法など再度確認する。 ● 保護者への引き渡しをスムーズに行う。

避難場所の設定

1年をとおして保育室に待機することから始め、園庭への避難、広域避難場所など離れた場所への避難など、徐々に避難距離を延ばしていきます。

実施方法

基本的な避難方法や、騒がずに避難することを理解させます。保護者への引き渡し、避難時の保育者の役割分担なども明確にしておきましょう。

学校安全計画

◉ CD-ROM → 📁 5歳児_学校安全計画

月		4	5	6	7・8	9	
（幼児が安全な生活をするための）安全教育	生活安全	◉園内で安全な生活を送る方法（登園・降園時の歩き方、持ち物の片づけ方、遊具や園庭での過ごし方） ◉5歳児→子ども110番の理解	◉室内での安全な生活（廊下を走らない、遊具、持ち物を棚にしまう、ハサミなど危険物の扱い方） ◉小動物の扱い方 ◉集団行動時の約束	◉雨の日の安全な過ごし方（傘の安全な持ち方、ぬれたコートの片づけ方、保育室での過ごし方） ◉水遊びやプールでの約束（入る前に体操、水の中でふざけない、プールサイドで走らない）	◉水遊び、プール活動の約束を守る ◉夏休みの過ごし方（知らない人についていかない、規則正しい生活、一人で遊ばない、外出時には帽子をかぶる、水分を補給する）	◉施設内の危険箇所点検 ◉生活リズムを整え、安全な生活を送る ◉園庭での運動で体を動かす	
	不審者対応	◉保護者と出かけたときに保護者から離れない	◉保護者と出かけたときに保護者から離れない	◉知らない人についていかない	◉知らない人についていかない ◉外出時に保護者から離れない	◉防犯訓練（侵入者対策） ◉門扉、出入口等の確認	
	交通安全	◉安全な登降園のしかた ・歩道から飛び出さない ・信号を守る	◉園外保育のときの安全な歩行 ・手をつないで歩く ・急に走り出さない ・信号、交通標識を守る	◉傘をさしたときの安全な歩き方 ・傘をもってふざけない ◉交通ルールを守って歩く	◉横断歩道の渡り方 ◉交通ルールの確認 ◉警察署の交通安全指導	◉交通ルールの確認 ・飛び出さない ・わき見をしない ・信号を守る	
	災害安全	◉避難訓練（地震） ・保育者の指示を静かに聞く ・「おかしも」の約束 ・防災ずきんのかぶり方を覚える	◉避難訓練（地震） ・防災ずきんをすばやくかぶる ・黙って行動する ・走らない ・机の下にもぐる ・靴を履いて避難する	◉避難訓練（火災・調理室） ・放送を静かに聞く ・指示に従って避難する ・地震の避難との違いを理解する	◉避難訓練（火事・近隣の住宅） ・活動中に抜き打ちで放送 ・姿勢を低くする ・ハンカチで鼻と口をおさえる ・落ち着いて避難	◉避難訓練（地震・広域訓練） ・広域避難場所まで徒歩で移動 ・地域の人との避難に慣れる ・現地での保護者への引き渡し	
（安全確保のための環境を整える）安全管理		◉不審者侵入時の対応方法 ◉園内の危険箇所確認 ◉救急対応	◉遠足の場所を事前に確認 ◉乗り物内での注意事項を説明 ◉消防署の指導により消火訓練	◉水遊びの用具、プールの安全確認 ◉水質検査 ◉園内の安全点検	◉夏休み中の勤務分担確認 ◉夏休み中の園内見回り ◉施設・設備の安全点検・修理	◉防災用品備蓄を確認・補充 ◉避難ルートを事前に確認 ◉園庭の危険箇所点検	
学校安全に関する組織活動		◉安全計画年間指導計画の確認と理解 ◉緊急連絡網の作成 ◉救急救命講習受講 ◉園児引き渡し時の保護者確認 ◉疾病、けがの連絡方法	◉緊急連絡網を使って抜き打ちでの連絡・問題点の確認 ◉施設内安全点検（消防署） ◉警察の人と不審者対応訓練	◉プールでおぼれたときの救助方法確認 ◉プール活動の際の職員の役割分担 ◉園外活動の評価・反省	◉夏休み中の過ごし方（生活リズム、台風などのときの情報伝達方法確認、熱中症予防）	◉交通安全運動 ◉防災面での地域との連携 ◉情報システムの活用	

42

学校安全計画作成のポイント

学校安全計画とは、幼稚園、認定こども園で子どもの安全の確保をはかるために作成される全年齢共通の計画です。園の安全を確保するためには、職員だけでなく園外の警察やボランティアなどとも連携をすすめる必要があります。また、園内の全教職員で共通理解をし、常に見直し、改善をはかります。

10	11	12	1	2	3
●運動会に向けて安全な集団行動 ●用具・遊具の点検 ●ボールやなわとびのなわなどの安全な使い方 ●さまざまな生活場面で職員の指示に従う	●遊具を安全に扱う ●園庭で遊ぶ際のルールを守る ●登園・降園時の歩き方（急に走り出さない、保護者の指示に従う）	●暖房器具に触らない ●寒い日の遊び方（戸外で遊ぶ、うがい、手洗い、着ぶくれにならない） ●冬休みの過ごし方（生活リズムを守る、食べ過ぎに注意する）	●本来の生活リズムを取り戻す ●安全に正月の遊びを行う ●うがい・手洗いの習慣 ●戸外で元気に遊ぶ	●自分から安全な生活を送れるよう、約束を守る ●戸外で積極的に体を動かす ●暖房器具等に注意する	●年下の子どもの安全にも配慮して行動する ●自分からすすんで体を動かす ●小学校への通学時の約束を理解する
●運動会等地域の人々にも園内を開放する際の不審者対応を確認	●不審者侵入を想定した避難訓練	●人混みで保護者から離れない ●知らない人に声をかけられたときの対応確認	●時間を決めて園内を職員が巡回	●施錠状態の確認	●春休みに一人で出かけない ●休み中家に一人でいるときは施錠する
●遠足時など集団行動の際の歩き方 ●自転車に乗るときのルール ●公共交通機関利用の際のルール	●公園まで徒歩で移動し、交通ルールを確認	●ポケットに手を入れない ●歩道の凍結等に注意して歩く ●交通ルールを守って冬休みを過ごす	●歩道を歩く際の約束 ●交通標識を覚える ●安全を自分で判断する	●職員の指示がなくても安全に歩く ●自分で危険を感じられる ●一人で歩く訓練（5歳児）	●小学校への通学路を安全に歩く（5歳児） ●交通ルールや約束を思い出し、確認
●避難訓練（火災・昼食中） ・声による発生伝達、指示 ・これまでの訓練で覚えたことの確認 ・近隣の公園まで移動	●避難訓練（火災・園内） ・活動中に火災発生を伝える ・近隣小学校に徒歩で避難 ・乳幼児担当職員を確認	●避難訓練（地震） ・活動中に緊急地震速報音で地震発生を知らせる ・速報音に驚かず落ち着いて行動する	●避難訓練（地震） ・抜き打ちで実施 ・壁から離れる ・倒れてくるものがない場所に移動 ・落ち着いて避難	●避難訓練（地震・火災） ・地震発生後に調理室から火災発生を想定 ・防災ずきんをかぶって落ち着いて歩く ・放送や指示に従う	●避難訓練（地震） ・これまでの避難訓練を思い出し、指示なしで行動する
●運動会の用具を確認 ●運動会当日の職員配置を確認 ●園舎の施錠状態確認	●施設の点検 ●放送設備の点検 ●調理室の設備点検	●休み中の見回り当番を職員間で確認 ●休みに入る前に不審者の侵入経路がないか確認	●室内の温度・湿度管理 ●室内遊びの際の安全確認 ●園庭の凍結に注意	●消防署の指導で消火訓練 ●園内で火災発生が想定される場所の点検	●学校安全計画の内容を達成できたか評価・反省 ●次年度の防災担当などを再編成 ●次年度の計画見直し
●運動会当日の警備依頼（警察署） ●自転車に乗るときは保護者と一緒	●地震・火災が発生した際の緊急連絡網での連絡訓練 ●不審者対策について地域との連携確認	●冬休みの過ごし方を保護者に伝える ●感染症にかかったときの連絡について保護者に確認	●降雪時の登園・降園の際の歩行 ●寒い時期の身支度を伝える ●臨時休園の際の連絡方法確認	●一人登園の実施（5歳児）・警察署に協力要請 ●園内事故発生予防のための研修	●春休み中の過ごし方（生活リズム、食事など）を保護者に伝える ●就学に向けた安全対策を保護者に伝える

出典：文部科学省「「生きる力」をはぐくむ学校での安全教育」2010年をもとに作成

避難訓練、防犯対策は子どもが覚えやすい標語で

避難訓練や防犯対策については、子どもたち自身が日ごろから意識するようにしていくことが大切になります。子どもが覚えやすい標語をぜひ活用していきましょう。

地震や火災から逃げるときの約束「おかしも」

- **お** 押さない
- **か** かけない
- **し** しゃべらない
- **も** 戻らない

犯罪にあわないための約束「いかのおすし」

- **いか** （知らない人について）行かない
- **の** （知らない人の車に）乗らない
- **お** （不審者にあったら）大声を出す
- **す** （危ないときは）すぐ逃げる
- **し** （何かあったらすぐ）知らせる

ふだんの保育の際にも子どもたちと約束を口にして、意識できるようにしましょう。また、新しい標語を子どもたちと一緒につくってみるのもよいでしょう。

第 ② 章

12か月の指導計画

月案や週案、また子ども一人ひとりの状況を細かく把握したうえで
立案する個人案は、その月ごとに作成や計画の見直しを行うことが多いでしょう。
ここでは、その月に必要な計画をまとめて掲載しています。

・月案　　・遊びと環境
・週案　　・文例集

4月 月案・めろんぐみ　保育所

◎ CD-ROM → ■ 5歳児 _ 月案
→ ■ p46-p51_4月の月案（めろんぐみ）

4月　めろんぐみ　月案

担任：A先生

今月の保育のポイント

新しいクラスになり、何となく落ち着かない時期です。子どもたちが興味をもって集中できるようなテーマを示し、皆で取り組むことで、クラスのつながりも強まっていきます。担任と子どもたちの間に信頼関係を築くことをめざしましょう。

今月はじめの子どもの姿

- 新しいクラスになり、はじめは落ち着かない子どもが多かったが、しだいに気の合う友だちと遊ぶ様子や、身のまわりのことをすすんで自分からする様子が見られるようになった。

	ねらい	内容	
[5領域] 健康✚ 人間関係♥ 環境🌲 言葉💬 表現♪	✚新しい環境のなかで、すすんで身のまわりのことをする。健	✚活動のあとはすすんで手洗い、うがいをしたり、自ら次にやることを準備したりする。健 自	
	♥新しいクラスの友だちと楽しく遊ぶ。協	♥新しいクラスの友だちに親しみをもち、一緒に遊ぶことを楽しむ。協	
	🌲♪季節の行事に親しみ、友だちと意欲的に参加する。然 感	🌲♪それぞれ自分の「こいのぼり」を製作したあと、皆で相談して保育室に飾る。然 感	
	💬♥思ったことや気づいたことを友だちに伝えようとする。言 協	💬♥好きな絵本を自分で選び、保育者と読んだあとで友だちにあらすじや感想を話そうとする。言 協	
	♪自由にイメージして表現することを楽しむ。感 思	♪素材の特徴を生かして、お面づくりなどの製作を楽しむ。感 思	

職員との連携

- 避難訓練の際には、年長組が年少組を助けていくよう、担任同士で事前に話し合っておく。
- 前年度の担任と連携し、子どもたちが新しいクラスの生活に早く慣れていけるようにする。
- 調理員と連携し、アレルギーへの対応を徹底する。

家庭・地域との連携

- 日々の子どもたちの様子をていねいに保護者に伝えるとともに、自宅での様子も伝えてもらう。
- 園だよりに、卒園までにめざしている目標などを載せて、保護者にも協力してもらえるようにする。

[10の姿（幼児期の終わりまでに育ってほしい姿）]
健…健康な心と体　自…自立心　協…協同性　道…道徳性・規範意識の芽生え　社…社会生活との関わり　思…思考力の芽生え
自然…自然との関わり・生命尊重　数…数量や図形、標識や文字などへの関心・感覚　言…言葉による伝え合い　感…豊かな感性と表現

4月 月案・保育所・めろんぐみ

養護のねらい
- 年長児になったことを感じ、年下の子に優しく関わることができるよう導く。
- 子どもたちが自身で生活の場を整えられるよう環境を整える。
- 一人ひとりとていねいに関わり、信頼関係を築く。

健康・安全への配慮
- 戸外活動に積極的に取り組めるよう、環境を整備する。
- 避難訓練の際には、落ち着いて行動できるように声かけをする。
- 気温が上がる日は、自分で衣服の調節をするよう促す。

行事
- 入園式
- 進級お祝い会
- 身体測定
- 誕生会
- 避難訓練

環境構成	保育者の関わりと配慮事項
●子どもが生活リズムを感じられるよう、1日の流れを絵で示す。	●自分でやり遂げたときには必ずほめるようにし、そうでないときも気持ちを受け止める。
●クラスの皆で楽しめるゲームやリズム遊びを用意しておく。	●保育者も一緒に遊び、皆で遊ぶ楽しさに共感する。
●こいのぼり製作に必要な材料を準備し、全員のこいのぼりを飾るための場所をつくっておく。	●全員で飾るときは、どういう順番で飾るかなどを自由に話してもらい、それでよいかを聞き、皆が納得してから飾るようにする。
●絵本は取り出しやすい場所に置いておき、保育者のおすすめコメントや子どもの感想を壁面に掲示しておく。	●どんなところが好きなのか、友だちにどうやってすすめたいのかを聞き出し、共感する。
●4歳児クラスで使っていた材料や素材のほか、新しい素材も用意しておく。	●自分なりのイメージで製作する姿を認め、必要に応じて新しい材料や素材の使い方を伝える。

食育
- 給食当番の配膳の活動にすすんで取り組む。
- 食前、食後の手洗いをていねいに行う。

反省・評価のポイント
- 子どもたちが、積極的に活動に取り組めるよう環境を整えることができたか。
- 一人ひとりに向き合い、信頼関係を築くことができたか。

4月 月案・すいかぐみ

保育所

CD-ROM → 5歳児_月案
→ p46-p51_4月の月案（すいかぐみ）

4月　すいかぐみ　月案
担任：B先生

今月の保育のポイント

年長になったことが誇らしい気持ちと、何となくまだ自信がない気持ちが混在している時期です。入園式で関わりがあった3歳児クラスの子を気にかける姿も見られます。自信をもつことがこれからの成長の基礎になりますので、年長児として自信をもって接することができるよう導きましょう。

今月はじめの子どもの姿

- 前年度の担任に甘える姿も見られたが、徐々に新しいクラスになじんできた。
- 子ども同士で声をかけ合って遊ぶ姿が見られた。

	ねらい	内容
【5領域】 健康＋ 人間関係♥ 環境▲ 言葉● 表現♪	＋進級の喜びを感じ、意欲的に園生活を送る。健 ♥新しい環境のなかで友だちとの関わりを楽しむ。協 ▲生き物を大切に思う気持ちをもつ。然 道 ▲遊びや生活のなかで、数に興味をもつ。数 思 ♪楽器による表現を楽しむ。感	＋新しいクラスの友だちと積極的に遊んだり、自分のやりたい遊びを十分楽しんだりする。健 ♥友だちと一緒に動きながら、好きな遊びをみつけたり、つながりを感じたりする。協 ▲園にいる動物の世話の当番を決め、クラス全員で動物の世話に関わる。然 道 ▲トランプ遊びなどをとおして、数に興味をもつ。数 思 ♪楽器によって音の高さや響きが異なること、叩いたりする強さで音が異なることに気づく。思 感

職員との連携

- 避難訓練の前には、前年度までの問題点を話し合い、改善できるようにする。
- 新しいクラスに慣れない子どもについては、前の担任と連携して関わる。

家庭・地域との連携

- 持ち物には、必ず氏名とマークをつけてもらうように伝える。
- 着替えなど、自分でできるようになったことは、自宅に帰ってからも子どもが行うよう保護者にも協力をお願いする。

[10の姿（幼児期の終わりまでに育ってほしい姿）]
健…健康な心と体　自…自立心　協…協同性　道…道徳性・規範意識の芽生え　社…社会生活との関わり　思…思考力の芽生え
然…自然との関わり・生命尊重　数…数量や図形、標識や文字などへの関心・感覚　言…言葉による伝え合い　感…豊かな感性と表現

4月　月案・保育所・すいかぐみ

養護のねらい
- 安心感をもって十分に遊びこめるよう、4歳児クラスのときに使用していた遊具や玩具を織り交ぜながら環境を設定する。
- 安定した気持ちで1日を過ごし、生活を楽しめるような雰囲気づくりをする。

健康・安全への配慮
- 避難訓練では、地震が起きたときに身を守る行動について、実際に行ないながら覚えていけるようにする。
- アレルギーの有無について確認しておく。

行事
- 入園式
- 進級お祝い会
- 身体測定
- 誕生会
- 避難訓練

環境構成	保育者の関わりと配慮事項
●安心してやりたい遊びができるよう4歳児クラスのときから親しんでいる遊びや扱い慣れた遊具を用意しておく。	●新しい遊具を使うときには、保育者が安全に使う方法を提示する。
●好きな友だちとじっくりと遊ぶ時間を確保する。	●いろいろな友だちと遊べるよう、必要に応じて仲立ちする。
●自分の当番の日がいつかすぐにわかるよう、当番表は見やすいところに掲示する。	●動物の扱い方や動物小屋の掃除のしかたはその都度ていねいに伝えていく。
●ふだんから数字に興味がもてるよう、数字のポスターを掲示しておく。	●遊びながら数に興味がもてるようにしていく。
●太鼓やすずなど子どもが音を出しやすい楽器を準備する。	●楽器ごとにどんな音が出るかを確認し、好きな楽器を選び、一緒に音を出すことを楽しめるよう関わっていく。

食育
- 食材について知り、給食に入っている食材について興味をもちながら自分から味わう。
- 食器の後片づけをする。

反省・評価のポイント
- 新しい環境や、クラスの友だちに親しみをもち、意欲的に園生活が送れるよう配慮できたか。
- 当番の仕事をとおして、責任をもって動物の世話をする大切さを感じられるような言葉がけができたか。

4月 月案・しろくまぐみ　幼稚園・認定こども園

● CD-ROM → 📁 5歳児_月案
→ 📁 p46-p51_4月の月案（しろくまぐみ）

4月　しろくまぐみ　月案
担任：C先生

今月の保育のポイント
年長組になったのがうれしい子どももいれば、新しい環境への不安やとまどいも感じる子どももいます。保育者は一人ひとりの気持ちを受け止め、安心できるように関わりながら、新しい場や遊具にじっくり関われるような時間をつくって、子どもが慣れるのを見守りましょう。

今月はじめの子どもの姿
- 年長になる期待感をもって登園してきた。
- 年少・年中児の入園をうれしく思うが、どのように関わっていいのかとまどう姿も見られた。

	第1週	第2週
ねらい	✚♥▲■ 新しい環境を知り、友だちと一緒に遊んだり活動したりすることを楽しむ。健協 ▲✚ 年長組の生活のしかたを知る。健自	▲✚ 新しい遊具の安全な使い方、新しい場での安全な遊び方を知る。健道 ▲ 年中時に自分たちが植えた草や春の自然に興味をもって関わる。然
内容	✚▲♥■ 新しい場（保育室、遊戯室）を探索したり、友だちと関わったりすることを楽しむ。健 ▲✚ 1日の流れや自分たちの場を知って、自分でしようとする。自教	▲✚ 大型積み木や巧技台の扱い方、園庭や遊戯室での遊び方を知り、友だちと楽しく遊ぶ。健道 ▲ ジャガイモや菜の花などに興味・関心をもち、世話をする。然
環境構成	● 新しい場でとまどわないように、子どもたちが遊びやすい動線を考えて遊具を設定する。 ● 1日の流れや物の置き場所がわかるよう、1日の流れや物の名前を絵と文字で掲示する。	● のびのびと遊べるスペースを確保しておく。 ● ジャガイモや菜の花など春の自然を扱った絵本や図鑑を見やすい場所に置いておく。
保育者の援助	● 不安を感じている子には、気持ちを受け止めながら「いつも一緒にいるよ」などと言葉をかける。 ● 1日の流れを前日の降園前や当日の朝に伝えるとともに次の活動に移る少し前に予告し、声をかける。	● 新しい遊具や場所の扱い方や約束を伝えるときには保育者が危険な扱いを見せ、なぜそうするのか、約束を守る必要性が感じられるようにする。 ● 子どもが感じたこと、気づいたことに共感する。

職員との連携
- 年度当初に避難訓練と安全指導の年間計画を検討し、共通理解しておく。
- アレルギーなど特別な配慮を要する子どもの情報と対応は、全職員が共有する。

家庭・地域との連携
- 降園時には保護者にその日の子どもの遊びや生活の様子を具体的に伝えて、園生活に安心感をもってもらい、保護者とも信頼関係を築いていく。
- 健康面が気になる子どもの保護者には自宅での過ごし方を尋ね、連携した保育を行うようにする。

【5領域】 ✝…健康 ♥…人間関係 ▲…環境 ●…言葉 ♪…表現

【10の姿（幼児期の終わりまでに育ってほしい姿）】
健…健康な心と体　自…自立心　協…協同性　道…道徳性・規範意識の芽生え　社…社会生活との関わり　思…思考力の芽生え
然…自然との関わり・生命尊重　数…数量や図形、標識や文字などへの関心・感覚　言…言葉による伝え合い　感…豊かな感性と表現

🎯 月のねらい

- ✝♥▲ 新しい環境に慣れ、友だちとの関わりを楽しむ。健協
- ♥✝ 年長組の生活のしかたを知る。健道自
- ●✝♥▲ 学級で活動する楽しさを味わい、学級としてのつながりを感じる。協

🎂 行事

- 始業式　● 入園式
- 健康診断
- 避難訓練
- 安全指導
- 誕生会　● 身体測定
- 保護者会

4月 月案・幼稚園・認定こども園

第3週	第4週
✝♥▲●♪ 新しい遊具、用具、場を使って友だちと関わりながら遊ぶ。健協言感 ✝♥● グループでの活動をとおして一緒に遊ぶ楽しさや、グループとしてのつながりを感じる。協言	♪▲ 春の自然に興味をもち、遊びに取り入れて楽しむ。言然感 ✝♥● グループで活動する楽しさを味わい、友だちとのつながりを感じる。協言
✝♥▲●♪ 新しい場を探索したり、興味のある遊びにじっくりと取り組みながら友だちと関わる。健協言感 ✝♥● グループで課題活動やゲームに取り組み、皆で動く楽しさを感じる。協言	♪▲ 戸外で春の草花や虫にふれたり、気温の変化などを感じたりする。言然感 ✝♥● 保育者や友だちに自分の思いを言葉で伝え、相手の話も聞きながらグループで製作活動に取り組む。協言
● 新しい場で遊ぶときには一斉での安全指導の時間をとる。 ● 皆で取り組めるゲーム（助け鬼、リレーごっこ）などを準備しておく。	● 春の自然に興味を広げる絵本や図鑑を用意しておく。 ● グループで話し合いをするときは、互いの表情や視線がわかるような落ち着いた場をつくる。
● グループの友だちと一緒に行動することが楽しいと思えるような言葉がけをする。 ● 保育者も一緒に遊びながら安全な使い方、過ごし方を伝えていく。	● 春の草花や昆虫をみつけたときは、喜びや驚きを共有する言葉がけをする。 ● 友だちと協力して製作に取り組む姿を認める言葉がけをする。

🍴 食育

- 食事の前後には感謝をこめ、「いただきます」「ごちそうさま」のあいさつをする。

☑ 反省・評価のポイント

- 新しい環境になじめるような配置や時間の確保ができたか。
- 学級全体での活動では、友だちとのつながりを感じられるような活動を行うことができたか。

4月 週案・すいかぐみ

保育所

CD-ROM → 5歳児_週案→ p52-p53_4月の週案

進級

4月 すいかぐみ 週案
担任：B先生

予想される子どもの姿
- 新しいクラスでの活動を楽しみにする子どもと、不安で落ち着かない様子の子どもが見られる。
- 自分から友だちと積極的に関わっていこうとする姿が見られる。

	4月〇日（月）	4月〇日（火）	4月〇日（水）
活動予定	園庭散策	室内遊び（絵本、大型積み木、製作、ごっこ遊び）	入園式に向けた準備（金曜日の入園式に向けて準備を行います。）
内容	▲愛情をもって動物の世話をすることを楽しむ。然道 ▲園庭の植物を観察することを楽しむ。然思	▲新しい場所やいろいろな玩具、用具の使い方を知り、友だちと遊ぶことを楽しむ。数思協	♥入園式での自分の役割を意識する。社自 ♪入園式を楽しみにしながら、飾りつけを保育者と一緒に行う。感
環境構成	●図鑑などを保育室に用意し、観察した植物についてすぐに調べられるようにする。 ●園庭の植物に水をあげるためのじょうろを用意しておく。	●安心してやりたい遊びができるよう、4歳児クラスのころから使い慣れている玩具も用意しておく。	●理解しやすいように、一人ひとりの役割を紙に書いて準備しておく。 ●子どもたちの意見も聞きながら、飾りつけをする。
保育者の配慮	●動物の世話をしている姿を認め、大切にする気持ちを大事にできるようにする。 ●保育者も一緒に植物を観察し、質問に答えたり、図鑑で一緒に調べたりする。	●保育者も一緒に遊びながら、新しい場所や玩具の使い方をわかりやすく伝えていく。	●自分の役割を意識している姿を認め、年長児としての自信がもてるようにする。 ●自分たちも入園式に関わったという達成感がもてるように声かけをしていく。

[5領域] ✚…健康 ♥…人間関係 ▲…環境 ●…言葉 ♪…表現

[10の姿（幼児期の終わりまでに育ってほしい姿）]
健…健康な心と体　自…自立心　協…協同性　道…道徳性・規範意識の芽生え　社…社会生活との関わり　思…思考力の芽生え
然…自然との関わり・生命尊重　数…数量や図形、標識や文字などへの関心・感覚　言…言葉による伝え合い　感…豊かな感性と表現

🎯 ねらい

- ♥ 年少児と関わり、優しく接する。協道
- ✚♥ 友だちと相談しながら一つのことに取り組む。協
- ▲ 外遊びのときに自然に興味や関心をもつ。然

☑ 振り返り

新しいクラスになり、落ち着いて行動できない子どもがいたので、集中できるような遊びを取り入れるよう心がけたところ、皆で楽しむ様子が見られた。

4月　週案・保育所・すいかぐみ

	4月○日（木）	4月○日（金）	4月○日（土）
	進級お祝い会	入園式	異年齢保育
	＞入園式の前日の進級お祝い会で、自分たちが年長児になったことを意識づけるようにします。		
	♥進級お祝い会に参加し、最年長児になったことの喜びを感じる。社	♥●皆で声をそろえて入園児に「おめでとう」と声をかける。社言 ♥年少児に優しく接する。協道	♥年長児になったことを意識しながら異年齢児との遊びを楽しむ。自社 ▲遊んだあとの片づけに積極的に関わる。道
	●5歳児クラスになったことを意識して行動できるよう、園でのルールを確認し、それを守れるよう話をする時間を設ける。	●入園児が泣き出したりしたときは、すぐに保育者に伝えるように話しておく。 ＞年少児の面倒をみることは、土曜日の異年齢保育にも生かされます。	●年齢の異なる子ども同士でも一緒に楽しめるゲーム（手つなぎ鬼、ハンカチ落とし）や活動を準備する。
	●一人ひとりの最年長児になった喜びやとまどいを受け止めながら、意欲的に活動できるよう言葉がけする。	●子どもたちの様子に気を配り、対応に困っている子には話を聞いて、必要な手助けする。 ●入園式が終わったあとは、一人ひとりの優しく接していた姿を認め、自信がもてるようにする。	●遊びや活動の内容を保育者が把握し、子どもたちに適したものを提案する。 ●遊びの状況によって、ルールを変えたり、玩具や用具を足したりする。

4月の遊びと環境

その① 変身！お面遊び

用意するもの お面の台紙、輪ゴム、クレヨン、ハサミ、ペン、のり、色紙、毛糸やひも、ビニールテープ、リボン、わたなど

あらかじめお面の台紙を用意します。

環境のポイント 自分なりに工夫できるよう、毛糸やひもなどさまざまな素材を用意しておきます。

活動の内容
- 素材の特徴を生かして製作する。
- 自由にイメージして表現することを楽しむ。

完成したら……
お面をつけて、劇遊びをしましょう。

おじいさん／わた

耳を貼る／ねこ／毛糸

その② しんけいすいじゃく

用意するもの トランプ（または1から10の数字をかいた札2枚ずつ）、おはじき

活動の内容
- 数字に興味をもつ。
- 数の違いを認識する。

1～10までのトランプを使ってしんけいすいじゃくをします。

慣れてきたら……

ルールを変えて遊びます。2枚そろった札が「5」だったら、おはじきが5個もらえるというように、とった札の数のおはじきがもらえます。とった札の枚数にかかわらず、おはじきの多かった人が勝ち。

「10」をねらおう!!

4月の文例集

【5領域】✚…健康 ♥…人間関係 ▲…環境 ●…言葉 ♪…表現

【10の姿（幼児期の終わりまでに育ってほしい姿）】
健…健康な心と体 自…自立心 協…協同性
道…道徳性・規範意識の芽生え 社…社会生活との関わり
思…思考力の芽生え 然…自然との関わり・生命尊重
数…数量や図形、標識や文字などへの関心・感覚
言…言葉による伝え合い 感…豊かな感性と表現

CD-ROM → 5歳児 _ 季節の文例集→ p55_4月の文例集

今月はじめの子どもの姿

- 年長クラスになったことを喜び、保育者に伝えようとする姿が見られた。
- 自分から何かをしようとする姿が見られるようになり、友だちにも声をかけていた。

養護のねらい

- 自分でできることを増やしていくようにはたらきかける。
- 新しい環境に慣れ落ち着いて過ごせるよう、子どもの思いをしっかり受け止める。

健康・安全への配慮

- 外遊びに興味をもって積極的に戸外に出て活動できるように、園庭を整備する。
- 落ち着いた気持ちで子どもたちに接する。

ねらい

- ♥ゲームを皆で楽しみ、仲よく遊ぶことの心地よさを感じる。協
- ♥約束を守って、楽しく遊ぶ。道
- ●♪絵本の内容を皆で伝え合い、イメージを広げる。言 思

内容

- ♥新しい友だちと仲よく遊ぶ。協
- ♥遊ぶ前に約束を確認し、ルールを守ることの大切さを知る。道
- ●♪春の絵本を読み、その内容を自分の言葉で友だちや保育者に伝える。言 思

環境構成

- 新入園児も遊びに加わりやすいようにグループ分けして、ゲームを楽しめるようにする。
- 約束を自分たちで思い出せるように、絵に描いておいたものを示しながら確認する。
- 絵本のイメージが広がるよう、壁面に絵本のモチーフを飾りつけておく。

保育者との関わりと配慮事項

- 子どもがとまどっているときには、保育者が声をかけてゲームのやり方を説明し、一緒に楽しめるようにする。
- 約束は子どもたちが主体となって考える。
- 子どもが絵本について話していることをしっかり受け止め、また伝えたいと思えるようにする。

職員との連携

- 担当保育士だけでなく、職員全体でアレルギーのある子どもの情報を共有する。
- 前年度の子どもたちの状況を、前担任の話や記録から把握し、新しいクラスでの対応に反映する。

家庭・地域との連携

- 保育の目標を保護者に説明し、自宅と園での生活が継続したものになるように協力してもらう。
- 翌日の持ち物を忘れないよう、保護者には降園時に伝えるようにする。

食育

- 食前・食後のあいさつをていねいに行う。
- 配膳の際には、食器を大切に扱う。

5月 月案・めろんぐみ　保育所

CD-ROM → 5歳児_月案 → p56-p61_5月の月案（めろんぐみ）

5月　めろんぐみ　月案
担任：A先生

今月の保育のポイント
連休前に身についた生活リズムが、連休中に崩れやすくなります。保護者にも協力してもらい、少しずつリズムを取り戻していきましょう。連休中の出来事や健康状態について保護者に確認し、体調の変化を見逃さないよう見守っていくことが必要です。

前月末の子どもの姿
- 連休中の家族での計画を楽しみにしている様子が見られた。
- 素材の違いを感じながら、イメージしたものをつくる活動を楽しんでいた。

	ねらい	内容
【5領域】 健康✚ 人間関係♥ 環境▲ 言葉● 表現♪	✚身のまわりのことについて見通しをもってすすんで行う。健自	✚汗をかいたとき、汚れたときなど、自分からすすんで衣服を着替える。健
	♥地域の人たちに親しみをもつ。社	♥こどもの日の行事で、地域の人たちとの交流を楽しむ。社
		♥こどもの日の前に、地域の人への招待状をつくる。社教
	▲身近な動植物に興味や関心をもつ。然	▲散歩の時間に、花や葉、昆虫などを観察して楽しむ。然
	●いろいろな言葉を使うことに興味をもつ。言	●保育者との会話や絵本などによって新しい言葉に興味をもち、自分なりに使ってみようとする。言
	▲♪身近にあるものの美しさに気づく。感	▲●♪日常生活のなかで美しいものをみつけ、感じたことを言葉に出して保育者に伝える。言感

職員との連携
- こどもの日の行事に地域の人たちにも参加してもらうことを計画し、配布するお知らせの内容を検討する。
- こどもの日の食事の内容を調理員などと話し合う。

家庭・地域との連携
- 町内会を通じて、地域の人たちをこどもの日の行事に招待し、子どもたちがつくった招待状を渡す。
- 散歩のときに子どもたちが話した内容を保護者に伝え、家でも子どもの話を聞く時間をとってもらうよう伝える。

[10の姿（幼児期の終わりまでに育ってほしい姿）]
健…健康な心と体　自…自立心　協…協同性　道…道徳性・規範意識の芽生え　社…社会生活との関わり　思…思考力の芽生え
自然…自然との関わり・生命尊重　数…数量や図形、標識や文字などへの関心・感覚　言…言葉による伝え合い　感…豊かな感性と表現

5月 月案・保育所・めろんぐみ

養護のねらい
- 落ち着いて子どもがさまざまな活動に取り組めるような雰囲気づくりをする。
- 交通ルールを意識できるよう、外出の前には横断歩道を渡るときの決まりについて確認する時間をとる。

健康・安全への配慮
- 新しいクラスに慣れて活動的になる一方、けがをしやすくなるので事故が起こらないよう注意深く見守る。
- 汗をかいているときには、自分から衣服を着替えるよう声かけする。

行事
- こどもの日
- 身体測定
- 誕生会
- 避難訓練
- 職員会議

環境構成	保育者の関わりと配慮事項
●子どもたちの衣服を取り出しやすい場所に置き、自分の衣服をすぐにみつけられるようにする。	●汗をかいていても着替えようとしない子どもには声をかけ、清潔にすることの大切さを伝える。
●こどもの日の行事に地域の人たちを招待し、子どもたちとの交流の場をつくる。	●日ごろから地域の人に親しみをもてるよう、外で会ったときにはあいさつをするよう促す。
●子どもたちが興味をもったものをすぐに調べられるよう、ミニ図鑑や虫めがねを持参する。	●子どもたちと一緒に図鑑で調べたり、子どもたちに質問をしたりする。
●自由に思ったことを口に出せるような雰囲気づくりをする。	●子どもの言葉の使い方が間違っていても、まずは受け入れ、話そうとしている意欲を認める。
●壁面に絵を飾ったり、窓辺に花を飾ったりする。	●「きれいだね」と子どもが話しかけてきたときには、子どもがどんなところに美しさを感じているかを言葉で引き出すように質問する。

食育
- こどもの日のかしわもちなどの行事食を知り、季節の行事について理解を深める。
- よくかんで食べることをしっかりと身につける。

反省・評価のポイント
- こどもの日に、子どもたちと地域の人たちが交流を楽しむことができたか。
- 園外保育の際に、子どもの発見や学びを深めることができたか。

5月 月案・すいかぐみ　保育所

◎ CD-ROM → 📁 5歳児_月案
→ 📁 p56-p61_5月の月案（すいかぐみ）

5月　すいかぐみ　月案
担任：B先生

今月の保育のポイント

天候も過ごしやすく、戸外に散歩に行きやすくなる季節です。散歩をとおして子どもたちが自然や生き物に興味がもてるような言葉がけをしていきましょう。また気になったことへの興味を深めるために図鑑や絵本を用意しておくことも大切です。

前月末の子どもの姿

- クラス全体が落ち着き、積極的に友だちと関わりながら遊ぶ姿が見られるようになった。
- 飼育当番や給食当番を意欲的に行う姿が見られた。

	ねらい	内容
【5領域】 健康 ✚ 人間関係 ♥ 環境 🌲 言葉 ● 表現 ♪	✚ 身だしなみを整えることの大切さを知る。健	✚ 自分で衣服を着脱したあと、身だしなみを整える。健
	♥ あいさつし合うことの気持ちよさを味わう。協社	♥ 散歩のときに、近所の人に出会ったらあいさつして、親しみをもつ。協社
	🌲♪ 身近な自然現象の不思議さに興味をもち、遊びに取り入れる。思	🌲♪ かげができる不思議さに興味をもち、友だちといろいろな形をつくって表現する。思協
	● 調べたことや発見したことを言葉にして伝える。言思	●🌲 自分で図鑑などで調べたことや、公園で発見したことなどを相手にわかるように言葉で伝えようとする。言然思
	♪ 自然の生き物をテーマに製作することを楽しむ。然感	♪ 公園でみつけた昆虫や花などを自分なりのイメージで製作する。然感

職員との連携

- こいのぼりを園庭に揚げる準備をする。
- 園外保育の際、安全面でどのようなことに配慮すればよいのか、職員同士で確認する。

家庭・地域との連携

- 気温の上昇に対応できるよう、夏用衣服の準備を保護者にお願いする。
- 今年度の小学校との連携について、担当者同士で話し合いの場をもち、相互理解を深める。

[10の姿（幼児期の終わりまでに育ってほしい姿）]
健…健康な心と体　自…自立心　協…協同性　道…道徳性・規範意識の芽生え　社…社会生活との関わり　思…思考力の芽生え
然…自然との関わり・生命尊重　数…数量や図形、標識や文字などへの関心・感覚　言…言葉による伝え合い　感…豊かな感性と表現

養護のねらい

- 自分の考えを言葉にしようとする姿を認め、励ます。
- 気温の変化に応じて衣服を着脱し、気持ちよく過ごせるように言葉がけする。

健康・安全への配慮

- 園生活全体のルールを確認し、子どもたちが守れるようにする。
- 避難訓練のときには静かにすばやく避難することの重要性を子どもたちが理解できるようにする。
- 事故予防のため園庭の遊具と玩具を点検する。

行事

- こどもの日
- 身体測定
- 誕生会
- 避難訓練
- 職員会議

5月　月案・保育所・すいかぐみ

環境構成	保育者の関わりと配慮事項
●衣服を着脱したあと、鏡で確認できるように安全な場所に鏡を設置する。	●衣服を着脱したあと、できたことを認め、シャツの裾が出ているなどは、鏡を見ながら直すように促す。
●子どもたちとのあいさつについて、近隣の住民に協力をお願いしておく。	●あいさつはきちんとした言葉でていねいにすることを、日ごろから保育者が実際に示す。
●子どもたちがつくったかげをあとで見られるよう、カメラを用意しておく。	●かげがよく見える場所や、かげができる理由をわかりやすく子どもたちに伝える。
●自分で調べられるように、手の届く場所に図鑑などを置き、調べてみようとする意欲を引き出す。	●うまく伝えられなくても、話そうとする意欲を認め、言葉を引き出したり必要に応じて補ったりする。
●イメージを形にできるようさまざまな素材を分類して用意し、取り出しやすいようにしておく。	●自分なりにイメージをもって製作している姿を認め、一人ひとりの工夫している点をみつけてほめていく。

食育

- こどもの日とかしわもちの関係について知り、かしわもちを食べる。
- 食器を大切に扱う。

反省・評価のポイント

- 子どもたちが主体となって活動できるよう配慮できたか。
- 園外保育の際にみつけた生き物に興味がもてるような活動や環境を設定できたか。

5月 月案・しろくまぐみ

幼稚園・認定こども園

◎ CD-ROM → ■ 5歳児_月案
→ ■ p56-p61_5月の月案（しろくまぐみ）

5月　しろくまぐみ　月案
担任：C先生

今月の保育のポイント

1日の流れがわかってきて、園庭でダイナミックに遊んだり自然にふれたりするのが楽しい時期です。自分の思いをわかってもらおうとしたり、相手の思いとぶつかったりするときには、葛藤も生まれてきます。一人ひとりの気持ちを大切に受け止めて、仲立ちをしましょう。

前月末の子どもの姿

- 年長組の生活に慣れて、新しい場所や遊具での遊びを友だちと一緒に楽しむ姿が見られた。
- 園庭で自然物を集めたり、虫探しをして自然に親しんでいた。

	第1週	第2週	
ねらい	♥▲気の合う友だちと遊びに必要な場やものをつくって楽しむ。協言感 ▲♥季節の行事をとおして友だちとの活動を楽しむ。協社	♥クラスのいろいろな友だちと一緒に遊ぶ楽しさを味わったり、つながりを感じたりする。協 ✚当番活動の内容を理解し、積極的に取り組む。健道自	
内容	♥▲友だちとイメージを言葉で伝え合いながら遊びの場や必要なものをつくる。協言感 ▲♥クラスやグループでのこいのぼり製作をとおして、友だちとのつながりを感じる。協社	♥ホールや屋上などの場で、いろいろな友だちと関わりながら遊ぶ楽しさを味わう。協 ✚動物の世話やお休み調べなどの当番活動の内容ややり方がわかり、取り組む。健道	
環境構成	●遊戯室にも製作遊びの用具や材料を用意しておく。 ●さまざまな色や素材のものを用意しておき、クラスやグループの話し合いで自分の考えが言えるようにする。	●年長ならではの用具や材料の使い方を確認したり、楽しい使い方に気づかせたりする。 ●自分たちでつくった当番表は見やすい場所に掲示しておき、見通しがもてるようにする。	
保育者の援助	●一人ひとりが友だちに思いを出せているか確認しながら、必要に応じて場を調整する。 ●作品が出来上がっていく過程も大切にしながら、必要に応じて励ましたり、ヒントを与えたりする。	●新しい友だちとのつながりが感じられるよう、必要に応じて仲立ちしたり、グループ分けを工夫したりする。 ●自分から行おうとする気持ちを大切にし、実態に合わせて無理なく取り組めるようにする。	

職員との連携

- 今年の幼児の姿から安全指導で特に必要なことを職員間で共通理解する。

家庭・地域との連携

- 連休明けは生活リズムが崩れやすくなるので、一人ひとりの健康状態を確認する。

【5領域】 ✝…健康 ♥…人間関係 ▲…環境 ■…言葉 ♪…表現

〔10の姿（幼児期の終わりまでに育ってほしい姿）〕
健…健康な心と体　自…自立心　協…協同性　道…道徳性・規範意識の芽生え　社…社会生活との関わり　思…思考力の芽生え
然…自然との関わり・生命尊重　数…数量や図形、標識や文字などへの関心・感覚　言…言葉による伝え合い　感…豊かな感性と表現

🎯 月のねらい

- ✝♥■ 自分の考えを言ったり相手の思いを聞いたりしながら、友だちと関わって遊ぶことを楽しむ。言
- ■♥ クラスやグループで課題に取り組み、自分の力を出しながら友だちと協力する楽しさを感じる。協
- ▲ 自然の変化に興味をもち、動植物に親しむ。然思

🎂 行事

- こどもの日
- 定期健康診断
- 避難訓練
- 安全指導
- 誕生会

5月　月案・幼稚園・認定こども園

	第3週	第4週
	♥■遊びをすすめるなかで、自分の思いを伝えたり相手の思いを聞いたりする。言協 ▲遊びをとおして春から初夏への自然の変化に興味をもつ。然思	✝♥友だちのする遊びに刺激を受け、自分も挑戦したり、一緒に遊んだりすることを楽しむ。健協 ▲種まきや飼育当番などの活動をとおして、動植物に親しみ大切に思う気持ちをもつ。然道
	♥■友だちと一緒に遊ぶなかで、自分の思いを伝え合う。言協 ▲園庭での遊びをとおして自然に興味をもち、草花や虫などを観察して楽しむ。然思	✝♥友だちと一緒に遊ぶなかで新しい遊びのルールをつくって遊ぶ。健協 ▲自分たちで植えた栽培物の生長を期待したり、小動物の気持ちになって世話をしたりする。然道
	●互いの思いを出せるよう必要に応じて保育者が仲介する。 ●みつけた草花や虫について調べられるよう図鑑を取りやすい場所に準備しておく。	●友だち同士で教えあったり、伝えあったりする時間を十分にとる。 ●年少・年中で経験していない夏野菜の種を用意し、興味がわくようにする。
	●思いを伝えようとする姿を認め、友だちへの思いの伝え方を具体的に知らせたり考えさせたりする。 ●草花の葉の大きさや色、におい、虫の形などに興味がもてるよう言葉がけする。	●友だちとトラブルになったら、互いの気持ちを言葉で伝えられるように仲立ちをする。 ●自分たちですすめられるように、手順ややり方を確認したり、認めたりする。

🍴 食育

- 夏野菜の種まきをして生長を楽しみにする。
- 食べ物の栄養が体の成長に必要なこと、食事の大切さを知る。

☑ 反省・評価のポイント

- 友だちとの関わりでぶつかりあったとき、双方の言い分を十分に聞き、思いを伝え合えるように関われたか。
- クラスやグループでの活動のなかで、自分の力を発揮できるよう援助できたか。

5月 週案・めろんぐみ　保育所

CD-ROM → 5歳児_週案→p62-p63_5月の週案

誕生会

5月　めろんぐみ　週案
担任：A先生

 予想される子どもの姿
- 連休前の生活リズムが崩れる子どもが多く、落ち着きがなくなる子どももいる。
- 過ごしやすい季節になり、外遊びを積極的に楽しんだり、自然と親しんだりする姿が見られる。

	5月○日（月）	5月○日（火）	5月○日（水）
活動予定	室内遊び（誕生会の準備）	散歩（○○公園まで）	園庭遊び（生き物の探索）
		公園と園庭という2つの場所で、生き物にふれる活動を行い、両者の違いに気づくようにします。	
内容	♥♪誕生会の友だちのことを思い浮かべながら、王冠づくりを楽しむ。感 金曜日に行う誕生日会のプレゼントをつくります。	▲園から離れた公園まで、交通ルールを守りながら歩く。道 ▲公園の植物や虫に興味をもち、ふれたり観察したりして楽しむ。然思	▲園庭で植物や昆虫を探索し、公園の植物や昆虫と比べてみる。然思 ▲♪花びらを使って紙を染める、葉っぱの船をつくって水に浮かべるなど植物を使った遊びを楽しむ。然感
環境構成	●イメージしたものがつくれるよう、さまざまな材料を用意しておく。 ●自分で用具を取り出したり、片づけたりできるよう、表示のしかたを工夫しておく。	●散歩の前に、皆で散歩のときのルールを確認する時間を設ける。 ●興味をもったものをすぐに調べられるようミニ図鑑を用意しておく。	●場所や季節によって植物や昆虫が異なっていることを理解できるように、声かけしていく。 ●染め紙ができる机を園庭に用意しておく。 ●船を浮かべるバケツを出しておく。
保育者の配慮	●ハサミをもったまま走ったり、ふざけたりしないよう目配りする。 ●もうすぐ友だちが誕生日であることを伝え、お祝いする気持ちをもって製作できるよう言葉がけする。	●子どもたちが植物や虫に興味がもてるよう、保育者も一緒に探しながら楽しむ。 ●公園では適切なタイミングに日陰で休息し、水分をとるように促す。	●子どもたちが気づいたことを友だち同士で伝え合えるよう援助する。

[5領域] ✚…健康　♥…人間関係　▲…環境　■…言葉　♪…表現

[10の姿（幼児期の終わりまでに育ってほしい姿）]
㉕…健康な心と体　㉑…自立心　㊗…協同性　㊐…道徳性・規範意識の芽生え　㊤…社会生活との関わり　㊢…思考力の芽生え
㉝…自然との関わり・生命尊重　㉞…数量や図形、標識や文字などへの関心・感覚　㊥…言葉による伝え合い　㉟…豊かな感性と表現

🎯 ねらい

- ✚♥ 友だちと関わりながら、いろいろな活動に取り組む。㉕㊗
- ✚ 誕生会の準備や手伝いを意欲的に行う。㉑
- ✚ 散歩の際に、交通ルールを守る。㉕㊐

✅ 振り返り

連休後に生活リズムが乱れ、クラス全体が落ち着かなかったが、徐々にリズムを取り戻し、時間や園生活のルールを自分たちで守ろうとする姿が見られた。

5月　週案・保育所・めろんぐみ

	5月○日（木）	5月○日（金）	5月○日（土）
	室内遊び（大型積み木）	誕生会	異年齢保育
	✚♥ 友だちとイメージを共有しながら大型積み木で遊ぶ。㊗	♥▲ 5月生まれの友だちを、「ハッピーバースデイ」を歌って祝う。㉟ ♥ 誕生日を元気に迎えられたことを、クラスの皆で喜ぶ。㊗	■ 絵本や紙芝居を見たり聞いたりして楽しむ。㊥㉟
	● 思い切り遊べるよう広いスペースと用具を確保しておく。	● 子どもたちがつくった王冠のほか、飾りや誕生日カードを用意する。 💬 月曜日に製作した王冠をここで用います。	● 異年齢児で楽しめる絵本や紙芝居を用意しておく。 ● 保育者が読んだあと、皆で感想を言う時間をとる。
	● 保育者も一緒に遊び、イメージを形にする楽しさに共感する。	● 祝う気持ち、感謝する気持ちの両方を自然に身につけていけるよう、誕生日の意味をわかりやすく伝える。 ● 誕生会を皆で楽しめるように壁面を飾ったりして、雰囲気づくりをする。	● 落ち着いた雰囲気のなか読むようにし、ゆったりと楽しめるようにする。

5月の遊びと環境

その① 虫と花の博物館

用意するもの 紙粘土、お菓子の空き箱やトイレットロールの芯、モール、お花紙、色紙、のり、テープ、ハサミ、セロファン、クレヨン、ペンなど

活動の内容
- 春の動植物をよく観察する。
- イメージをもって製作することを楽しむ。

公園で昆虫や花などをよく観察し、立体製作します。図鑑なども見て特徴を出せるよう、工夫しながらつくりましょう。

- まわりに花びらを貼る
- 黄色い紙
- ヨーグルトカップを使ったチューリップ
- 空き箱のカブトムシ

完成したら……
保育者がプレートをつけ、博物館のように展示します。

その② かげ遊び

用意するもの なし

環境のポイント
かげがよく見える場所、時間などを事前に調べておきましょう。

かげの映り方をいろいろ試して遊び、友だちと協力して1つの絵をつくることを楽しみます。

慣れてきたら……
友だち同士で工夫して、いろいろなかげづくりに挑戦します。写真に撮って記録し、あとで子どもたちに見せましょう。

目と口のように映ります
- 目
- 口

活動の内容
- かげが変化するおもしろさに気づく。
- 友だちと協力して遊ぶことを楽しむ。

5月の文例集

[5領域] ✚…健康 ♥…人間関係 🌲…環境 ●…言葉 ♪…表現

[10の姿（幼児期の終わりまでに育ってほしい姿）]
健…健康な心と体　自…自立心　協…協同性
道…道徳性・規範意識の芽生え　社…社会生活との関わり
思…思考力の芽生え　然…自然との関わり・生命尊重
数…数量や図形、標識や文字などへの関心・感覚
言…言葉による伝え合い　感…豊かな感性と表現

● CD-ROM → ■ 5歳児_季節の文例集→ p65_5月の文例集

前月末の子どもの姿

- 思い思いの活動に取り組み、楽しむ姿が見られた。
- 園外活動の際に、花や昆虫に興味をもって接していた。

養護のねらい

- 安全に留意して行動することを理解し、実践していけるようにする。
- 身のまわりのことを自分で行うことを習慣づける。

健康・安全への配慮

- 避難訓練の際には、集中して行動するように声をかける。
- 子どもが思いきり遊びを楽しめるよう安全な環境を整える。

ねらい

- 友だちとの会話のなかで、さまざまな言葉に親しむ。言
- 🌲季節の行事を楽しみながら理解する。社
- 🌲植物に興味や関心をもつ。然

内容

- 遊びや活動のなかで、友だちとさまざまな言葉をかわす。言
- 🌲♪こどもの日の意味を知り、こいのぼりを皆でつくる。社感協
- 🌲園で栽培している花への水のやり方を覚え、植物が元気に育つ様子を見守る。然

環境構成

- 相手の話を聞くことの大切さを伝える。
- 思い思いに色づけをして、クラス全体で一匹のこいのぼりを完成させられるように、大きな台紙と絵の具を用意する。
- 上手に育てられたという達成感を感じられるよう、世話がしやすい植物を園庭で栽培する。

保育者との関わりと配慮事項

- 保育者との会話のなかで、相手の話を聞くことの大切さを理解していけるようにする。
- 一人ひとりの思いを大事にしつつ、皆で協力して製作することの楽しさも味わえるように関わる。
- 上手に育ったことをほめ、皆で育てたことの達成感を味わえるようにする。

職員との連携

- 遠足について目的地やコースを提案し合い、複数の職員が下見をしたあと、話し合って決定する。
- 子どもたちの状況を職員間で共有し、保育の際に柔軟に対応できるようにする。

家庭・地域との連携

- 自宅に帰ってから十分に休息がとれるよう、保護者に協力してもらう。
- 季節の行事の際には地域の人にも参加してもらえるよう、ポスターを掲示したり、お知らせを配布したりする。

食育

- 身近な野菜を知り、育てることを楽しむ。

6月 月案・めろんぐみ　保育所

◎ CD-ROM → 📁 5歳児_月案
→ 📁 p66-p71_6月の月案（めろんぐみ）

6月　めろんぐみ　月案
担任：A先生

今月の保育のポイント

梅雨に入り、外遊びの機会が減ります。室内でも子どもたちが満足できるように、活動内容を工夫しましょう。狭い場所での活動は、ぶつかったりするなどけがをすることも多くなります。子どもたちが仲よく安全に遊べるように声かけをしていきましょう。

前月末の子どもの姿

- 落ち着いた雰囲気のなかで、友だちと遊ぶ姿が見られた。
- ルールに沿って遊ぶことを楽しむ姿が見られた。

	ねらい	内容
【5領域】 健康✚ 人間関係♥ 環境▲ 言葉● 表現♪	✚自分の体調の変化に気づく。健 ▲季節の変化に興味をもつ。環 ●自分が思っていることを言葉で伝える。言 ♪興味をもったものを自分で表現して楽しむ。感 ▲♪友だちとイメージを共有して製作することを楽しむ。環感	✚のどがかわいたら、自分でお茶を飲む。健 ✚汗をかいたら、衣服を着替える。健 ▲雨の日が多いことに気づいたり、梅雨時期によく見られる動植物に興味をもったりする。環思 ●友だちとのごっこ遊びや製作遊びのなかで、自分の思いを相手に伝えようとしたり、相手の思いを聞いたりする。言 ♪動物の鳴いているところをまねて、鳴き方の違いに気づく。思環感 ▲♪色紙や千代紙などを手でちぎって、グループごとにアジサイの絵を製作する。環感

職員との連携

- 食中毒への対応方法や連絡系統を調理員も交えて再確認しておく。
- 園内でけがが起きやすい場所について報告し合い対策を検討する。

家庭・地域との連携

- 歯科検診の結果を伝え、治療の必要がある子どもの保護者には、治療の必要性について伝える。
- 傘を差していると周囲が見えにくいため、登園、降園時には注意するよう保護者に伝える。

[10の姿（幼児期の終わりまでに育ってほしい姿）]
健…健康な心と体　自…自立心　協…協同性　道…道徳性・規範意識の芽生え　社…社会生活との関わり　思…思考力の芽生え
然…自然との関わり・生命尊重　数…数量や図形、標識や文字などへの関心・感覚　言…言葉による伝え合い　感…豊かな感性と表現

6月 月案・保育所・めろんぐみ

養護のねらい
- 一人ひとりがのびのびと遊べるように、場所や時間を確保する。
- 季節を感じながら過ごせるような活動を設定する。

健康・安全への配慮
- 汗をかいたら衣服を交換できるように配慮する。
- 脱水症状にならないように、水分補給について説明する。
- 傘の適切な使い方を伝え、振り回してけがなどにつながらないよう留意する。

行事
- 身体測定
- 歯科検診
- 誕生会
- 避難訓練
- 職員会議

環境構成	保育者の関わりと配慮事項
●子どもたちが自分でお茶を飲めるよう、手が届くところに用意しておく。	●水分をとろうとしない子どもがいるときには声かけをして促す。
●雨具を用意しておき、小雨のときには園庭に出て、雨の降り方や音を観察できるようにする。	●雨に興味をもって質問してきたときには、一緒に調べたりていねいに答えたりする。
●友だちとの遊びに取り入れられるような子どもの興味に沿った素材や用具を用意しておく。	●友だちに思いをうまく表せないときには、そばにつき仲介する。
●園で飼っている動物の鳴き声を知らせたり、動物の鳴き声のCDを準備したりする。	●「この声は何の声かな？」など、さまざまな鳴き声があることを理解できるように言葉がけをする。
●アジサイをイメージさせる色とりどりの紙、のり、画用紙などを用意する。	●仕上げる画用紙の大きさに合わせてグループの人数を決め、友だちと相談しながら完成させていくように仲介する。

食育
- 食中毒予防のため、食前の手洗いをていねいに行う。
- 夏の食べ物に興味をもって食事をする。

反省・評価のポイント
- 子どもたちが脱水状態にならず存分に遊ぶことができるよう、見守りや対策が十分にできたか。
- 友だちと思いや考えを伝え合ったり、協力して活動を楽しめるよう適切に仲立ちすることができたか。

6月 月案・すいかぐみ　保育所

CD-ROM → 5歳児_月案
→ p66-p71_6月の月案（すいかぐみ）

6月　すいかぐみ　月案
担任：B先生

今月の保育のポイント
梅雨に入り、じめじめとした日が続きます。蒸し暑さから体調を崩しやすいので、温度・湿度の管理を適切に行いましょう。外遊びができない日には、保育室で思いきり活動できるような内容を考え、柔軟に対応することが必要になります。

前月末の子どもの姿
- 園外保育の際には、近所の人にあいさつをする姿が見られた。
- 避難訓練では消防車に興味をもち、消防署の人に盛んに質問をする子どももいた。

	ねらい	内容
【5領域】 健康✚ 人間関係♥ 環境🔺 言葉💬 表現♪	✚身のまわりをきれいにすることの大切さを知る。健 ♥いろいろな友だちと仲よく遊ぶ。協 ♪♥友だちの誕生日を祝う。道 🔺植物に関心をもって育てる。然 ♪♥グループでの製作をとおして、友だちとのつながりを感じる。感協	✚給食の前に手を洗うことや、汗をかいたら始末することなどの大切さを理解し、自分から行う。健自 ♥他のクラスと合同でサッカーごっこやドッジボールなどを楽しむ。協 ♪誕生日の友だちのことを考えながら、誕生日メダルを製作する。道感 🔺園庭の植物（ヒマワリ、アサガオ、野菜など）に水やりをして、植物の生長に関心をもつ。然思 ♪♥小グループに分かれ、アジサイの花やカタツムリなど、季節の動植物をテーマにした製作を楽しむ。感

職員との連携
- 梅雨時期の衛生管理について、共通理解をはかる。
- 室内遊びが増えるので、他クラスの担任とホールの使用時間を調整しておく。

家庭・地域との連携
- 歯科検診で虫歯がみつかった子どもについては受診をすすめ、家庭でも歯みがきを徹底してもらう。
- 体調を崩しやすい時期のため、体調の変化に注意してもらい、異変があるときは担任へ伝えてもらうようお願いする。

[10の姿（幼児期の終わりまでに育ってほしい姿）]
健…健康な心と体　自…自立心　協…協同性　道…道徳性・規範意識の芽生え　社…社会生活との関わり　思…思考力の芽生え
自然…自然との関わり・生命尊重　数…数量や図形、標識や文字などへの関心・感覚　言…言葉による伝え合い　感…豊かな感性と表現

6月 月案・保育所・すいかぐみ

養護のねらい
- 身のまわりを清潔にしようとする気持ちを認め、意欲的に続けていけるよう言葉がけする。
- 雨が降ったときには室内での遊びを工夫し、のびのびと活動できるよう準備する。

健康・安全への配慮
- 汗をたくさんかいたあとには水分を補給するように促す。
- 傘を差しているときには、周囲に十分注意し安全に配慮するように伝える。
- 保育室の出入り口が雨ですべらないよう、こまめにモップをかける。

行事
- 身体測定
- 歯科検診
- 誕生会
- 避難訓練
- 職員会議

環境構成	保育者の関わりと配慮事項
●梅雨の時期には病気になりやすいことを話す時間をとる。	●食中毒が発生しやすい時期のため、見守りながら正しく手洗いができるように声かけしていく。
●他のクラスの担任と調整をしておく。	●クラス対抗で遊ぶことで、一体感が感じられるような言葉がけをする。
●色紙やひも、カラーペン、カプセル、ビーズなどさまざまな素材を用意しておく。	●子どもたちがつくったものを見せてもらい、つくり上げたことや工夫した点をほめて自信をもてるようにする。
●水道の近くで、子どもたちの手が届く場所にじょうろを置いておく。 ●保育室の壁に、植物ごとに成長の様子を伝える模造紙を掲示し、花が咲いたときや実がなったときはシールを貼る。	●「水をあげると元気になるね」など、植物の様子を一緒に観察しながら、適宜声かけをする。
●いろいろな色の折り紙を用意し、子どもが好きな色を選べるようにする。	●皆でつくる楽しさに共感し、満足感を味わえるようにする。

食育
- よくかんで食べる。
- 絵本や紙芝居、給食をとおして季節の果物に親しむ。

反省・評価のポイント
- 雨の日でも元気に遊べるような活動を設定できたか。
- 他のクラスや異年齢児との活動をとおして、いろいろな人と仲良くしようとする気持ちを養うことができたか。

6月 月案・しろくまぐみ 幼稚園・認定こども園

CD-ROM → 5歳児_月案
→ p66-p71_6月の月案（しろくまぐみ）

6月　しろくまぐみ　月案
担任：C先生

今月の保育のポイント
いろいろな遊びや園外での新しい体験をとおして、どの子も成長していきます。グループ活動で学ぶことも大切にしながら、一人ひとりの好奇心、探究心を伸ばせるような環境をつくります。梅雨ならではの遊びも楽しみながら、夏に向けての体力づくりも積極的に取り入れましょう。

前月末の子どもの姿
- 新しい遊びやグループ活動を楽しみながら、友だちと気持ちが通じる楽しさを味わっていた。
- 言葉でのやりとりが思うようにいかず、トラブルになる姿も見られた。

	第1週	第2週	
ねらい	♥♠♣♪ 経験したことを言葉にしていくなかで、イメージを実現する楽しさを味わう。協言思然数感 ✚♥ グループの課題を自分のこととして受け止め、友だちと一緒に取り組もうとする。健協	♠✚♪ 新しい遊びや素材に興味をもち、繰り返し試したり工夫したりする。健思数感 ✚♥ カレーづくりに期待感をもち、皆で楽しみながら行う。健協自	
内容	♥♠♣♪ 遠足で係の人の説明を聞き、互いに見たこと感じたことを言葉にする。協言思然数感 ✚♥ グループやクラスの友だちと相談しながら、一つのものをつくりあげる経験をする。健協	♠✚♪ 興味のあることに自分なりに取り組み、試したり工夫したりしながらイメージを実現する。健思数感 ✚♥ 調理、食事、片づけまでの流れを理解し、カレーをつくる。健協自	
環境構成	● あらかじめ魚の絵本や図鑑に親しみ、当日や翌日からの遊びに生かせる関心をもてるようにしておく。 ● 取り組みやすい教材（製作や合奏）を用意しておく。	● 木工やどろ粘土などが遊びのなかでできるよう、場や用具の置き場を考慮する。 ● 調理時の安全な動線やテーブルの上のものの配置を確認する。	
保育者の援助	●「どの生き物が好きかな」などと問いかけ、友だち同士の会話がふくらむようにする。 ● 皆でできた満足感に共感し、友だちと力を合わせることの楽しさを味わえるようにしておく。	● 保育者も一緒に遊びながらイメージを引き出したりコツを伝えたりする。 ● 衛生面には十分配慮し、包丁や火を扱うときは保育者が見本を示したり、手を添えたりする。	

職員との連携
- 水族館へのルートや現地の実地踏査を行い、遠足を安全に楽しめるように準備をする。
- カレーづくりでは衛生面に配慮し包丁や火の扱いなどから目を離さないよう、保育者の配置を決めておく。
- 梅雨時の健康管理について職員間で話し合う。

家庭・地域との連携
- 遠足について家庭でも話題にしてもらう。
- カレーづくりの日にはエプロンや三角巾の準備をお願いする。
- 砂や水、どろんこ遊びの機会がふえるので、半そでの着替えを多めに用意してもらうよう伝える。

【5領域】 ✚…健康 ♥…人間関係 ▲…環境 ●…言葉 ♪…表現
【10の姿（幼児期の終わりまでに育ってほしい姿）】
健…健康な心と体　自…自立心　協…協同性　道…道徳性・規範意識の芽生え　社…社会生活との関わり　思…思考力の芽生え
自然…自然との関わり・生命尊重　数…数量や図形、標識や文字などへの関心・感覚　言…言葉による伝え合い　感…豊かな感性と表現

月のねらい

♪♥▲✚ この季節ならではの遊びに取り組むなかで、試行錯誤して実現する楽しさを味わう。健 思 自然
✚▲ 公共の場での過ごし方を知り、決まりやマナーを守る。社 道
▲ いろいろな生き物に興味をもつ。自然 感

行事

- 衣替え
- 遠足（水族館）
- 夏野菜の収穫
- 避難訓練
- 安全指導
- 誕生会

6月 月案・幼稚園・認定こども園

第3週	第4週
▲♪梅雨の季節ならではの遊びを楽しむ。自然 感 ✚天候に合わせた生活のしかたを知り、行動する。健	♪♥友だちと一緒に遊ぶなかでイメージが共通になる楽しさを感じる。協 感 ▲♪遊びをとおして物質の特性や不思議さに気づき、試行錯誤しながら楽しむ。思 感
▲♪室内で運動遊びを楽しんだり、梅雨の時期の動植物を製作したりして遊ぶ。自然 感 ✚蒸し暑い日に汗をかいたら水分をとって休息するなど、自分で判断して心地よく過ごす。健	♪♥大型積み木やブロックなどで、友だちと一緒にイメージしたものをつくる。協 感 ▲♪色水やシャボン玉遊びなどで、色が変わったりシャボン玉がふくらんだりする不思議さに関心をもつ。思 感
●雨の日も体を動かして遊べるよう、十分なスペースを確保する。 ●自分で水分補給ができるようお茶や水筒などを用意しておく。	●素材や用具を扱いやすいよう用意しておく。 ●園庭の色の出る草花に気づかせたり、シャボン玉をつくる材料を用意したりして、一人ひとりが試行錯誤できるようにする。
●動きのある遊び、静かな遊びをそれぞれが落ち着いてできるよう、遊び方を確認しつつおもしろさに共感する。 ●気温や湿度の高い日は遊びの途中でも様子を見て、水分や休息をとるよう声をかける。	●友だちと一つのものを一緒につくる楽しさに共感する。 ●子どもたち一人ひとりの取り組みを認めたり、驚いたりして、友だちへの刺激になるようにする。

食育

- 夏野菜の水やりをして生長に気づき、収穫して食べることを楽しみにする。
- カレーづくりをとおして、自分たちが栽培したものを調理して一緒に食べる喜びを味わう。

反省・評価のポイント

- 遠足では公共の場でのマナーを守りながら、子どもが楽しめるように関われたか。
- 子どもの好奇心にこたえるような環境の提示や関わりができたか。

6月 週案・めろんぐみ

保育所

CD-ROM → 5歳児_週案→p72-p73_6月の週案

梅雨

6月 めろんぐみ 週案
担任：A先生

予想される子どもの姿
- 生活リズムを取り戻し、積極的に活動したり、適切に休息をとったりするようになる。
- 雨の日が増えるので、思いきり活動ができず、いらいらする子どもも見られる。

	6月○日（月）	6月○日（火）	6月○日（水）	
活動予定	散歩（××公園） 梅雨の時期でも、雨が降っていないときは積極的に戸外遊びを取り入れましょう。	園庭遊び（雨の園庭を歩く）	室内遊び（製作） 月曜日の散歩で見たアジサイをグループ製作で表現します。	
内容	▲水たまりをのぞいたり、ぬれた木々の葉を観察したりする。㊂ ▲カタツムリがいる場所を探索する。㊂	▲園庭で雨の様子を観察し、梅雨時期の自然に親しむ。㊂㊁ ▲雨合羽を着て傘を差して園庭を散歩する。㊂	♥♪友だちと千代紙や色紙をちぎってアジサイの絵を製作することを楽しむ。㊐㊒	
環境構成	●じっくりと水たまりや植物を観察できるよう時間配分する。 ●アジサイが咲いている場所や、葉の茂っているところなどを下見しておき、いろいろな場所を探索してみる。	●園庭散策時に雨を集められるよう、さまざまな素材の容器を準備しておく。	●好きな色を選べるよう、さまざまな色の紙を用意しておく。	
保育者の配慮	●時間をかけてじっくりと観察できるようにする。 ●カタツムリなどがいる場所を保育者が示すのではなく、子どもたちが自分で探すことを楽しめるように見守る。	●容器による雨音の違いに気づけるよう言葉がけする。 ●遊びの中で傘の扱い方についても伝えていく。	●散歩のときのアジサイを思い出せるような言葉がけをする。	

[5領域] ✚…健康　♥…人間関係　🌲…環境　●…言葉　♪…表現

〔10の姿（幼児期の終わりまでに育ってほしい姿）〕
健…健康な心と体　自…自立心　協…協同性　道…道徳性・規範意識の芽生え　社…社会生活との関わり　思…思考力の芽生え
然…自然との関わり・生命尊重　数…数量や図形、標識や文字などへの関心・感覚　言…言葉による伝え合い　感…豊かな感性と表現

🎯 ねらい

- ✚ 室内でも戸外でも体を十分に動かして楽しむ。健
- 🌲 梅雨時期の花や虫をみつけ、関心をもつ。然
- ♪ 絵の具やどろなど素材の感触を楽しむ。感

☑ 振り返り

梅雨に入り蒸し暑い日が続いたので、自分から衣服を着替えたり汗を拭いたりするよう、促した。室内でしっかりと体を動かせる活動を取り入れた。

6月　週案・保育所・めろんぐみ

	6月○日（木）	6月○日（金）	6月○日（土）
	室内遊び（巧技台） 雨の日でものびのびと体を動かせるよう、室内でできる運動遊びを設定します。	園庭遊び（どろ団子づくり）	異年齢保育
	✚巧技台での遊びに興味をもち、さまざまな体の動きを楽しむ。健	♪園庭でどろ団子をつくることを楽しむ。感 ♪♥友だち同士でつくり方を言葉や動作で教え合うことを経験する。言協	♥年少児と仲よく遊ぶことを楽しむ。協道 ●年下の子どもにわかるように説明しようとする。思言
	●子どもの人数や遊びの流れを見ながら、各自が意欲をもって取り組めるよう環境構成を工夫する。	●砂場にどろ団子用の土と水を用意しておく。 ●汚れた手足が洗えるよう、バケツなどに水や足拭きマットを用意しておく。	●年少児と一緒に楽しく遊べる玩具やゲームなどを用意する。 ●年下の子どもに話が伝わらないときには具体的に説明のしかたを伝える。
	●体を思い切り動かして遊ぶ楽しさに共感しながら見守る。	●上手につくれない子どもには、友だちが教えて楽しくどろ団子がつくれるように促す。 ●手足が汚れたときには、ていねいに洗ってから保育室に入るように声かけをする。	●年下の子どもに優しい気持ちをもっていることを認め、相手に合わせた遊びを楽しめるよう援助する。

6月の遊びと環境

その① 鳴き声遊び

用意するもの 動物の鳴き声のCD

動物の鳴き声のCDを聞き、1人ずつ前に出て、好きな動物の鳴きまねをし、皆で当てっこします。

活動の内容
- 動物の特徴をつかんで表現することを楽しむ。
- 生き物に興味や親しみをもつ。

慣れてきたら……

好きな動物になりきって遊びます。保育者が「おなかがすいたときの鳴き声は？」「遊びたいときの鳴き声は？」など言葉がけし、想像をふくらませて遊びます。

その② バースデー・メダル

用意するもの メダルの台紙、ペン、のり、色紙、シール、スタンプ、毛糸やひも、リボン、カプセルなど

台紙に絵を描いたり、素材を飾りつけたりしてメダルをつくります。カプセルの中にものをとじこめたペンダントもすてきです。

活動の内容
- 友だちの誕生日を祝うことを楽しむ。
- 友だちの姿を思い浮かべ、気持ちをこめて製作する。

完成したら……

それぞれ、工夫したところを発表しながらプレゼントします。

6月の文例集

【5領域】十…健康　♥…人間関係　▲…環境　●…言葉　♪…表現

【10の姿（幼児期の終わりまでに育ってほしい姿）】
健…健康な心と体　自…自立心　協…協同性
道…道徳性・規範意識の芽生え　社…社会生活との関わり
思…思考力の芽生え　然…自然との関わり・生命尊重
数…数量や図形、標識や文字などへの関心・感覚
言…言葉による伝え合い　感…豊かな感性と表現

CD-ROM → 5歳児＿季節の文例集→ p75_6月の文例集

前月末の子どもの姿

- 皆で仲よく遊び、楽しかったことを伝え合う姿が見られた。
- かぶとの折り方を覚え、「こいのぼり」を歌いながら、それをかぶって行事を楽しんでいた。

養護のねらい

- 子ども自身が気温や体調の変化に気づき、自ら適切な行動をとれるよう声かけや環境設定を行う。
- 天候に合わせて充実した活動ができるように、日々の計画を設定する。

健康・安全への配慮

- 食中毒や感染症予防のため、手洗い・うがいを徹底する。
- 温度・湿度の変化に注意し、室内環境を清潔に整える。

ねらい

十自分で好きな遊びを選んで活動する。健
♪自分の気持ちを製作物で表現する。感
十のびのびと体を動かして遊ぶ。健

内容

十遊具や道具を自由に選び、自分なりに工夫しながら遊ぶことを楽しむ。健 思
♪音楽を聞いたあと、自分の気持ちを絵に描いて表現しようとする。感
十晴れている日は園庭で自由に体を動かし、思いきり運動することの楽しさを味わう。健

環境構成

- 子どもの興味や関心に合わせて遊具や道具を用意し、思いつくまま自由に遊べるようにする。
- 絵の具と画用紙を用意し、好きな色を使って自由に表現できるようにする。
- 雨にぬれている遊具は、すべってけがにつながらないようタオルなどで拭いておく。

保育者との関わりと配慮事項

- 遊具や道具の選択を迷っている子どもは見守り、様子を見ながら「今日は何して遊ぶ？」などと声をかける。
- 描いているときには声をかけず、出来上がってから子どもたちの話を聞くようにする。
- 保育者も一緒に体を動かして気持ちよさを感じ、子どもたちと気持ちを共有できるようにする。

職員との連携

- 翌月から始まるプール活動の内容や注意点について話し合い、それぞれの役割を確認する。
- 食中毒予防のため、食品取り扱いのルールを園全体で共有し、十分に注意する。

家庭・地域との連携

- 食中毒予防のため、家庭でも食品を十分に加熱し、取り扱いに気をつけてもらうよう伝える。
- 雨の日の登園・降園時には、周囲に十分気をつけて歩くことを保護者にも注意してもらう。

食育

- 食後の歯みがきをていねいに行う。
- 春の野菜と夏の野菜の違いを絵本で知る。

7月 月案・めろんぐみ　保育所

CD-ROM → 5歳児_月案
→ p76-p81_7月の月案（めろんぐみ）

7月　めろんぐみ　月案
担任：A先生

今月の保育のポイント

気温が上がり、日差しも強くなります。外遊びの際には、帽子をかぶる、時間を決めて日陰で休憩するなどの配慮が必要になります。子どもは外遊びが大好きですから、活動量が過剰にならないように注意しましょう。

前月末の子どもの姿

- 友だちと場所を譲り合うなど、仲よく何かを行おうとする思いやりが見られた。
- グループでの活動に心地よさを感じ、自分たちで活動しよう、という気持ちが強くなってきた。

【5領域】
健康✛
人間関係♥
環境▲
言葉●
表現♪

ねらい	内容
✛自分の体調に合わせて活動する。健	✛水遊びなどの活動中、自分の体調の変化に気づき、疲れたら休む。健自
▲季節の行事に関心をもつ。社	▲七夕の行事の由来を知り、皆で協力して笹に飾りつけをする。社協
●♪言葉の響きや意味に興味をもつ。数	●♪「たなばたさま」を歌い、「さらさら」「きらきら」などの擬音語や擬態語に興味をもち、響きを楽しむ。数
♪体験したことを絵で表現して楽しむ。感	♪プール遊びで楽しかったことや印象に残ったことを絵に描き、表現する。感
▲♥♪友だちと相談しながら土や水の特徴を生かし、工夫して遊ぶ。協然感	▲♥♪砂や水の性質に気づき、園庭や砂場で友だちと協力しながら1つのものをつくる。協然感

職員との連携

- 保護者から提出された子どもたちの感染症の既往歴の有無について職員全体で共有する。
- プール活動に必要な備品の状態を点検する。

家庭・地域との連携

- 園だよりを通じて、プール活動に必要な持参品を伝え、忘れ物がないようにしてもらう。
- 保護者や地域の人たちにも七夕まつりに参加してもらえるよう、園だよりや園外の掲示版にお知らせを掲示する。

[10の姿（幼児期の終わりまでに育ってほしい姿）]
健…健康な心と体　自…自立心　協…協同性　道…道徳性・規範意識の芽生え　社…社会生活との関わり　思…思考力の芽生え
然…自然との関わり・生命尊重　数…数量や図形、標識や文字などへの関心・感覚　言…言葉による伝え合い　感…豊かな感性と表現

7月 月案・保育所・めろんぐみ

養護のねらい
- 自分で帽子をかぶる、シャツを着替えるなど身のまわりのことを意欲的に行う姿を認め、継続できるようにする。
- 適度に休息を取り入れ、心身の疲れを癒やせるようにする。

健康・安全への配慮
- 汗をかくとあせもなどの皮膚疾患になりやすいので、皮膚の状態を観察し、適切に対処する。
- 脱水症状にならないように、常に子どもたちの様子を観察する。
- プールに入る前には必ず体操をすることを説明する。

行事
- 身体測定
- 七夕まつり
- プール開き
- 誕生会
- 避難訓練

環境構成	保育者の関わりと配慮事項
パラソルを立てて日陰をつくるなどして、休息場所を確保する。	休息しているときにも声かけし、体調の変化を見落とさないようにする。
七夕飾りの笹や色紙などを用意し、役割分担して子どもたち全員が飾りつけに関われるようにする。	子どもたちが飾りづくりに意欲をもてるように完成した飾りや製作の過程を認める言葉がけをする。
七夕飾りを見ながら歌うことで、イメージをもって言葉の響きを感じられるようにする。	楽しく歌うなかで、言葉への興味がもてるよう関わっていく。
水は青、という固定観念ではなく、子どもが自分のイメージで絵を描けるように、いろいろな色を用意する。	描き終わった子どもから、どんな場面を描いたのか、何が印象に残ったのかを聞いていき、それを共感し受け止める。
じょうろ、スコップ、バケツなどを用意しておく。	意見を出し合いながら自由に遊ぶ姿を見守る。

食育
- 夏野菜を収穫し、旬の野菜を味わうことを楽しむ。
- 食事の際のマナーや姿勢を意識して食べる。

反省・評価のポイント
- 七夕まつりの行事に興味をもち、皆で飾りつけを楽しめるよう配慮できたか。
- 熱中症や脱水症状に気をつけながら安全にプール活動を行うことができたか。

7月 月案・すいかぐみ

保育所

7月　すいかぐみ　月案

担任：B先生

今月の保育のポイント

暑さが厳しくなります。健康管理だけでなく食中毒などに対する衛生管理にも十分注意しましょう。また、子どもたちが楽しみにしているプール活動が始まります。活動と休息のバランスがとれるように適切な声かけをしていくことが大切です。

前月末の子どもの姿

- 室内での活動が多かったため製作などの遊びに熱中する子どもが多く見られた。
- 「早くプールに入りたい」と楽しみにしている気持ちを口にする子どもの姿が見られた。

【5領域】
健康✚
人間関係♥
環境▲
言葉●
表現♪

ねらい	内容
✚目標をもって夏の遊びを楽しむ。健	✚自分なりの目標をもって、泳いだり、潜ったり、くぐったりするなどしてプールで遊ぶ。健
♥行事をとおして友だちと力を合わせて取り組む楽しさを感じる。協社	♥七夕まつりの飾りに使う紙を、友だちと協力して染める。協社
▲夏の自然に興味をもつ。然	▲園庭や公園の虫や植物に興味をもち、調べたり観察したりする。然思感
♥♪イメージしたものを友だちとつくって遊ぶ。協思感	♥♪身のまわりにある材料や素材を使って、友だちと遊びに必要なものをつくったり、イメージに合った用具をもってきて使ったりしながらごっこ遊びを楽しむ。協思感
▲✚夏ならではの食べ物を楽しむ。健然	✚▲皆でスイカ割りを楽しみ、スイカを食べる。健然

職員との連携

- 皮膚感染症にかかっている子について、職員が情報を共有する。
- プール活動の日には協力して備品やプールを点検する。

家庭・地域との連携

- プールに入ることが禁止されている子どもについては、医師の診断書の提出を保護者にお願いする。
- 水着や水泳帽へ記名を保護者にお願いする。
- 小学校の先生と子どもの状況について情報交換を行う。

[10の姿（幼児期の終わりまでに育ってほしい姿）]
健…健康な心と体　自…自立心　協…協同性　道…道徳性・規範意識の芽生え　社…社会生活との関わり　思…思考力の芽生え
然…自然との関わり・生命尊重　数…数量や図形、標識や文字などへの関心・感覚　言…言葉による伝え合い　感…豊かな感性と表現

養護のねらい

- 身支度を整え、清潔に過ごそうとする気持ちを育てる。
- 一人ひとりが自分の思いをすすんで話せるような時間をとったり雰囲気づくりをする。

健康・安全への配慮

- 汗をかいたときにはタオルで拭いて衣服を着替えるよう促す。
- 脱水症状を防ぐため、水分補給をする時間を決めておく。
- プール活動のときはすべりやすいので、足元に注意することを伝える。

行事

- 身体測定
- 七夕まつり
- プール開き
- 誕生会
- 避難訓練

7月　月案・保育所・すいかぐみ

環境構成	保育者の関わりと配慮事項
● プール開きの前に安全点検を十分に行う。 ● フラフープやビート板、浮き輪を用意しておく。	● 目標をもって取り組む姿を認め、できたときには一緒に喜ぶ。
● 染め紙に使用する和紙と絵の具を準備し、いつでも取り組めるようにしておく。	● 飾りだけでなく、材料も自分たちでつくったという達成感を味わえるよう染める模様は子どもたちに任せ、見守る。
● 興味をもったものについて調べられるよう虫や植物の図鑑を絵本コーナーに置いておく。	● 子どもたちが調べたり気づいたことに共感したり、友だち同士で伝え合う機会をつくる。
● 自分たちで考えたり、試したりできる材料、素材、用具を見えやすく、取り出しやすいように準備しておく。	● 自分たちで必要なものをつくって遊ぶ姿を見守る。
● スイカや道具、場所を準備しておく。	● みんなで「右」「左」「もっと前」などと声をかけて、全員がスイカ割りを楽しめるように演出する。

食育

- スイカ割りをして、夏ならではの食べ物に親しむ。
- 夏の食べ物についてのクイズを楽しむ。
- 脱水症状予防のために、水分と食事をしっかりとることが大切だということを知る。

反省・評価のポイント

- プール活動の際には、複数の職員が安全を確認できていたか。
- 夏ならではの行事をとおして、季節への興味・関心を深めることができるよう援助できたか。

7月 月案・しろくまぐみ 幼稚園・認定こども園

○ CD-ROM → 5歳児＿月案
→ p76-p81_7月の月案（しろくまぐみ）

7月　しろくまぐみ　月案
担任：C先生

今月の保育のポイント
園生活や学級活動、自分たちで取り組む遊びに自信をもち、活動の幅を広げていくころです。外の世界や人との関わりなどを通じて、さまざまな事象への好奇心や探究心も旺盛になります。夏休みの遊びでも生かせるよう図鑑や絵本を揃えて、好奇心や探究心を育てる環境を整えておきましょう。

前月末の子どもの姿
- 友だちと活発に言葉でのやりとりを楽しんでいるが、なかには思いを伝えられずにいる子もいた。
- 学級全体の活動に慣れ、するべきことを理解して行動していた。

	第1週	第2週	
ねらい	・室内で体をさまざまに動かす遊びを楽しむ。健 ・七夕のイメージをもち、保育者の話を聞いてやり方を理解して、製作に取り組む。思数言感	・決まりを守りながら、プール遊びの開放感を味わう。健 ・夏の自然について興味をもつ。然思	
内容	・巧技台やマットなどを使って、全身を存分に使う運動を楽しむ。健 ・夏の空や星座に興味をもち、七夕飾り（星や天の川、輪つなぎ、短冊）の製作を楽しむ。思数言感	・プール遊びの決まりを理解して、皆で安全に楽しむ。健 ・セミやヒマワリなど夏の動植物、入道雲や雷に興味をもち、図鑑などで調べようとする。然思	
環境構成	・巧技台類はスペース、待ち時間などの動線も考え、配置を確認する。 ・飾りづくりが十分に楽しめるよう、折り紙や金銀紙を多めに用意しておく。	・プールの前後の準備・整理運動がしっかりできるよう、一人ひとりの間隔を十分にとる。 ・動植物の図鑑や、夏ならではの自然現象に親しめる絵本を身近なところに置いておく。	
保育者の援助	・巧技台や固定遊具は、子どもと一緒に使い方を再度確認してから遊ぶようにする。 ・七夕飾りのつくり方は、保育者が実際につくって見せながら伝え、友だち同士で教え合うよう導く。	・水が苦手な子のそばに保育者がつき、その子に合った水への関わりができるようにする。 ・その子なりの目標に向かっている姿を具体的に認める声かけをする。	

職員との連携
- 6月中にプールの安全確認事項を共通理解しておく。
- 夏まつりで園庭を開放するため、警察と連携し、不審者への対応を全職員で確認しておく。

家庭・地域との連携
- 七夕の短冊に書く願いごとを家庭でも話し合ってもらうよう、降園時や園だよりで伝える。
- プールのある日は検温表の記入をお願いする。

[5領域] ✚…健康 ♥…人間関係 ▲…環境 ●…言葉 ♪…表現

[10の姿（幼児期の終わりまでに育ってほしい姿）]
健…健康な心と体　自…自立心　協…協同性　道…道徳性・規範意識の芽生え　社…社会生活との関わり　思…思考力の芽生え
然…自然との関わり・生命尊重　数…数量や図形、標識や文字などへの関心・感覚　言…言葉による伝え合い　感…豊かな感性と表現

🎯 月のねらい

✚ 安全なプール遊びのやり方がわかり、約束を守って友だちと楽しむ。道 健
▲♪ 七夕飾りをつくりあげる喜びを感じる。感 思 数
●♥▲ 夏まつりで地域の人に親しみをもって関わる。社 言

🎂 行事

- 七夕 ● プール開き
- 夏まつり
- 避難訓練
- 安全教育
- 誕生会
- 保護者会

7月 月案・幼稚園・認定こども園

	第3週	第4週
	✚ プールの中で自分なりに目標をもって、遊びに取り組む。健 ▲✚ 夏休みに向けて、自分たちの身のまわりをきれいにする。健 自	（園の夏まつり） ▲♥ 園の夏まつりで異年齢や他クラスの保護者、地域の人との交流を楽しむ。協 社
	✚ バタ足や潜水（水中の宝探し）など、自分で目標を決めて取り組む。健 ▲✚ 1学期の終わりを意識し、身のまわりの掃除や整理を行い、夏休みに期待感をもつ。健 自	✚▲♥● 保護者や地域の人とゲームや盆踊りを楽しむ。道 社 言
	● ビート板や宝探し用の遊具を準備しておく。 ● 掃除道具を扱いやすく、片づけやすいように準備しておく。	● 夏まつりに期待がもてるように、事前に地図（配置図）や昨年の写真などを掲示する。 ● 当日踊る曲は、事前にクラスで踊り、親しんでおく。
	● 常に複数の保育者で見守り、定期的に人数を数えるなどする。 ● 皆で取り組んできれいになったことに充実感がもてるような言葉がけをする。	● 子どもたちが昨年の夏まつりを思い出せるような話をして、期待をもたせる。

🍴 食育

- 夏野菜を収穫して食べながらいろいろな味があることに気づき、食事を楽しむ。
- 暑いときに食べると体によい野菜（ナス、トマト、キュウリなど）があることを知る。

☑ 反省・評価のポイント

- プールが始まり、動と静の活動をバランスよく取り入れられたか。
- プールで危険な遊びをしていないか、目が行き届くように保育者間で連携がとれたか。
- 夏の自然に興味をもった子たちを支援できたか。

7月 週案・すいかぐみ　保育所

CD-ROM → 5歳児_週案 → p82-p83_7月の週案

七夕まつり

7月　すいかぐみ　週案
担任：B先生

予想される子どもの姿
- プール遊びが始まって、友だちとさまざまな水遊びを楽しむ姿が見られる。
- 暑い日が増えるが、遊びに夢中になって休息をとることを忘れる子どもがいる。

	7月○日（月）	7月○日（火）	7月○日（水）	
活動予定	プール活動 さまざまな形で水にふれる活動を行います。	水遊び（園庭）	散歩（××公園）	
内容	✚準備体操をていねいに行う。健 ✚いろいろな水遊びに挑戦する。健	✚ホースで水を出しながら遊ぶ。健	▲梅雨の時期との自然の違いを観察する。然 ✚疲れたときには、自分から休憩する。健自	
環境構成	●プールの中や周囲に危険がないよう、安全点検を行い、活動中は複数の保育者で見守る。 ●足をつけてバタバタする、水中かけっこなどをとおして水に親しめるようにする。	●保育者がなわとびのように高く水を出して、下をくぐれるようにする。	●興味をもったことを自分で調べられるよう、図鑑を目につきやすい場所に置いておく。 ●活動に夢中になって休息をとらずにいる子どもには、適宜木陰に入るように促す。	
保育者の配慮	●プールのまわりはすべりやすく危ないので走らないよう声かけする。 ●水を怖がる子どもは、無理をせず保育者が手をつないで入るなど個別に対応する。	●ホースから出る水の高さをいろいろに変化させて遊べるようにする。	●子どもたちが調べたこと、気づいたことに一緒に驚き、共感する。 ●水分の補給にも気を配り、子どもたちの体調の変化に十分注意する。	

[5領域] ✚…健康 ♥…人間関係 ▲…環境 ●…言葉 ♪…表現

[10の姿（幼児期の終わりまでに育ってほしい姿）]
健…健康な心と体　自…自立心　協…協同性　道…道徳性・規範意識の芽生え　社…社会生活との関わり　思…思考力の芽生え
然…自然との関わり・生命尊重　数…数量や図形、標識や文字などへの関心・感覚　言…言葉による伝え合い　感…豊かな感性と表現

🎯 ねらい

- ✚▲ 季節の行事に関心をもって参加する。健 社 然
- ✚ 水に親しむ遊びを安全に楽しむ。健 自
- ✚ 水分をとることの大切さを知る。健

☑ 振り返り

遊びに夢中になっている子どもには、休息や水分補給の声かけをした。七夕まつりは、地域の人たちも参加し、皆で楽しむことができてよかった。

7月 週案・保育所・すいかぐみ

	7月○日（木）	7月○日（金）	7月○日（土）
	室内遊び（七夕の飾りつけ）	七夕まつり	異年齢保育
	翌日の七夕まつりに向けて、飾りつけを行います。		前日の七夕まつりの片づけを皆で協力して行います。
	♪▲ 七夕の飾りつけを行う。感 社 ♪ 七夕の歌を練習する。感 	▲♥ 保護者と一緒に七夕まつりを楽しむ。社 然 ♪♥ 年少児や地域の人と一緒に歌を歌う。感	▲ 七夕まつりの飾りを皆で片づける。協 道
	● 飾りつけをする笹を園庭に立て、手の届くところは子どもが飾りをつけられるようにする。 ● 七夕まつりの情景をイメージできるように、ピアノの伴奏をする。	● 子どもたちが飾った七夕飾りを保護者にも見てもらい、子どもたちの成長を感じられるようにする。	● 子どもたちができることは積極的に関わって片づけられるように気を配る。
	● 笹の葉に手が届かない子どもの飾りは、友だちや保育者が手伝い、皆で飾った喜びを感じられるようにする。	● 七夕まつりをとおして、子どもたちの成長を保護者と一緒に喜び、子育ての励みになるように声をかける。	● 片づけ方がわからないときには保育者に聞くように伝え、できるだけ自分たちで片づけられるよう見守る。

7月の遊びと環境

その① 和紙染め

用意するもの 和紙（障子紙）、絵の具

環境のポイント 友だちと協力して楽しめるよう、2人組に分かれて活動しましょう。

活動の内容
- 友だちと協力して七夕飾りや短冊に使う紙を染めて楽しむ。
- 色の美しさに気づく。

乾いたら……
七夕飾りや短冊をつくりましょう。

障子紙はA4サイズくらいに切っておきます。紙をびょうぶ折り、四角や三角に折って、角を絵の具を溶いた色水にひたし、広げたときの模様の出方を楽しみます。

短冊／七夕飾り／四角／びょうぶ／三角／角をひたしてにじませる

その② サメから逃げろ～！

用意するもの ロープ、青いクリアファイル

活動の内容
- プールに慣れ、ルールのある遊びを楽しむ。
- 水に顔をつけることに慣れる。

サメが来たー／サメの印（帽子に青いクリアファイルでつくったひれをつける）

慣れてきたら……
サメ役を子どもが交代で務めて遊びます。

ロープを張って、プールの一部に安全地帯をつくります。サメの印を帽子につけた保育者の「サメが来た～」のかけ声で、子どもたちは安全地帯に避難します。

7月の文例集

【5領域】＋…健康　♥…人間関係　▲…環境　●…言葉　♪…表現

【10の姿（幼児期の終わりまでに育ってほしい姿）】
健…健康な心と体　自…自立心　協…協同性
道…道徳性・規範意識の芽生え　社…社会生活との関わり
思…思考力の芽生え　然…自然との関わり・生命尊重
数…数量や図形、標識や文字などへの関心・感覚
言…言葉による伝え合い　感…豊かな感性と表現

CD-ROM → 5歳児 _ 季節の文例集→ p85_7月の文例集

前月末の子どもの姿

- 雨の日が多く室内遊びが増えたが、遊具を譲り合い、ルールを決めて仲よく遊ぼうとする姿が見られた。
- 1日の流れが身につき、自分から次の行動に取り組もうとする意欲が見られるようになった。

養護のねらい

- 自分から次の行動に取り組もうとする意欲を認め、その意欲が続くようにする。
- 友だちと相談してものごとを決める習慣がついていくように関わる。

健康・安全への配慮

- 日差しが強い日の園外にはパラソルを持参し、休憩時にはパラソルでつくった日陰で休む。
- プールの周囲では走らないなど、プール遊びのときの約束を皆で決めて守る。

ねらい

●♥会話をとおして、友だちの気持ちに気づく。言
＋▲水遊びの楽しさを味わう。然感
▲季節の移り変わりを感じる。然

内容

●♥グループに分かれて、休日にあったことなどを皆で話すことを楽しむ。言
＋▲子ども自身で遊びに必要な用具を用意し、思い思いに水に親しみ、水の感触を楽しむ。然感
▲日差しの強さ、咲いている花などから季節の変化をみつける。然

環境構成

- 少人数のグループをつくり、話しやすい雰囲気づくりに努める。
- 安全に配慮した用具を用意しておき、子どもが思い思いに遊びを工夫できるようにする。
- 子どもが自分で季節の変化をみつけられるように、夏を題材にした絵本を用意しておく。

保育者との関わりと配慮事項

- 子どもたちの話を聞きながら、保育者も質問するなど会話に加わり、話の内容を共有する。
- 安全に遊べるよう見守りながら、危険な行動については適宜子どもに伝えていく。
- 花壇に咲いている花を見ながら、「春には何が植えてあったかな」などと問いかける。

職員との連携

- キュウリやレタスを子どもたち自身で調理できるよう、調達方法などを関係者で確認しておく。

家庭・地域との連携

- 感染症にかかった場合の連絡を徹底してもらうようお願いする。
- 夏休みの予定を早めに連絡してもらうようにお知らせを配布する。

食育

- キュウリやレタスを自分たちで切ったりちぎったりして、調理のおもしろさを体験する。
- 食事に出た果物を絵本で探し、さまざまな夏の果物を理解する。

幼保連携型認定こども園園児指導要録（1学期）

多くの認定こども園と幼稚園では、学期ごとに要録をまとめています。ここでは、1学期の要録の記録について見ていきましょう。

○○年度　園児指導要録（1）

氏名	I	生年月日	○○ 年　▲月　□日
性別	男	在園期間	○○ 年　4 月　1 日　から入園 （3 歳児クラスより入園）

	1学期	2学期	3学期
指導の重点など	（学年の重点） 年長児になった喜びを感じながら、新しい生活を楽しむ。		
	（個人の重点） 相手の気持ちに気づき、思いやりをもって行動する。		
指導上参考となる事項	✚ 何事にも積極的で、興味をもって取り組むことができる。 健 自 ♥ トラブルが起きたときに、友だちに対する口調が強くなってしまうことがあったが、保育者が仲介すると、相手の気持ちを考えようとする姿が見られた。 協 言 道 動物が好きで、飼育当番のときには優しく動物にふれたり、接し方を友だちに伝えたりしようとする姿が見られた。 道 然		

学年の重点とは別に、個人としての課題（重点）を記載します。

この項目から、1学期の個人の重点については育ってきていることがわかるので、次の学期ではさらなる個人の重点を設定します。

※要録の様式はさまざまだが、認定こども園、幼稚園では学期ごとに担任がまとめている場合が多い。本書では、学期ごとにまとめたパターン（1）と、学期ごとにまとめていたものを3学期に1つにまとめたパターン（2）を提示する。

- 要録については 16 ページ
- 2学期の要録は 138、139 ページ
- 3学期の要録は 176、177 ページ

○○年度　園児指導要録（2）

氏名	J	生年月日	○○ 年　□ 月　▲ 日
性別	女	在園期間	○○ 年　10 月　1 日　から入園 （1歳児クラスより途中入園）

	1学期	2学期	3学期
指導の重点など	（学年の重点） 年長児になった喜びを感じながら、新しい生活を楽しむ。 （個人の重点） 自分の気持ちを友だちに伝える。		
指導上参考となる事項	♥ 進級してしばらくは、友だちの輪に入っていくのに時間がかかったが、特定の友だちと仲良くなってからは、自分から誘いかけて遊ぶようになった。協自 ● 友だちの前で意見を言うことが苦手だったが、しだいに保育者や仲の良い友だちを介して、皆に思ったことや意見を言うようになってきた。言協 ♣♪ 描いたりつくったりすることが好きで、1つの製作物にじっくりと時間をかけて取り組むことができる。感思	個人の重点に関わる部分については、特にどのような部分が育っているか、どのようなことを乗り越えたかについて書きましょう。 個人の重点についてのほかには、どのようなことが得意だったり、好きだったりするのかについて書きます。	

8月 月案・めろんぐみ　保育所

CD-ROM → 5歳児_月案
→ p88-p93_8月の月案（めろんぐみ）

8月　めろんぐみ　月案
担任：A先生

今月の保育のポイント

夏休みで長期間休む子どももいます。休み後に登園した際に、他の子どもに自然に溶けこんでいけるよう、休み中にあったことを話してもらうなどして、子どもたちが楽しさを共有できるようにしていきましょう。また、暑さで体調を崩す子どももいますので、保護者との情報交換を密にしていきましょう。

前月末の子どもの姿

- プール遊びが楽しくて、なかなか水からでたがらない子どもがいた。
- 七夕飾りのことを思い出し、行事が終わってからも歌を歌っていた。

	ねらい	内容
【5領域】 健康✚ 人間関係♥ 環境⛰ 言葉💬 表現♪	✚夏の健康的な過ごし方を知る。健 ♥💬思ったことや考えたことを友だちに伝えながら遊ぶ。協言 ✚自分なりに目標をもってプール遊びを楽しむ。健自 💬♪心に残ったことや楽しかったことをさまざまな方法で表現し、保育者や友だちに伝える。言	✚自分から日陰に入り、水分補給をする。健 ♥友だち同士でアイデアを出し合ったり、必要なものをつくったりして、お店やさんごっこを楽しむ。協思 ✚顔を水につけて息継ぎをしてみるなど、水遊びのなかで目標に向かって挑戦してみる。健 💬園の行事や夏休みに体験した楽しかったことを保育者や友だちの前で話す。言 ♪夏に経験したことを絵に描いて伝えようとする。感

職員との連携

- 職員全体で子どもたちの健康状態を観察し、情報を共有する。
- 子どもたちが達成感を味わえるよう、子どもたちの考える、工夫する、協力するなどの姿勢を全職員で見守っていく。

家庭・地域との連携

- 暑いなかでの活動で疲れがたまっていることを伝え、早めの就寝を保護者にお願いする。
- 家族で地域の夏まつりや盆踊りなどに参加してもらうよう、保護者に伝える。

[10の姿（幼児期の終わりまでに育ってほしい姿）]
健…健康な心と体　**自**…自立心　**協**…協同性　**道**…道徳性・規範意識の芽生え　**社**…社会生活との関わり　**思**…思考力の芽生え
然…自然との関わり・生命尊重　**数**…数量や図形、標識や文字などへの関心・感覚　**言**…言葉による伝え合い　**感**…豊かな感性と表現

養護のねらい
- 適切な休息をとりながら活動できるよう一人ひとりに目を配る。
- 自分の思いを安心して友だちに話せるようなクラスの雰囲気づくりを心がける。

健康・安全への配慮
- 熱中症情報に注意し、気温が高い日の活動は柔軟に対応する。
- プール内で足をすべらせて転倒するなどの事故がないよう、見守る。
- 長期の休み明けの一人ひとりの健康状態に気を配る。

行事
- 身体測定
- 誕生会
- 夏まつり
- プール納め

8月　月案・保育所・めろんぐみ

環境構成	保育者の関わりと配慮事項
● 日陰になる場所が少ないときには、パラソルを設置しておき、子どもたちが自分から日陰に入れるようにしておく。	● 遊びに夢中になって休息をとることを忘れている子どもがいないか目を配り、熱中症にならないように留意する。
● 商品やお店の飾りつけに必要なものを準備しておく（色紙、画用紙、ペン、テープ、机、看板など）。	● 自分で考えてつくれるよう、保育者はていねいに見守り、迷っているときにはアドバイスしていく。
● 水遊びを発展させるような形で子どもたちが少しずつ泳ぐことに慣れるようにしていく。	● 目標に向かって取り組む姿を認め、励ます。
● 小さなグループに分けて話すなど、子どもたちが話しやすいように配慮する。 ● 自由に描けるよう、用具や素材を用意しておく。	● 思いを伝えようとする姿を認め、言葉で伝えにくいときには、必要に応じて保育者が言葉を補う。 ● 一人ひとりのイメージや伝えたいことを保育者が受け止め、クラスの友だちとも共有できるよう導く。

食育
- 地域の農家の人の話を聞き、つくることの大変さを知る。
- 食具のもち方や食事のときの姿勢に気を配る。

反省・評価のポイント
- プール遊びでは息継ぎや水泳など自分なりの目標挑戦できるように援助することができたか。
- 一人ひとりが自分の思ったことや、経験したことを話せるようなクラスの雰囲気づくりができたか。

8月 月案・すいかぐみ　保育所

CD-ROM → 5歳児_月案
→ p88-p93_8月の月案（すいかぐみ）

8月　すいかぐみ　月案
担任：B先生

今月の保育のポイント

保護者の仕事の都合などで、夏休みをとる子どももいます。登園したり休んだりと生活リズムが崩れやすくなります。登園してきたとき、いつものように園の生活リズムで過ごせない場合は、無理のないように柔軟に対応していきましょう。家庭での様子を保護者から聞いておくことも大切です。

前月末の子どもの姿

- 自分なりの目標を意識しながらプール遊びを楽しむ姿が見られた。
- 夏休みに保護者と出かけることを楽しみにし、夏休みの予定について保育者や友だちに繰り返し話をする子どもがいた。

【5領域】
健康✚
人間関係♥
環境▲
言葉💬
表現♪

ねらい	内容
✚安全に気をつけながらプール遊びを楽しむ。健	✚プール遊びで約束事を守りながら、思いきり全身を使って遊ぶ。健
▲地域の行事や伝統文化に関心をもつ。社	▲友だちと一緒に盆踊りを踊ったり、和太鼓を演奏したりすることを楽しむ。社 感
▲♪遊びのなかで時間に興味をもつ。数 思 感	▲♪自分なりのイメージをもって工夫しながら時計をつくり、時間に興味をもつ。数 思 感
♪音楽に合わせてリズム遊びを楽しむ。感	♪「海」「ともだち讃歌」などの音楽に合わせてリズムをとりながら自分なりに踊ってみる。感
♪夏に関する話を聞き、イメージを広げて絵を描く。感	♪保育者から「おばけ」が出てくる物語を聞いたあと、おばけの絵を描く。感

職員との連携

- 夏休み中の子どもの健康状態などを保護者から聞き、全職員で共有する。
- 夏まつりの模擬店のメニューを相談し、役割を決める。

家庭・地域との連携

- 保護者に夏まつりへの協力をお願いする。
- 夏まつりには地域の人にも参加してもらう。
- 夏休みの子どもの様子について、登降園時や連絡帳で知らせてもらうようお願いする。

[10の姿（幼児期の終わりまでに育ってほしい姿）]
健…健康な心と体　自…自立心　協…協同性　道…道徳性・規範意識の芽生え　社…社会生活との関わり　思…思考力の芽生え
然…自然との関わり・生命尊重　数…数量や図形、標識や文字などへの関心・感覚　言…言葉による伝え合い　感…豊かな感性と表現

8月 月案・保育所・すいかぐみ

養護のねらい
- 落ち着いた気持ちで園生活を送れるよう、一人ひとりの様子をていねいに観察する。
- 自分の体調に注意しながら外遊びを楽しめるよう、休息をとるタイミングをこまめに伝えていく。

健康・安全への配慮
- 熱中症や脱水症状を防ぐため、気温が高いときは室内遊びに切り替える、エアコンを適切に使用するなどの対応をとる。
- 保育中に子どもの様子に異常が見られるときには、医師の指示を仰ぎ、すばやく対処する。

行事
- 身体測定
- 誕生会
- 夏まつり
- プール納め

環境構成	保育者の関わりと配慮事項
●玩具を使って遊ぶコーナーと、泳ぐコーナーに分け、ぶつからないよう配慮する。	●「どうしたら危ないかな」など、子どもたち自身でプール遊びの安全について考えられるような言葉がけをする。
●盆踊りや和太鼓の練習ができるよう、ホールの使用時間を調整しておく。	●行事への期待感がもてるよう、昨年の夏まつりの様子を話す。
●自由に試したり工夫したりできるようさまざまな材料や素材（シール、色紙、モールなど）を用意する。	●時計が完成したら見せ合い、友だち同士で時間について話せるよう必要に応じて促す。
●子どもたちがリズムをとりやすいようゆったりした曲を選択し、踊ることが楽しめるようにする。	●うまくリズムに乗れなくても、一生懸命やっていることを認め、次につながるように努力を受け止める。
●おばけが登場する物語（民話など）、画用紙、画材などを用意する。	●「おばけってどんな顔かな？」などと問いかけながら、子どもたちにイメージづくりを促す。

食育
- 自分たちの体の成長が食べ物と関係していることを知る。
- 配膳の手伝いや片づけを自分たちで行う。

反省・評価のポイント
- プール遊びを安全に楽しく行えるよう配慮できたか。
- 夏まつりをとおして地域の行事や伝統文化に興味や関心がもてるような援助ができたか。

8月 月案・しろくまぐみ

幼稚園・認定こども園

◎ CD-ROM → 📁 5歳児_月案
→ 📁 p88-p93_8月の月案（しろくまぐみ）

8月　しろくまぐみ　月案
担任：C先生

今月の保育のポイント

それぞれの家庭で楽しく過ごす夏休みですが、生活リズムが崩れないように保護者の方へ園だよりなどで伝えておきましょう。登園日には、子どもたちの夏の体験やこれから挑戦することなどを聞いて、楽しかった気持ちを共感したり、張りきる気持ちを応援してあげましょう。

前月末の子どもの姿

- プールや夏まつりを存分に味わい、家庭での夏休みを楽しみにしていた。
- 園で覚えた遊びを家庭でもできるか聞いてきたり、夏の予定についてうれしそうに話をしたりする子もいた。

	第1週	第2週	
ねらい	夏休み（幼稚園）	夏休み（幼稚園）	
内容			
環境構成			
保育者の援助			

職員との連携

- プールの水質検査の手順を確認しておく。
- 久しぶりでプール遊びの決まりを忘れている子もいるので、役割を決めて援助できるようにしておく。

家庭・地域との連携

- プールカードや着替えなど、登園日の持ち物を園だよりで知らせておく。
- 夏休み中の1日の生活リズムや食事について、保護者会で伝えるとともに、園だよりにも掲載する。

〔5領域〕 ✚…健康 ♥…人間関係 🌲…環境 ●…言葉 ♪…表現
〔10の姿（幼児期の終わりまでに育ってほしい姿）〕
健…健康な心と体　自…自立心　協…協同性　道…道徳性・規範意識の芽生え　社…社会生活との関わり　思…思考力の芽生え
然…自然との関わり・生命尊重　数…数量や図形、標識や文字などへの関心・感覚　言…言葉による伝え合い　感…豊かな感性と表現

🎯 月のねらい

- ♥✚ 友だちとの再会を喜び、皆で遊ぶことを楽しむ。健 言
- ✚ 園生活を思い出して、2学期に取り組む活動に期待する。

🎂 行事

- 夏季保育

	第3週	第4週
	夏休み（幼稚園）	✚♥ 友だちとの再会を喜び、決まりを守ってプール遊びを楽しむ。健 道 ✚ プール遊びの手順を思い出して行う。健
		✚♥ 7月に行った動物になっての動きや宝探しなどを思い出しながら、プールで安全に楽しく遊ぶ。健 道
		● 用具や遊具の点検をしてから出しておく。 ● プール遊びの前後に準備・整理運動をする。
		● 登園したら、水遊びの決まりやプール前後に行うことを思い出せるように話す。 ● 高温や強い日差しになったら、プール遊びを中断して室内遊びに切り替える。

🍴 食育

- 暑くてもさまざまな食材をバランスよく食べ、お菓子やジュースなどをとりすぎない。
- 家庭で保護者と一緒に簡単なデザート（スイカとアイスクリームのパフェなど）をつくってみる。

☑ 反省・評価のポイント

- 登園日の時間配分は無理なく設定できたか。
- 新しく始まる2学期の生活に期待をもてるような環境構成や言葉がけができたか。

8月 月案・幼稚園・認定こども園

8月 週案・めろんぐみ　保育所

CD-ROM → 5歳児_週案→p94-p95_8月の週案

水遊び

8月　めろんぐみ　週案
担任：A先生

 予想される子どもの姿
- 夏休みを楽しみにして、予定を保育者や友だちに話す子どもがいる。
- プール遊びで自分なりに目標をもって取り組む姿が見られる。

	8月○日（月）	8月○日（火）	8月○日（水）
活動予定	水遊び	プール活動	室内遊び（経験したことを話したり描いたりする）
内容	✚いろいろな道具を使って水遊びを楽しむ。健 ♪色水をつくって、紙を染める。感	✚全身で水の冷たさや心地よさを味わう。健然 ✚泳ぐことに挑戦する。健自	■♪心に残ったことや楽しかったことを言葉にして伝えたり、絵に描いたりする。言感
環境構成	●子どもが工夫できるようバケツやじょうろ、ペットボトルなどを準備する。 ●バケツなど大きな入れ物に色水をつくれるように、絵の具なども準備する。	●準備体操を十分に行ったあと、合図に合わせて足から徐々に入っていくように伝える。 ●遊びながら、顔をつけたり、水の中で目を開けたりするなど少しずつ泳ぐことに近づけていけるようにする。	●小グループに分け、話しやすいようにする。 ●イメージしたものを描けるようさまざまな素材や材料を用意しておく。
保育者の配慮	●水の感触を一緒に楽しみ、子どもたちが気持ちよい感覚を味わえるようにする。 ●色水がついてもよいようなシャツを保護者に用意してもらう。	●水中に長くいて体が冷えないよう、時間を確認して水からあがるよう声かけをする。	●一人ひとりの思ったことや経験したことを受け止め、共感する。 ●イメージを形にしようとする姿を認める。

［5領域］ ✚…健康 ♥…人間関係 ▲…環境 ●…言葉 ♪…表現
［10の姿（幼児期の終わりまでに育ってほしい姿）］
健…健康な心と体　自…自立心　協…協同性　道…道徳性・規範意識の芽生え　社…社会生活との関わり　思…思考力の芽生え
然…自然との関わり・生命尊重　数…数量や図形、標識や文字などへの関心・感覚　言…言葉による伝え合い　感…豊かな感性と表現

🎯 ねらい

- ✚ 暑さに負けずに積極的に運動し、疲れたら休息をとる。 健
- ▲✚ 水の感触を楽しみながら自分なりに目標をもって水遊びを楽しむ。 健 自 感

☑ 振り返り

暑さが厳しくなり、食欲をなくす子どももいたが、自分たちで育てた野菜が食事に出るとおいしそうに食べていた。プールにも慣れて泳ぎに挑戦する子どもも見られた。

8月　週案・保育所・めろんぐみ

	8月○日（木）	8月○日（金）	8月○日（土）
	園庭遊び（体を動かす、夏野菜の収穫） ※夏でも園庭でしっかり（ただし、体調管理をしながら）遊ぶ日をつくりましょう。	室内遊び（製作遊び） ※土曜日の異年齢保育で年少児と一緒に遊ぶ遊具をつくります。	異年齢保育
	✚ 園庭で、積極的に体を動かして遊ぶ。 健 ▲ 園庭で野菜の収穫を楽しむ。 然	♪ 年少児と遊ぶための玩具（紙風船や水鉄砲など）を自分たちでつくる。 感 道	✚ 同じ遊びに皆で取り組む。 健 協
	● 一人ひとりがナス、ミニトマトを収穫できるようハサミと野菜を入れるかごを用意しておく。 ● 気温によって園庭で過ごす時間を調整し、熱中症を防ぐ。	● 子どもたちで何をつくるか相談する時間をとる。 ● イメージを実現するための素材や材料を用意する。	● 昨日つくった玩具で一緒に遊べるように保育室や園庭を片づける。 ● 保育者が、遊び道具を使ってみせながら年少児に遊び方を伝える方法を知らせる。
	● 春の種まきから収穫までを振り返り、達成感を味わえるようにする。	● 子どもたちの意見を受け止め、認められたことでうれしさを感じられるように関わる。	● 保育者も一緒に遊び、自分たちでつくったもので遊ぶ楽しさに共感する。

8月の遊びと環境

その① 夏まつりの屋台ごっこ

用意するもの 机、画用紙、色紙、ティッシュペーパー、ハサミ、ペン、テープなど

活動の内容
- 友だちとアイデアを共有して遊ぶ。
- 友だちと協力して遊びに使うものや場をつくり上げる。

> 夏まつりの屋台をイメージして、グループごとに何屋さんにするか決め、相談し合って売るものをつくります。

> 次の日は……
> 商品の並べ方を考えたり、看板をつくったりしてお店をオープン。それぞれのお店に出かけていってお店やさんごっこを楽しみます。

わたあめ屋さん／袋に絵を描く／ティッシュペーパーをつめる

金魚すくい！／紙を切って金魚をつくる

その② おしゃれなうで時計

用意するもの 紙、のり、ハサミ、ペン、シール、色紙、モールなど

活動の内容
- 時間に興味をもつ。
- 自分なりに工夫して時計づくりを楽しむ。

> 台紙にそれぞれ時計をデザインし、描いたり素材を貼ったりします。台紙に穴を開け、モールをとおしてうで時計の完成です。

> 完成したら……
> 「○○ちゃんの時計は何時？」などと声かけし、何をする時間か話し合って楽しみましょう。

好きな時間を書く／モールをねじってとめる

8月の文例集

CD-ROM → 5歳児_季節の文例集→ p97_8月の文例集

［5領域］ ✚…健康 ♥…人間関係 ▲…環境 ●…言葉 ♪…表現

［10の姿（幼児期の終わりまでに育ってほしい姿）］
健…健康な心と体　自…自立心　協…協同性
道…道徳性・規範意識の芽生え　社…社会生活との関わり
思…思考力の芽生え　然…自然との関わり・生命尊重
数…数量や図形、標識や文字などへの関心・感覚
言…言葉による伝え合い　感…豊かな感性と表現

前月末の子どもの姿

- 暑さに負けずに、元気に遊ぶ子どもの姿が多く見られた。
- 昨年よりもダイナミックにプールで遊ぶ子どもが多く、子どもたちの成長を感じることができた。

養護のねらい

- 安心して過ごせるように、子どもたちの思いを受け止め、声をかけていく。
- 暑さによる疲れがたまらないよう、午睡の時間はゆっくりと休めるように見守る。

健康・安全への配慮

- 適切に水分を補給できるよう、水や麦茶を用意しておく。
- 休み明けで登園した子どもの行動をよく見ておき、ふだんの生活に戻れるように配慮する。

ねらい

- ♥年少の子どもたちとの過ごし方を体験し、親しみをもつ。協
- ▲夏の自然物や環境に興味をもち、意欲的に関わる。然社
- ▲♥地域の夏まつりに参加し、地域の人たちとの交流を経験する。然社

内容

- ♥年少の子どもの世話をしたり、一緒に当番の仕事に取り組んだりする。協
- ▲公園までの道で動植物や商店などを見ながら、新たな発見を楽しむ。然社
- ▲地域の夏まつりに参加して、雰囲気を楽しむ。然社

環境構成

- 年少の子どもとの接し方を事前に皆で相談し、優しく接することができるように準備する。
- 交通ルールを守りながら、さまざまなものを観察できるようゆったりとした時間をとる。
- 町内会の人たちに声をかけ、子どもたちが参加しやすい環境を整える。

保育者との関わりと配慮事項

- 危険な接し方がないか見守りながら、子どもたちが年少児に接する方法を見つけていけるよう導く。
- 子どもの発見や思いに共感し、受け止める。
- 地域の人たちと交流する場では、子どもから目を離さずしっかりと見守る。

職員との連携

- 年少児の担任と十分に話し合い、子どもたちの交流がうまくいくように連携していく。
- 子どもたちがプール活動を楽しく終えることができるよう、プール納めの行事を計画する。

家庭・地域との連携

- 園の夏まつりの日には、保護者が送り迎えをできるようにあらかじめスケジュールを連絡しておく。
- 休み中もできる限り規則正しいリズムで過ごしてもらうよう、保護者に園だよりなどでお願いする。

食育

- よくかんで食材の味をしっかり味わう。
- 元気に活動するために、食事はしっかりと食べることを理解する。

8月 遊びと環境・文例集

9月 月案・めろんぐみ　保育所

CD-ROM → 5歳児_月案
→ p98-p103_9月の月案（めろんぐみ）

9月　めろんぐみ　月案
担任：A先生

今月の保育のポイント

最後の運動会に向けての練習が始まります。最年長児クラスとしての気負いも見られますが、緊張しすぎてけがにつながらないよう目配りしていきましょう。秋はいろいろな行事が続きます。子どもたちが楽しめるよう、職員が協力していくことも大切です。

前月末の子どもの姿

- 夏休みの間に心身ともに成長が見られた子どもが多かった。
- 月末になっても猛暑が続き、疲れから食欲が落ちている子どももいた。

	ねらい	内容
【5領域】 健康✚ 人間関係♥ 環境⬆ 言葉● 表現♪	✚体を思いきり動かすことを楽しむ。健 ♥共通の目的に向けて、友だちと協力する。協 ♥高齢者に対する尊敬や親しみの気持ちをもつ。社 ●物語に親しみ、思ったことを伝えようとする。言 数 ♪友だちとイメージを共有しながら、表現を楽しむ。感	✚運動会に向けた活動のなかで、思いきり体を動かし、運動することの楽しさを味わう。健 ♥皆で綱引きを行うことで、協力しなければ引けないことに気づく。協 ♥敬老の日に向けて、地域の高齢者に贈るプレゼントをつくったり、一緒にできる遊びを考えたりする。社 ●『いやいやえん』『ばけものづかい』などの絵本に親しみ、自分の感想を言葉で伝える。言 数 ♪友だちと気持ちを合わせてダンスを踊ることを楽しむ。感

職員との連携

- 日常の遊びや活動と結びつけた運動会のプログラムを決定し、子どもたちが楽しみながら取り組めるようにしていく。
- 敬老の日の内容を全職員で検討する。

家庭・地域との連携

- 町内会に連絡し、敬老の日の開催の周知をはかる。
- 避難訓練の際には、保護者のお迎えがあることを伝え、協力をお願いする。

[10の姿（幼児期の終わりまでに育ってほしい姿）]
健…健康な心と体　自…自立心　協…協同性　道…道徳性・規範意識の芽生え　社…社会生活との関わり　思…思考力の芽生え
然…自然との関わり・生命尊重　数…数量や図形、標識や文字などへの関心・感覚　言…言葉による伝え合い　感…豊かな感性と表現

9月 月案・保育所・めろんぐみ

養護のねらい
- 一人ひとりの成長を認め、運動会に向けて意欲的に活動できるよう援助する。
- 暑い日が続くので、体調の変化に注意して見守る。

健康・安全への配慮
- 活動中に熱中症にならないよう、適切な休憩と水分補給を心がける。
- 防災訓練の際には、地震や火災の怖さについて、絵本などを使って子どもたちが理解できるようにする。

行事
- 身体測定
- 誕生会
- 防災訓練
- お月見会
- 敬老の日

環境構成	保育者の関わりと配慮事項
少しずつ練習を行ってさまざまな運動ができるように配慮し、楽しめるようにしていく。	一人ひとりが目標をもって取り組む姿を認め、もっとやろうと意欲をもてるようにしていく。
どうすれば綱を引けるのか、子どもたちで作戦会議をする時間を設ける。	子どもたちの意見を受け止め、必要に応じてアドバイスしていく。
地域の高齢者に集まってもらい、子どもたちが一緒に遊べる時間を設定する。	高齢者とどのように関わればよいのかを、子どもと保育者とで考えてみる。
場面ごとに登場人物がどう思っていたかを一人ひとりが発表する時間をつくる。	感想が思いつかなかったり、話すのを恥ずかしがったりする子どもに対しても言葉を引き出せるようにていねいに接する。
子どもたちで踊る曲を決め、振りつけを考えられるよう時間をとる。	皆でイメージを出し合いながら取り組む姿を認め、励ましていく。また、子どもたちが考えたダンスの振りつけを運動会のダンスにも生かす。

食育
- お月見会に合わせてお月見団子を皆でつくって食べ、お月見について知る。
- 園庭の野菜を収穫し、自分たちでつくった喜びを味わう。

反省・評価のポイント
- 運動会の本番をイメージしながら、練習を行えるような準備ができたか。
- 子どもたちも地域の高齢者も楽しめるような交流会ができたか。

9月 月案・すいかぐみ 保育所

CD-ROM → 5歳児_月案
→ p98-p103_9月の月案（すいかぐみ）

9月　すいかぐみ　月案
担任：B先生

今月の保育のポイント
夏休みが終わり、秋のさまざまな行事に取り組んでいく時期です。自分が不得意なことに取り組むのを嫌がる子どももいます。少しずつできるように保育者が一緒に取り組み、行事を楽しむなかで達成感や自信をもてるようにしていくことが大切です。

前月末の子どもの姿
- 盆踊りの曲が気に入り、夏まつりが終わったあとも踊る姿が見られた。
- 「もうすぐ○○時だね」などと、時間を気にして行動する子どももいた。

	ねらい	内容
【5領域】 健康✚ 人間関係♥ 環境▲ 言葉● 表現♪	✚季節の変化や活動の状況に応じた過ごし方を知る。健 ✚自分なりの目標をもって運動に挑戦する。健 自 思 ♥お年寄りへの尊敬と親しみの気持ちをもつ。社 ●言葉と文字の結びつきに興味をもつ。言 数 ♪思ったことや経験したことを思い思いの方法で表現する。感	✚疲れたら休む、水分を補給する、汗の始末をするなど、快適に過ごす。健 ✚速く走るための方法を自分なりに考えて実践する。健 自 思 ♥足が速い友だちの姿を観察し、速く走る方法を考える。思 ♥敬老の日に地域のお年寄りの話を聞いたり、伝統遊びを教わって楽しんだりする。社 ●地域のお年寄りに自分の言葉を文字にしてお礼の手紙を書く。言 数 ♪夏にあったことを思い出しながら、楽しかったことや印象に残った場面を描いたり、話したりする。感 言

職員との連携
- 職員で協力して保育室や廊下などに文字を大きく書いた紙を貼り、子どもが文字に興味がもてるようにする。
- 9月～12月に行う行事の役割分担を決め、内容や必要な備品などの準備を検討しておく。

家庭・地域との連携
- 敬老の日に出すお手紙の配布を町内会の人にお願いする。
- 防災訓練の段取りを園だよりでお知らせし、保護者が迎えに来られない場合には、代わりに迎えに来る人を決めておくようお願いする。

[10の姿（幼児期の終わりまでに育ってほしい姿）]
健…健康な心と体　自…自立心　協…協同性　道…道徳性・規範意識の芽生え　社…社会生活との関わり　思…思考力の芽生え
然…自然との関わり・生命尊重　数…数量や図形、標識や文字などへの関心・感覚　言…言葉による伝え合い　感…豊かな感性と表現

養護のねらい

- 飼育当番や戸外活動をとおして生命の大切さに気づくよう導く。
- 運動会の練習などで自分の力を出しきる姿を認め、自信をもって活動できるようにする。

健康・安全への配慮

- 防災訓練で使用する経路について、事前に安全を確認しておく。
- 夏の疲れが出る時期のため、保護者との連絡を密にする。
- 園庭を点検し、危険なものや障害物を取り除く。

行事

- 身体測定
- 誕生会
- 防災訓練
- お月見会
- 敬老の日

9月 月案・保育所・すいかぐみ

環境構成	保育者の関わりと配慮事項
● 取り出しやすい場所にタオルを用意しておく。 ● 冷たいお茶をいつでも飲めるように用意しておく。 ● 友だちのやり方と自分のやり方では何が違うのかを自分の目で観察し、違いをみつけられるよう声かけをする。 ● 日ごろから、散歩のときに高齢者施設の近くを通るようにし、通るときにあいさつをする。 ● あいうえおノートを用意し、それを見ながら一字一字自分で書くようにする。 ● 声かけをしながら、出来事を思い出せるようにし、一人ひとりがイメージ通りに描けるよう何種類かの描画材料を用意する。	● 遊ぶのに夢中になって無理をしている子どもがいたら、休息をとるように声をかける。 ● 速く走れるよう工夫したり、考えたりしている子の努力を認め、努力に対する自信をもてるように関わる。 ● 「いろんなこと知ってるね」など、お年寄りへの尊敬の気持ちがもてるような言葉がけをする。 ● 気持ちをこめて手紙を書こうとする意欲を認めて励ましていく。 ● 描きあがったときには一つひとつの作品を見て、その出来事について詳しく話を聞く。

食育

- 自分たちでつくったお団子を飾り、お月見を楽しむ。
- 栄養素の話を聞いて、食べ物と体の関係に興味をもつ。

反省・評価のポイント

- 気温の変化に合わせて快適に過ごせるような言葉がけができたか。
- 気持ちをこめて文字を書こうとする姿を認め、励ますことができたか。

9月 月案・しろくまぐみ

幼稚園・認定こども園

CD-ROM → 5歳児＿月案
→ p98-p103_9月の月案（しろくまぐみ）

9月　しろくまぐみ　月案
担任：C先生

今月の保育のポイント
2学期を元気に楽しく始められるよう、園生活にメリハリをつけた活動を心がけましょう。夏休み明けで遅寝遅起きの子どももいるかもしれませんが、昼間にたくさん頭と体を使って遊べば自然と早寝に戻ります。翌月の運動会に向けて体づくりも意識した活動を取り入れていきましょう。

前月末の子どもの姿
- 夏休みで生活リズムが崩れている子どももいた。
- 夏休みに祖父母や親戚の子と会ったり、旅行に行ったりしたことを友だちに楽しそうに話す姿が見られた。

	第1週	第2週	
ねらい	✚❤●友だちとの再会を喜び、夏休みの体験を再現しながら遊んで楽しむ。健協言 ✚園生活のリズムを思い出し、週の予定や1日の流れがわかる。道	▲●♪楽しかったことや経験したことをさまざまな方法で表現して遊ぶ。思言感 ▲自然物との関わりをとおして、身近な自然に親しみをもったり、季節の変化を感じたりする。然思	
内容	✚❤●夏休みに体験したことを皆の前で発表する。健協言 ✚1学期の生活を思い出し、自分なりの見通しをもって動く。道	♪夏休みの経験を絵に描いたり再現したりして楽しむ。思言感 ▲園庭の花や種、虫などの様子に関心をもって関わる。然思	
環境構成	●一人ひとりが皆の前で体験を落ち着いて話す時間をとる。 ●週の予定で重要な行事は見やすく掲示する。	●今までに経験した素材に加え、子どものイメージに合う新しい材料を用意し使い方や組み合わせ方のヒントを伝える。 ●関心が高まるよう、自分たちで採集できる容器や網を用意したりつくったりする。	
保育者の援助	●皆の前で話しやすいように、保育者が必要に応じて話を引き出したり言葉を添えたりする。 ●一人ひとりと関わり、待っていたことを伝え、安心して園生活が送れるようにする。	●イメージや遊び方を保育者が言葉にしたり、聞いたりして周囲の友だちに伝わるようにし、それぞれの体験がイメージとして共通になっていくようにする。 ●子どもたちの気づきや発見に一緒に驚き、共感する。	

職員との連携
- 始業式の進行を確認し、全職員で共有する。
- 防災訓練は人員確認、誘導まで確実に行えるよう事前の打ち合わせを行っておく。
- 延長保育では、新学期が始まった子どもの心身の変化をしっかりと申し送りする。

家庭・地域との連携
- 生活リズムが崩れている子の保護者にはその様子を伝え、家庭での過ごし方を見直してもらうようにする。

[5領域] ✚…健康 ♥…人間関係 ▲…環境 ●…言葉 ♪…表現

[10の姿（幼児期の終わりまでに育ってほしい姿）]
健…健康な心と体　自…自立心　協…協同性　道…道徳性・規範意識の芽生え　社…社会生活との関わり　思…思考力の芽生え
自然…自然との関わり・生命尊重　数…数量や図形、標識や文字などへの関心・感覚　言…言葉による伝え合い　感…豊かな感性と表現

月のねらい
- ✚ 自分なりの目標をもって遊びに取り組み、力を発揮する。健 自
- ✚ 園生活のリズムを取り戻し、見通しをもって行動する。健 自
- ▲ 夏から秋に変わる自然を感じ、遊びに取り入れて楽しむ。自然 思

行事
- 始業式
- プール納め
- 十五夜
- 保護者会
- 安全指導
- 防災訓練

9月　月案・幼稚園・認定こども園

第3週	第4週
✚♥♪ 友だちに刺激を受けながら、自分の目標やイメージをもって取り組む。健 自 言 感 ▲ 戸外で、夏から秋になる季節の変化を感じる。自然	✚ さまざまな運動遊びをとおして、思いきり体を動かす心地よさを感じる。健 ♥● 課題のある活動に取り組むなかで、自分の考えやイメージを伝え、皆で取り組む楽しさを味わう。自 協 言
✚♥♪ 運動会に向けた活動や遊びのなかで友だちや保育者に刺激を受けたり、自分なりに考えたりしながら目標をもち、やってみようとする。健 自 言 感 ▲ 園庭で草花や虫を観察し、秋の訪れを感じる。自然	✚ ドッジボール、かけっこなど、運動遊びを友だちとともに楽しむ。健 ♥● 運動会に向けた話し合いのなかで、自分のイメージや考えを出し合いながら、皆でつくる楽しさを味わう。自 協 言
● 自分なりに工夫したり挑戦したりして取り組めるよう時間や場を確保する。 ● 秋の生き物図鑑や絵本『とんぼのうんどうかい』などを用意しておく。	● 存分に動くことができるよう各クラスごとに、使う時間と園庭のスペースを決めておく。 ● 見通しがもてるよう、運動会までの日程をわかりやすく掲示しておく。
● 保育者も一緒に遊びながら、目標をもつ姿に共感する。 ● 見つけた虫や植物などをつくったり絵に描いたりして、生き物への親しみを深める。	● 運動遊びで負けた子どもの気持ちに寄り添い、がんばった姿を認める。 ● 子どもたちだけで話し合いがすすめられるよう内容をわかりやすく伝え、必要に応じて仲介する。

食育
- 十五夜にいもや団子を供える風習を伝え、秋に豊穣を祈る気持ちを知る。
- 秋に収穫する野菜や果物を楽しみに待ち、絵本などで味のイメージを広げる。

反省・評価のポイント
- 夏休み明けなので園生活のリズムが取り戻せるよう、適切な声かけや指示ができたか。
- 子どもの成長に気づいて認める言葉がけができたか。

9月 週案・すいかぐみ　保育所

CD-ROM → 5歳児_週案→p104-p105_9月の週案

防災訓練

9月　すいかぐみ　週案
担任：B先生

予想される子どもの姿
- 夏休みの間にできるようになったことを保育者や友だちに見せようとする子どもがいる。
- 運動会に向けた活動が始まり、張りきっている子どもが多くみられる。

	9月○日（月）	9月○日（火）	9月○日（水）
活動予定	室内遊び（思ったことや経験したことを表現する）	防災訓練	室内遊び（体を動かす） ※運動会が近いので、体を動かす活動を積極的に取り入れていきましょう。
内容	♪夏に経験したこと（園の行事や夏休みの思い出）を絵に描いて楽しむ。感	✚静かに避難することを経験する。健道 ✚生命を守る大切さがわかる。健道	✚室内で十分に体を動かす。健 ✚いろいろな運動に挑戦する。健
環境構成	●イメージしたものを形にできるよう、さまざまな用具や材料を用意しておく。 ●新しい用具や材料にも挑戦できるよう、保育者が使い方を示したり、組み合わせを伝えたりする。	●防災訓練の前に、紙芝居「あわてない あわてない」などを用意し、災害の怖さを伝える。 ●避難する際には、「おかしも」の約束を守って行動することが身につくように話をしておく。	●さまざまな運動に挑戦できるようにマットや跳び箱などを準備する。 ●運動が苦手な子どもには、簡単なプログラムを設定し、楽しめるようにする。
保育者の配慮	●自分なりに工夫している姿を認め、描くことが楽しいと感じられるようにする。	●いつ災害が起こっても対応できるように、災害について子どもたちと話す機会をもつ。 ●決まりが守れずふざけてしまう子がいるときには、生命を守ることの大切さを伝える。	●子どもたちの個人差に配慮し、各自ができたことを認めて次の段階へとつなげる。 ●危険がないよう、用具や器具を点検し、運動中にも子どもの動きに目配りする。

[5領域] ✚…健康 ♥…人間関係 ▲…環境 ●…言葉 ♪…表現

[10の姿（幼児期の終わりまでに育ってほしい姿）]
健…健康な心と体　自…自立心　協…協同性　道…道徳性・規範意識の芽生え　社…社会生活との関わり　思…思考力の芽生え
然…自然との関わり・生命尊重　数…数量や図形、標識や文字などへの関心・感覚　言…言葉による伝え合い　感…豊かな感性と表現

🎯 ねらい

- ✚ 保育者の話を聞き、指示に従って行動する。健 言
- ● ♪ 思ったことや伝えたいことをさまざまな方法で表現し、伝わるうれしさを感じる。感 言
- ✚ 体を思いきり動かして遊ぶ。健

✅ 振り返り

暑い日もあったが、過ごしやすい日には園庭で積極的に運動する様子が見られた。また、遊びのなかで相談し、取り組む様子も見られた。

9月　週案・保育所・すいかぐみ

	9月○日（木）	9月○日（金）	9月○日（土）
	散歩（○○公園）	園庭遊び（運動会に向けて） 運動会を具体的に意識した活動を行います。	異年齢保育
	▲季節の変化を感じ、季節の移り変わりに気づく。然 感 ✚交通ルールを守って公園に行く。道 社	✚走ることに慣れる。健 ♪皆でダンスの振りつけを考える。思 協 感	▲園庭で草花や種を取ったり、虫を探したりして楽しむ。然 ▲植物や虫を採集したり調べたりするなかで大きさや形の違いに興味をもつ。然 数
	●葉っぱの色、空の雲など夏とは異なる自然に関心が向くように言葉がけをする。 ●園に戻ってから気になったマークや道路標識を調べられるよう『マークのずかん』などを準備する。	●運動会に備えて、直線コースを設定し、最後まで走りきることを経験する。 ●音楽を聞きながら、子どもの意見を取り入れて振りつけを考え、踊ってみる。	●園庭の草花や虫について調べられるよう、虫めがねや図鑑を用意しておく。 ●とった種を大きさや形ごとに分けて入れられるよう容器を準備しておく。
	●秋の花や虫をみつけたりする手助けをし、夏から秋になる変化を感じられるようにする。 ●公園までの道で信号や標識を見たら意味を質問するなどしながら関心をもてるようにする。	●速さに関係なく、走りきったことに達成感を覚えられるように声かけをする。 ●皆の意見を取り入れて振りつけを考えたという喜びを感じられるように声かけをする。	●自然物で遊ぶなかで大きさや形の違いに興味がもてるようにしていく。

9月の遊びと環境

その① サッカーリレー

用意するもの ボール

活動の内容
- 足でボールをコントロールしながら運ぶ。
- 友だちと協力して競争を楽しむ。

グループに分かれ、ドリブルしたりパスしたりしながらボールをゴールまで運びます。

慣れてきたら……

2人1組になり、交互にボールをパスし合いながらゴールまで運びます。

環境のポイント
のびのびと遊べるよう広いスペースを確保しておきましょう。

その② すすきのふくろう

用意するもの すすき15本くらい（すすきがない場合は細く裂いたビニールテープでも可）、白いボタン、油性ペン、ひも、ボンドなど

活動の内容
- 秋の植物に関心をもつ。
- 伝統的な草遊びを楽しむ。

①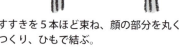
すすきを5本ほど束ね、顔の部分を丸くつくり、ひもで結ぶ。

②
結ぶ
顔のひもを結んだまわりに、穂を上にしてすすき10本をさらに束ねてひもで結ぶ。

③
顔と同じように②の穂で体を丸くつくり、結ぶ。

④
ボタンに油性ペンで目玉を描き、ボンドで接着する。

完成したら……

ふくろうの森をつくろう

箱に穴を開けてふくろうをつるしたり、紙コップの切り株にふくろうを腰かけさせたりして飾ります。

- 森の絵を奥に貼る
- 底に落ち葉を敷く

9月の文例集

[5領域]　✚…健康　♥…人間関係　🌲…環境　■…言葉　♪…表現
[10の姿（幼児期の終わりまでに育ってほしい姿）]
健…健康な心と体　自…自立心　協…協同性
道…道徳性・規範意識の芽生え　社…社会生活との関わり
思…思考力の芽生え　然…自然との関わり・生命尊重
数…数量や図形、標識や文字などへの関心・感覚
言…言葉による伝え合い　感…豊かな感性と表現

● CD-ROM → 📁 5歳児＿季節の文例集→ p107＿9月の文例集

前月末の子どもの姿

- 夏休みにいろいろなことを経験し、知識につながったことが感じられる姿があった。
- 活動のあとは自分から休憩するというように、メリハリのついた生活を送れるようになってきた。

養護のねらい

- 活動しやすい季節に思いきり体を動かし、健康的に過ごす。
- 運動会の練習による疲れが残らないよう、休憩を適切に取り入れる。

健康・安全への配慮

- 地震と火災のサイレンの違いを理解し、それぞれに応じた対応をとれるよう伝える。
- 自分から体調の変化を保育者に伝えられるよう、絵本などを使って伝え方を理解できるように導く。

ねらい
- ✚期待感をもって運動会の練習をする。健
- ♥地域の高齢者と交流の機会をもち、親しみを感じる。社
- ♥✚友だちと協力して、工夫しながら遊ぶことを楽しむ。協

内容
- ✚運動会に向けて新しいダンスを練習し、皆に見てもらうことを目標にする。健
- ♥高齢者を園に招待し、遊びを教えてもらったり、食事をしたりして楽しく過ごす。社
- ♥✚大なわとびのとんだ回数を増やすために、皆で考えて、協力し合う。協健

環境構成
- ダンスの練習を繰り返し楽しめるよう、自由遊びの時間に音楽を流し、子どもたちが好きなときに体を動かせるようにする。
- 事前に高齢者に遊びの種類をあげてもらい、必要なものを準備しておく。
- 少人数のグループに分けて挑戦しながら、徐々にクラス全体で行うようにする。

保育者との関わりと配慮事項
- よいところをほめ、子どもたちが自信をもってダンスを練習していけるように関わる。
- 尊敬の気持ちをもって高齢者と楽しく過ごせるよう、絵本などを使って接し方を伝える。
- 子ども同士で教え合えるように声をかけ、協力していくことの大切さを経験できるようにする。

職員との連携

- 高齢者を招待する日の献立を調理員と相談し、高齢者、子どもの両方が満足できるような内容を考える。

家庭・地域との連携

- 高齢者を招待する日の招待状を配布してもらうよう、町内会の人に依頼する。
- 疲れが見られる子どもについては、降園時に保護者に伝え、帰宅後の様子に注意して見守ってもらう。

食育

- 配膳係、片づけ係などを順番に行うようにし、食事の準備に全員が関わっていく。

9月 遊びと環境・文例集

10月 月案・めろんぐみ 保育所

CD-ROM → 5歳児_月案
→ p108-p113_10月の月案（めろんぐみ）

10月　めろんぐみ　月案
担任：A先生

今月の保育のポイント
外遊びや散歩に適した季節です。運動会の練習の疲れを考慮しながら、積極的に取り入れていきましょう。交通ルールを守る、一人ひとりが安全に歩くなど、小学校就学に向けて必要なことが確実に身についていくように伝えていきましょう。

前月末の子どもの姿
- 運動会に向けて、待ち遠しい気持ちと不安な気持ちの両方を感じている様子が見られた。
- 高齢者との交流会のあと、散歩のときなどに出会うと親しそうに声をかける姿が見られた。

	ねらい	内容	
【5領域】 健康✚ 人間関係♥ 環境🌲 言葉💬 表現♪	✚身のまわりを清潔に保ち、体調を整えようとする。健	✚外で思いきり活動したあとは汗を拭き、手洗い、うがいをしてからしっかり休息をとる。健	
	🌲✚活動に必要な用具を自分で準備する。自	✚運動会の練習に必要な用具を保育者と一緒に用意したり、後片づけを手伝ったりする。自 道	
	✚♥友だちと力を合わせて一体感や楽しさを感じる。協	✚♥友だちと力を合わせて運動会に向けた活動（係活動や練習）を楽しむ。協	
	♥💬友だちの思いを受け止めながら遊びや活動をすすめていく。協	♥💬相手の思いを受け止めながら遊びや活動に必要なものを用意したりつくったりする。協 思	
	♪行事にふさわしい飾りを考え、飾りつける。思 感	♪ハロウィンについて知り、皆で協力して飾りや仮装衣装をつくる。思 感	

職員との連携
- 運動会前に、備品等の最終点検を行う。
- 就学までに身につけておくべき生活習慣を確認し、日常の保育にどのように取り入れていくかを検討する。

家庭・地域との連携
- ハロウィンで使う小道具等に必要な材料を家庭からも持ち寄ってもらう。
- 園だよりで運動会のプログラムをお知らせし、当日できるだけ保護者にも参加してもらえるようにする。

[10の姿（幼児期の終わりまでに育ってほしい姿）]
健…健康な心と体　**自**…自立心　**協**…協同性　**道**…道徳性・規範意識の芽生え　**社**…社会生活との関わり　**思**…思考力の芽生え
自然…自然との関わり・生命尊重　**数**…数量や図形、標識や文字などへの関心・感覚　**言**…言葉による伝え合い　**感**…豊かな感性と表現

養護のねらい

- 友だちとの話し合いで意見を伝え合えるよう必要に応じて仲立ちをする。
- 気温の変化に合わせて、衣服の着脱を自分で行うことができるよう声かけする。

健康・安全への配慮

- 園外保育の際に、ルールを守って安全に楽しめるよう目配りする。
- 運動会の練習で活動量が増えるので、休息が適切にとれるよう配慮する。
- 運動会で使用する備品等を点検し、危険がないようにする。

行事

- 運動会
- 身体測定
- 誕生会
- 避難訓練
- いもほり遠足
- ハロウィン

10月　月案・保育所・めろんぐみ

環境構成	保育者の関わりと配慮事項
● 季節の移り変わりを伝える時間をとり、健康へ意識が向くようポスターなどの掲示をする。	● 休息をとる前後には、子どもたちの体調を観察し、ふだんと様子が違う子どもは注意深く観察する。
● 運動会と同じ用具を準備して、本番をイメージできるようにする。	● 自分から用具を運んだり、片づけをしたりしたときには、「ありがとう」と声かけをし、手伝うことの気持ちよさが味わえるようにする。
● 仲間意識が感じられるようクラス全体での活動や複数人での係活動を日常的に設定する。	● 皆で力を合わせてがんばることの楽しさ、心地よさに気づけるよう言葉がけする。
● 友だちと協力してつくるおもしろさが感じられるよう大型積み木や段ボールを用意する。	● お互いの考えていることが伝わるように、必要に応じて仲立ちする。
● 飾りや仮装衣装の見本を描いた紙を壁に貼り、材料を準備する。	● 自分たちでつくったという達成感や満足感が味わえるよう、皆でつくり上げたことをおおいにほめる。

食育

- ハロウィンとカボチャのような、行事と食べ物の組み合わせに興味をもつ。
- 農家の畑でいもほりを体験し、野菜の収穫と旬について知る。

反省・評価のポイント

- 運動会の進行はスムーズだったか、プログラムは子どもたちに適したものだったか。
- 友だちと協力する楽しさを感じられるような活動を設定できたか。

10月 月案・すいかぐみ 保育所

CD-ROM → 5歳児_月案
→ p108-p113_10月の月案（すいかぐみ）

10月　すいかぐみ　月案

担任：B先生

今月の保育のポイント

運動会が今月の一番大きな行事です。最後の運動会が楽しいものになるよう、活動をすすめていきましょう。また、運動会に向けた活動によってクラスに一体感が生まれるよう、準備や当日の係活動についても子どもたちですすめていけるようにしましょう。

前月末の子どもの姿

- 運動会への期待と不安から体調不良になる子どもも見られた。
- 気温の変化に対して、自分で衣服を調節できるようになった。

	ねらい	内容
【5領域】 健康✚ 人間関係♥ 環境▲ 言葉● 表現♪	✚運動会に向けて戸外で体を動かして、思いきり遊ぶ。健 ♥数名のグループをつくり、ルールを守って活動や遊びを楽しむ。協 道 ▲秋の収穫物に興味をもつ。然 ▲標識に興味をもつ。数 ♪お祝いする気持ちをもって誕生会の飾りを製作する。感	✚運動会のダンスや競技を遊びに取り入れて、クラスの皆で楽しむ。健 ♥ドッジボールやがっちゃん鬼を友だちと楽しむ。協 ♥運動会の係活動に自分たちで取り組む。自 ▲自分が思いつく秋の果物などを文字や絵で描いたり調べたりする。然 数 ▲散歩のときに、いろいろな交通標識探しをする。数 ♪♥友だちの誕生日を祝う気持ちをこめながら、お誕生日ケーキをクラスの皆で製作する。感 協

職員との連携

- 運動会が終わったら反省会を開催し、来年に向けての課題を職員同士で話し合いまとめておく。
- 子どもたちが、どの程度生活習慣が自立しているのかを見直す。

家庭・地域との連携

- 地域の人々にも運動会を見に来てもらうよう、掲示板にお知らせを掲示する。
- 運動会の練習用に着替えを用意してもらうよう保護者にお願いする。

[10の姿（幼児期の終わりまでに育ってほしい姿）]
健…健康な心と体　自…自立心　協…協同性　道…道徳性・規範意識の芽生え　社…社会生活との関わり　思…思考力の芽生え
然…自然との関わり・生命尊重　数…数量や図形、標識や文字などへの関心・感覚　言…言葉による伝え合い　感…豊かな感性と表現

養護のねらい

- 目標をもって物事に挑戦する姿を認めて励まし、達成できてもできなくても充実感を感じられるようにする。
- 休息の大切さを知り、しっかりと体を休めるよう声かけする。

健康・安全への配慮

- 急に気温が下がる日には、午睡の時間に布団をはね脱いだりしないよう見守る。
- 園での疲れが翌日に残らないよう、柔軟に対応する。
- 運動会の練習でけがをすることがないよう、職員全体で見守る。

行事

- 運動会
- 身体測定
- 誕生会
- 避難訓練
- いもほり遠足
- ハロウィン

10月　月案・保育所・すいかぐみ

環境構成	保育者の関わりと配慮事項
●運動会で踊る曲をかけたり、競技の用具を出しておいたりして本番をイメージできるようにする。 ●遊びのルールはボードに大きく書いて示し、最初に確認をするようにする。 ●子どもたちで係を決める話し合いの時間をとる。 ●自由に調べたり書いたりできるよう図鑑や絵本、材料を準備しておく。 ●散歩のあとにみつけた標識にどんなものがあったか振り返る時間を設ける。 ●材料（台紙、カラーペン、わた、折り紙、のり、ハサミなど）を準備し、ハサミはていねいに扱うよう事前に伝えておく。	●友だちが運動会に向けてがんばっている姿を具体的に伝え、お互いのよさを認め合えるようにする。 ●トラブルになっているときには、自分たちで解決できるようさりげなく助言をしたり、仲立ちをしたりする。 ●係活動をとおしてクラスの友だちとの一体感が感じられるような言葉がけをする。 ●「昨日の給食に出ていた果物はなーんだ？」などと問いかけて果物のイメージが浮かぶようにする。 ●園の中にあるマークを紹介して、生活のなかにさまざまな標識があることに気づけるよう促す。 ●誕生会の準備をとおして自分たちで活動をすすめたという達成感を味わえるような言葉がけをする。

食育

- 食事をつくってくれた人に感謝し、残さずに食べることを心がける。
- 散歩のときに畑のそばを通り、何が育っているのかを知る。

反省・評価のポイント

- 運動会では子どもたちの喜びや悔しさを受け止め、ともに一喜一憂することができたか。
- 生活のなかにある文字や標識について興味がもてるような働きかけができたか。

10月 月案・しろくまぐみ

 幼稚園・認定こども園

● CD-ROM → 📁 5歳児_月案
→ 📁 p108-p113_10月の月案（しろくまぐみ）

10月　しろくまぐみ　月案
担任：C先生

今月の保育のポイント

運動会に向けての準備や練習に、一人ひとりが力を発揮して取り組む姿が見られる時期です。また年少・年中児が関わる係活動をとおして、「年長」という意識も高まります。クラスとしての一体感や、大きな行事をやり遂げた喜びを感じられるように保育者が支えてあげましょう。

前月末の子どもの姿

- 運動会に向けて体操やリレーに取り組む姿が見られた。
- 虫や草花のことを図鑑で調べている子に刺激を受けて、自分の興味のある虫を調べる子もいた。

	第1週	第2週
ねらい	✚遊びのなかで自分なりの目標をもち、試したり工夫したりする。健協自 ♠✚年長だからできる運動会の係に積極的に取り組む。思数	✚自分なりの目標をもって遊びや活動に取り組む。 ♥●友だちと力を合わせ、種目や係の仕事をやり遂げようとする。自協言
内容	✚好きな遊びのなかで目標をもち、イメージを形にしたり、繰り返し挑戦したりする。健協 ♠✚運動会のプログラムを見ながら、係の仕事内容について保育者や友だちと相談する。思数	♥✚友だちが繰り返し挑戦する姿に刺激を受けながら、自分なりに目標をもって取り組む。健自 ●♥運動会で友だちと相談して決めた係の仕事の動きや言葉を自信をもってやり遂げる。自協言
環境構成	●運動会に向けて園庭の使用時間を他のクラスと調整しておく。 ●種目や係で使う用具を置いておき、遊びのなかでも取り組めるようにしておく。	●個々の目標を明確にし、やり遂げられた成果が実感できるように活動のすすめ方を工夫する。 ●係活動にスムーズに取り組めるよう当日の動線を考えておく。
保育者の援助	●運動会の活動以外にいつもの好きな遊びを楽しめる時間もつくる。 ●係活動をとおして、年長としての意識を高めていけるよう励ます。	●友だちに刺激を受けてやってみようとする思いを励まし、支える。 ●係の動きや言葉を友だちと相談し、工夫していた姿を言葉にして認める。

職員との連携

- 運動会当日にけがなど事故がおきないよう用具が安全か点検を行い、競技ごとの当日の職員の配置も確認する。
- 当日の子どもたちの動きを共有できるよう、年少・年中組の保育者とも連携をとる。

家庭・地域との連携

- 運動会での姿を、家庭でも一人ひとり具体的にほめてもらうよう、保護者にお願いをする。
- 近隣に運動会の開催日を伝え、協力をお願いする。
- いもほり遠足に協力してくださる農家と、事前に当日の流れの確認を行っておく。

[5領域] ✚…健康 ♥…人間関係 ▲…環境 ●…言葉 ♪…表現

[10の姿（幼児期の終わりまでに育ってほしい姿）]
健…健康な心と体　自…自立心　協…協同性　道…道徳性・規範意識の芽生え　社…社会生活との関わり　思…思考力の芽生え
然…自然との関わり・生命尊重　数…数量や図形、標識や文字などへの関心・感覚　言…言葉による伝え合い　感…豊かな感性と表現

月のねらい

- ♪●▲♥✚ 運動会に向けてクラスのなかで自分の力を発揮したり、友だちと協力したりして、やり遂げた満足感や達成感を味わう。健自協言思
- ♥ 友だちと仲間意識を感じ、遊びや活動をすすめながらお互いを認め合う。協

行事

- 運動会
- いもほり遠足
- 避難訓練
- 安全指導
- 誕生会

10月　月案・幼稚園・認定こども園

第3週	第4週
✚● 運動会をやり遂げた達成感を味わい、遊びに取り入れて楽しむ。健言 ✚♥▲ 友だちのなかで自分の力を発揮し、満足感を味わう。健協	♥● 友だちの動きや考えに刺激を受けながら、自分たちの遊びをすすめる。協思言 ▲ 行事をとおして秋の自然に親しむ。然
✚● 運動会でそれぞれにがんばったことや全員で力を出したことを話したり、遊びに取り入れたりする。健言 ✚♥▲ 自分の力を出して課題に取り組み、友だちと力を合わせて動く楽しさを感じる。健協	♥● 友だちの力に気づいたり、認めあったり、考えを出し合ったりしながら遊ぶ。協思言 ▲ いもほり遠足で、秋の野菜に興味をもち、味わうことを楽しむ。然
● 運動会で取り組んだ競技を再現できるよう用具を用意しておく。 ● クラス対抗でのゲームやチームで取り組める遊びを用意しておく。	● 友だち同士で遊び方やルールを工夫できるよう、場、遊具、素材を用意する。 ● いもほり遠足の訪問先を確認し、協力をお願いしておく。
● 一人ひとりのがんばったこと、できたことを言葉でしっかり認め、互いのよさに気づけるよう言葉がけする。	● 友だちの力や考えに気づけるよう、保育者が働きかける。 ● サツマイモの旬の時期や実のなり方に興味がもてるような話をする。

食育

- いもほり遠足でとってきたサツマイモを豚汁にして味わいながら、収穫できるまで育ててくれることのありがたさに気がつく。
- はしの持ち方や食事マナーについて、絵本などで確認する。

反省・評価のポイント

- 運動会の各競技や係の活動と、遊びの時間配分のバランスを考えた構成が日々の活動のなかで実践できたか。
- 個々に取り組む遊びのなかでやり方のコツを伝え、できた喜びを感じられるように関われたか。

10月 週案・すいかぐみ　保育所

CD-ROM → 5歳児_週案→p114-p115_10月の週案

運動会

10月　すいかぐみ　週案
担任：B先生

予想される子どもの姿
- 運動会が間近になり、緊張しながらも楽しみにしている様子が見られる。
- 運動会のダンスの振りつけを、自分たちで練習している様子が見られた。

	10月○日（月）	10月○日（火）	10月○日（水）	
活動予定	園庭遊び（運動会の練習） ※この週は土曜日の運動会に向けて、さまざまな活動を行います。	散歩（園の周辺）	園庭遊び（運動会の練習）	
内容	✚かけっこやダンスを楽しむ。健 ✚行進の練習に取り組む。健	▲木の実や葉など、自然物を探し、集めることを楽しむ。然 ※木曜日に予定している製作遊びの素材を集めます。	♪ダンスに取り組み、皆で楽しむ。感 ✚友だちと一緒にリレーごっこを楽しむ。健協	
環境構成	●運動会のかけっこと同じコースをつくっておく。 ●行進しやすい音楽を準備する。	●拾った木の実や葉、花を入れるための袋を用意する。 ●はかりやメジャーを用意し、園に戻ってから自然物を調べられるようにする。	●ダンスの音楽を準備しておく。 ●運動会と同じリレーのコースをつくっておく。	
保育者の配慮	●走ることが苦手な子どもは、ゴールまで走れたことを認め、その努力をほめる。 ●行進練習では1、2と声をかけながら歩き、最後に音楽に合わせてみる。	●秋の自然への興味が深まるような話をする。 ●子どもたちが調べたり気づいたりしたことをクラスの皆に伝える。	●保育者も一緒にダンスを楽しみ、皆で動きをそろえる一体感を感じられるようにする。 ●勝ち負けにかかわらず、一人ひとりの思いに寄り添い、達成感や意欲をもてるようにする。	

【5領域】 ✚…健康 ♥…人間関係 🌲…環境 🔴…言葉 ♪…表現
【10の姿（幼児期の終わりまでに育ってほしい姿）】
㉁…健康な心と体　㉂…自立心　㉃…協同性　㉄…道徳性・規範意識の芽生え　㉅…社会生活との関わり　㉆…思考力の芽生え
㉇…自然との関わり・生命尊重　㉈…数量や図形、標識や文字などへの関心・感覚　㉉…言葉による伝え合い　㉊…豊かな感性と表現

🎯 ねらい

✚♥ 運動会の係活動を友だちと協力して行う。㉂㉃

✚ 運動会に向けた活動や外遊びを楽しんで行う。㉁㉂

✅ 振り返り

運動会の練習を楽しみながら、当日も全員が参加することができた。最後の運動会をやり遂げることができ、達成感を味わっている様子が見られた。

10月・週案・保育所・すいかぐみ

	10月○日（木）	10月○日（金）	10月○日（土）
	室内遊び（自然物で製作）	園庭遊び（運動会のリハーサル） 💬 明日の運動会に備えて、リハーサルを行います。	運動会
	♪ 火曜日に集めた秋の自然物で製作する。㉊ 🔴 自分がつくった製作物を、皆の前で説明しながら発表する。㉆㉉	♪ 最年長児としての自信をもってダンスを楽しむ。㉊㉂ ♥ 係活動の役割分担がわかり、自分から取り組む。㉂㉃㉅	✚ 保護者と一緒に運動会を楽しむ。㉁㉅ ♥ 年少児の手助けをする。㉂㉃㉄
	🌲 集めた自然物のほか、紙、小麦粉粘土、絵の具などを用意し、自由に表現できるようにする。	🌲 リハーサルのときには、子どもたちにこれまでがんばってきたことを伝え、自信をもって踊れるようにする。 🌲 自分たちの活動であると感じられるよう、グループに分かれて用具の準備などを手伝ってもらう。	🌲 一生懸命がんばったことを認め、子どもたちの自信につなげていく。 🌲 年少児の出番のときに、手助けする係を子どもたちで相談して決めておくようにする。
	🌲 子どもたちのイメージを大切にし、製作したものを保育室に飾り皆で楽しむ。 🌲 言葉で上手に説明できないときには、保育者が助言し、自分で説明する経験を大切にする。	🌲 不安感をもっている子どもは励まし、当日思いきり運動できるという自信をもてるようにする。 🌲 運動会の準備を手伝ったという達成感をもてるように「○○してくれて助かったよ」などと声かけをする。	🌲 出番の前には声かけをして、子どもたちの緊張感を和らげるようにする。 🌲 保護者とともに、子どもたちの成長を喜び共有する。

10月の遊びと環境

その① 野原のケーキ

用意するもの どんぐりなどの木の実、葉っぱ、花、土（室内製作のときは紙粘土）

活動の内容
- 秋の植物に親しむ。
- 友だちと一緒にのびのびと製作する。

土の土台に木の実や葉っぱ、花などを飾って丸いデコレーションケーキをつくります。

完成したら……

ロウソクの代わりに小枝を立てて、お誕生日会ごっこをします。

ハッピー　バースデー　トゥー　ユー

環境のポイント
戸外活動で集めたどんぐりは煮沸消毒しておき、製作に使えるようにしておきましょう。

その② ハロウィンのカボチャランタン

用意するもの A4サイズのオレンジ色の画用紙、黒の色紙、ハサミ、のり、テープ

活動の内容
- ハロウィンに関心をもつ。
- 行事にちなんだ製作を楽しむ。

切りこみ

プラスワン・アイデア

中に丸めた赤やオレンジのセロファンを入れるとランタンらしくなります。紙の帯で取っ手をつけて飾るときれいです。

セロファン

画用紙を半分に折り、端を2cmほど残してハサミで切りこみを入れます。広げて、ちょうちんの形にしてテープでとめ、黒の色紙で目・鼻・口をつけます。

紙の帯

10月の文例集

● CD-ROM → ■ 5歳児_季節の文例集→ p117_10月の文例集

［5領域］ ✚…健康 ♥…人間関係 ▲…環境 ●…言葉 ♪…表現

［10の姿（幼児期の終わりまでに育ってほしい姿）］
健…健康な心と体　自…自立心　協…協同性
道…道徳性・規範意識の芽生え　社…社会生活との関わり
思…思考力の芽生え　然…自然との関わり・生命尊重
数…数量や図形、標識や文字などへの関心・感覚
言…言葉による伝え合い　感…豊かな感性と表現

前月末の子どもの姿

- 運動会を楽しみにし、友だちと声をかけ合ってダンスを練習する姿が見られた。
- 高齢者から教えてもらった遊びを繰り返し行い、招待した日のことを思い出して話していた。

養護のねらい
- 自分から友だちや年少児に優しくする気持ちをもてるよう見守っていく。
- 規則正しい生活を送れるように声をかけ、見通しをもって活動できるようにしていく。

健康・安全への配慮

- 運動会の日に全員が楽しんで参加できるよう、子どもたちが体調を崩さないように留意する。
- 運動をして汗をかいたあと、適切に着替えをするように声をかける。

ねらい
- ✚運動会に参加して達成感を味わう。健
- ▲収穫の楽しみを経験する。然
- ✚健康に過ごせるよう、身のまわりのことに注意をはらう。健

内容

- ✚練習したダンスを披露することで達成感を味わい、次への自信につなげていく。健
- ▲皆で協力していもをほり、収穫することの楽しさを味わう。然協
- ✚うがいや手洗い、歯みがきなどを自分から行う。健

環境構成
- リハーサルを十分行い、当日に備える。
- 子どもたち自身がほることを経験できるよう、農家さんにはいもが育っても畑をそのままにしておいてもらう。いもを入れる袋を用意する。
- 手洗いの方法を伝える保育者手描きのポスターを洗面所に掲示しておく。

保育者との関わりと配慮事項
- 運動会が終わったあと、一人ひとりをねぎらい、自信をもって行動することにつながるように関わる。
- たくさん収穫できたことを一緒に喜び、園でどんな料理をつくってもらうか相談する。
- うがいや手洗いの正しいやり方を皆で確かめ、健康な体を意識していけるように配慮する。

職員との連携

- 運動会のプログラムが適切であったか、無理がなかったかなど、改善点を共有しておく。
- 年明けの小学校との交流会に向けての段取りを相談し始める。

家庭・地域との連携

- インフルエンザの流行に備えて、保護者にも予防接種に協力してもらうようお知らせを配布する。
- いもほりについて、地元の農家さんに協力をお願いする。

食育

- 収穫したいもを調理してもらい、ほかにどのような料理があるか考えてみる。
- 食事が皆に配膳できているか、当番の子どもが自分たちで確認する。

11月 月案・めろんぐみ 保育所

CD-ROM → 5歳児_月案
→ p118-p123_11月の月案（めろんぐみ）

11月　めろんぐみ　月案
担任：A先生

今月の保育のポイント

少しずつ寒さが厳しくなってきて、インフルエンザなどの感染症が流行し始めます。子どもたちの様子を観察し、ふだんと様子が異なるときには、変化に注意しましょう。予防接種を受けることを保護者にすすめていくことも必要です。保育者も自分が感染源にならないよう予防していきましょう。

前月末の子どもの姿
- ハロウィンの体験を、保護者に伝える姿が見られた。
- 運動会のあと疲れを出して休む子どもが見られたが、月末には皆元気に登園していた。

	ねらい	内容
[5領域] 健康✚ 人間関係♥ 環境🍁 言葉● 表現♪	✚かぜをひかないように気をつけ、元気に過ごす。健 ♥友だちと共通のイメージをもって、楽しく遊ぶ。協 🍁秋の自然を感じながら散歩を楽しむ。然 ●興味をもったことについて存分に調べ、他の人に伝える達成感を味わう。言思 ♪友だちと表現して遊ぶことを楽しむ。感	✚手洗いやうがいの必要性がわかり、寒い季節を元気に過ごす。健自 ♥●友だち同士で考えや力を出し合ったり、競い合ったりして遊びをすすめる楽しさを味わう。遊言 🍁どんぐりなど秋の自然物を探し、園での表現活動に生かす。然感 ●興味をもった1つのテーマについて、皆で調べたり考えたりしたことを発表し合う。言思 ♪劇遊びをとおしてさまざまな表現方法を経験し、保護者に見せて充実感を味わう。社感

職員との連携
- 保育参観のあと、保護者からの質問に対応できる態勢を検討しておく。
- 職員間でも感染症予防のルールを決め、守る。

家庭・地域との連携
- インフルエンザの予防接種の時期であることを園だよりでお知らせし、啓発活動を行う。
- 自宅を出るときに異常があった場合には、登園時に必ず伝えること、医師の診察を受けてから登園することなどを保護者にお願いする。

［10の姿（幼児期の終わりまでに育ってほしい姿）］
健…健康な心と体　自…自立心　協…協同性　道…道徳性・規範意識の芽生え　社…社会生活との関わり　思…思考力の芽生え
自然…自然との関わり・生命尊重　数…数量や図形、標識や文字などへの関心・感覚　言…言葉による伝え合い　感…豊かな感性と表現

養護のねらい

- 約束の大切さを理解し、自分から守ろうとする姿勢を認める。
- 基本的生活習慣を確立し、生活リズムを整えることの大切さをわかりやすく伝える。

健康・安全への配慮

- 急に寒くなる日は、自分で上着を着られるように声かけする。
- 避難訓練の際に、静かに移動できるようにする。
- 感染症予防のため、ていねいな手洗い、うがいを習慣にする。

行事

- 身体測定
- 誕生会
- 避難訓練
- 保育参観

11月　月案・保育所・めろんぐみ

環境構成	保育者の関わりと配慮事項
●正しい手の洗い方、うがいの方法が実践できるよう、洗面所にポスターを掲示する。 ●それぞれの遊びの場や、思いを伝え合う時間を保証していく。 ●事前にどんぐりなどをみつけやすい場所を下見しておく。 ●ホワイトボードを用意し、皆の意見を保育者が書き出していく。 ●役割を決め、大道具、小道具で何をつくるかを子どもたちで考える時間をつくる。 ●保育参観で、保護者の前で発表する機会をつくる。	●ていねいな手洗い、うがいが習慣になるように日々伝え、接していく。 ●意見の食い違いによってけんかになることもあるが、両方の話を聞いてそれぞれを受け入れ、どうすればよいのかを一緒に考える。 ●子どもたちが見せに来たときには、それが何かを図鑑などで調べ、知ることの楽しさも味わえるようにする。 ●調べ方について、絵本や図鑑だけでなく、人に聞く、園にあるタブレットで調べるなどいろいろな方法があることを伝える。 ●子どもたちが相談しながら自分たちの劇をつくる姿を認めて励ます。

食育

- 赤、黄、緑群の栄養の話を聞いて、食べ物と体の関係に興味をもつ。
- しっかりと活動し、おなかがすいた状態で食事を食べられるようになる。

反省・評価のポイント

- 保育参観のあと、保護者の質問や相談に適切に対応できたか。
- 正しい手洗い、うがいの習慣づけができたか。

11月 月案・すいかぐみ 保育所

CD-ROM → 5歳児_月案
→ p118-p123_11月の月案（すいかぐみ）

11月　すいかぐみ　月案

担任：B先生

今月の保育のポイント

感染症が流行し始める季節です。子ども、保護者、保育者などすべての人が感染源とならないよう予防していくことが必要です。手洗い、うがい、マスクの着用などを徹底していきましょう。

前月末の子どもの姿

- 運動会を経験し、クラスにより一体感が感じられるようになった。
- 遊びの前にルールや分担について確認する姿が見られた。

	ねらい	内容
[5領域] 健康＋ 人間関係♥ 環境▲ 言葉● 表現♪	＋手洗いとうがいの意味を理解し、清潔を心がける。健 ♥自分の役割を果たし、皆で協力する。協 ▲交通ルールを守って散歩に行く。道 数 ▲遊びのなかで数に興味をもつ。数 ♪皆で音を合わせることを楽しむ。感	＋外から帰ってきたときや、食事の前などに、うがい、手洗いを自分から行う。健 ♥友だちと声をかけ合いながら生活当番の仕事をする。協 ▲交通ルールや標識に関心をもち、安全に歩道を歩いて散歩する。道 数 ▲遊ぶ前と遊び終わったあとに積み木の数を数え、なくなっていないか確認する。数 ♪「クシコスの郵便馬車」などを皆で合奏し、達成感を味わう。感

職員との連携

- 保育参観の日に質問や相談をしたい保護者には事前に申し出てもらい、時間をとるように職員間で申し合わせておく。
- 職員もインフルエンザの予防接種を受ける。

家庭・地域との連携

- 保護者に対し、今年のインフルエンザの特徴や傾向などを知らせる。
- 家庭でも、保護者と子どもが一緒に手洗い、うがいを行うよう伝える。

[10の姿（幼児期の終わりまでに育ってほしい姿）]
健…健康な心と体　自…自立心　協…協同性　道…道徳性・規範意識の芽生え　社…社会生活との関わり　思…思考力の芽生え
然…自然との関わり・生命尊重　数…数量や図形、標識や文字などへの関心・感覚　言…言葉による伝え合い　感…豊かな感性と表現

養護のねらい

- 運動会をやり遂げた喜びが次へつながるよう、クラス全体で一つのことをする活動を設定する。
- 感染症予防の方法をわかりやすく伝え、自発的に取り組めるようにする。

健康・安全への配慮

- インフルエンザの予防接種について保護者に周知をはかる。
- 就学前の健康診断があることを子どもたちに知らせる。
- 園内を点検し、不審者の侵入路になる可能性のある場所がないか確認して対策を行う。

行事

- 身体測定
- 誕生会
- 避難訓練
- 保育参観

11月　月案・保育所・すいかぐみ

環境構成	保育者の関わりと配慮事項
●手洗い場を整理整頓し、気持ちよく使えるようにしておく。	●なかなか洗おうとしない子どもには、「手はきれいかな？」と問いかけ、手洗いに関心が向くようにする。
●何曜日が自分の当番なのかわかるよう、当番のグループを色で分けて、わかりやすく表示する。	●友だちと協力し合って当番の仕事をしている姿を認め、励ます。
●歩道を歩くとき、どこを歩くのか、信号や標識を守るなど基本的なルールを日ごろから伝える。 ●目的地までの地図を出発前に見て、横断歩道の場所や危ない場所を皆で確認する。	●散歩から帰ってきたときに、交通ルールを守れたか問いかけ、子どもたちが意識していくようにする。 ●散歩のときに子どもたちが気づいたことをクラスの皆に紹介し、共有する。
●数えやすいような数の積み木を用意するなど、数に親しんでいけるように玩具を準備する。	●最初は一緒に数えるなどして子どもたちが自分で数えていく意欲をもてるようにする。
●すず、シンバル、グロッケンなどの楽器を用意しておき、好きな楽器の演奏を楽しめるようにする。	●気持ちを合わせて表現する姿を認め、満足感や達成感を味わえるようにする。

食育

- なぜおやつを食べるのか、栄養士から話を聞いて知る。
- 料理の名前と使われている食材を知る。

反省・評価のポイント

- 生活当番を協力してやろうとする姿を認め、自信がもてるような言葉がけができたか。
- 生活や遊びのなかで、このクラスの一員であることの喜びが感じられるような活動を設定できたか。

11月 月案・しろくまぐみ

幼稚園・認定こども園

◎ CD-ROM → 📁 5歳児_月案
→ 📁 p118-p123_11月の月案（しろくまぐみ）

11月　しろくまぐみ　月案

担任：C先生

今月の保育のポイント

冬に向かって朝晩と日中で気温が変動する時期です。かぜをひいて発表会に出られなくなったりすると残念ですね。外遊びでたくさん体を動かして、バランスよくごはんを食べることや、うがい・手洗いの大切さを伝えていきましょう。

前月末の子どもの姿

- 運動会のあと、リレーごっこやなわとびを楽しんでいた。疲れから体調を崩して休む子もいた。
- どんぐりを拾って製作遊びを楽しむ子どももいた。

	第1週	第2週
ねらい	♣✚♥友だちと共通のイメージをもって遊びをすすめるなかで、それぞれが必要なものを考え、工夫して遊ぶ。健協思 ♪発表会（合奏、劇）に向けて自分の思いを伝えたり、友だちと協力したりして力を発揮する。感言	♥■友だちの考えを受け入れながら、遊ぶことを楽しむ。協言 ♪友だちと合奏の内容を考え、皆で発表会をつくっていくことを楽しむ。感
内容	✚♥今までの経験を生かして材料や用具を選び、友だちとイメージを実現する楽しさを味わう。健協思 ♪発表会に向けた活動のなかで友だちと共通の目的に向けて相談したり、役割を分担したりする。感言	♥■自分の考えを相手にわかるように話し、友だちの考えを受け入れながら遊ぶことでよりおもしろくなることを実感する。協言 ♪発表会で合奏する曲や、楽器分担を皆で考える。感
環境構成	●遊びに必要なものを自分たちで選べるよう、また、イメージに合ったものを提示できるよう材料、用具、素材を用意しておく。 ●グループや役割決めでは一人ひとりが自分の意見を伝える機会をもつ。	●友だちと遊びをすすめる楽しさが味わえるよう、それぞれの思いを伝え合う時間を確保する。 ●ウッドブロック、すず、木琴、大太鼓、小太鼓や楽譜の準備をし、遊びのなかで使えるようにしておく。
保育者の援助	●一人ひとりが考えを出し合い、工夫したり協力したりしている姿を認め、励ましていく。 ●一人ひとり気持ちや考えを表現できるよう見守ったり、促したりする。	●自分たちで遊びをすすめていく楽しさに共感する。 ●子どもたちと相談して決めたことを見てわかる楽譜に起こし、遊びのなかでも楽しめるようにしておく。

職員との連携

- 12月の発表会に向けて、ホールの使用時間を調整する。
- 感染症の症状が見られたときの対処法を確認し合い、連携をとれるようにしておく。

家庭・地域との連携

- 発表会に向けてがんばっている姿を共有する。
- 手洗い・うがいが感染症やかぜ予防に効果的なことを知らせ、家庭でも行うようにお願いする。

[5領域] ✝…健康 ♥…人間関係 ▲…環境 ●…言葉 ♪…表現

[10の姿（幼児期の終わりまでに育ってほしい姿）]
健…健康な心と体　自…自立心　協…協同性　道…道徳性・規範意識の芽生え　社…社会生活との関わり　思…思考力の芽生え
然…自然との関わり・生命尊重　数…数量や図形、標識や文字などへの関心・感覚　言…言葉による伝え合い　感…豊かな感性と表現

🎯 月のねらい

- ♥ 友だちと考えや力を出し合って遊びをすすめる楽しさを味わう。 協 思
- ♥●♪ 発表会に向けて自分の考えやイメージを出し合い、皆でつくりあげる充実感や達成感を味わう。 協 思 数 言 感
- ✝ 生活に必要なことに気づき、見通しをもってすすめていこうとする。 自

🎂 行事

- 避難訓練
- 安全指導
- 誕生会

11月　月案・幼稚園・認定こども園

第3週	第4週
♥♪ 友だちと共通の目的に向けて相談したり、表現活動に楽しく取り組んだりする。 協 言 感 ✝▲ 冬に向けて生活に必要なことを知り、自分からすすんで取り組む。 自 健 然	✝♥ 友だちと力を合わせたり、競い合ったりすることを楽しみ、繰り返し遊ぶ。 健 協 ▲ 春に向けて花の球根を植え、植物の生長に期待をもつ。 然
♥♪ 発表会に向けて劇の題材を話し合って決めたり、配役やセリフを自分たちで考えたりする。 協 言 感 ✝▲ 冬に多い感染症や病気の予防法を知り、うがい・手洗いなどを自分からていねいに行う。 健 然	♥ 友だちと共通のイメージをもって考えや力を出し合ったり、競い合ったりしながら遊びこむ。 健 協 ▲ 園庭にチューリップなどの球根を植えたり、ヒヤシンス、クロッカスの水栽培をしたりして、生長を楽しみにする。 然 思
● 見通しがもてるよう、発表会までの日程を掲示しておく。 ● 自然のしくみがわかるような絵本『どんぐりかいぎ』などや図鑑を用意する。	● 自分たちで仲間を集めて遊ぶことができるよう、場所を確保したり用具を準備したりする。 ●「自分（たち）の球根」という意識をもち、大切に世話ができるよう植えた場所に目印の板などを立てておく。
● 子どもたち一人ひとりが自分の考えを出して話し合って決めるよう、保育者は話を整理したり、友だちの思いに気づかせたりする。 ● 手洗い・うがいを忘れる子もいるので、戸外から戻ってきたら確認の声をかける。	● 発表会に向けた活動だけでなく、好きな遊びが思いきりできるよう配慮する。 ● 散歩などで実際の雲や動植物を見ながら、自然物への探究心がわくように声をかける。

🍴 食育

- いろいろな食べ物をバランスよく食べ、かぜをひかない体をつくる。
- 絵本『やさいのおなか』を読み、いろいろな野菜の断面を知って野菜に興味をもつ。

✅ 反省・評価のポイント

- 発表会に向けた活動では、一人ひとりの表現を引き出し、認めるような言葉がけができたか。
- 冬季にうがい・手洗いがなぜ大事なのか、子どもたちが理解できるような説明ができたか。

11月 週案・めろんぐみ 保育所

CD-ROM → 5歳児_週案→p124-p125_11月の週案

保育参観

11月　めろんぐみ　週案
担任：A先生

 予想される子どもの姿
- 運動会のあと自信をもった子どもが多く、いろいろな活動に積極的に取り組むようになった。
- 自分からうがいや手洗いをする様子が見られた。

	11月○日（月）	11月○日（火）	11月○日（水）	
活動予定	散歩（近くの公園）	室内遊び（自然物を調べる）	室内遊び（保育参観に向けて）	
		月曜日に公園で自然物を拾い、火曜日はグループに分かれてそれらを調べます。	金曜日の保育参観に向けた活動を行います。	
内容	♣どんぐりや落ち葉を拾い、集めて楽しむ。㊝ ♣公園までの地図を見て、横断歩道の位置などを意識しながら散歩する。㊙�道	♪前日拾ったどんぐりや落ち葉について、グループに分かれて気づいたことを発表する。㊝㊀㊋ ♥友だちと調べる活動をとおして、協力して力を発揮する楽しさを味わう。㊋	♪保育参観のために、遠足の絵を自分たちで飾ってみる。㊙㊳ ♪保育参観で歌う「紅葉（もみじ）」を皆で歌うことを楽しむ。㊙	
環境構成	●集めた自然物を入れる袋や、気になったことを調べるためのポケット図鑑を用意しておく。	●グループの友だち同士で相談する時間を設ける。 ●調べるための教材（図鑑や絵本など）、用具（はかりなど）を用意しておく。	●踏み台を用意して保育者が見守るなかで、手の届くところに絵を貼る。 ●皆で歌うことが楽しいと感じられるよう、自由に歌う。	
保育者の配慮	●拾ってきたどんぐりは調べものや製作物に使えるよう、煮沸消毒しておく。 ●自然に興味がもてるよう、調べたり気づいたりしたことをクラスの皆に紹介する。	●一人ひとりが考えを言えるように、保育者が見守ったり、促したりして意見を調整していく。	●踏み台に乗るときには足元に十分注意することを伝え、目を離さないようにする。	

[5領域] ✚…健康 ♥…人間関係 🌲…環境 🔴…言葉 ♪…表現

[10の姿（幼児期の終わりまでに育ってほしい姿）]
健…健康な心と体　自…自立心　協…協同性　道…道徳性・規範意識の芽生え　社…社会生活との関わり　思…思考力の芽生え
然…自然との関わり・生命尊重　数…数量や図形、標識や文字などへの関心・感覚　言…言葉による伝え合い　感…豊かな感性と表現

🎯 ねらい

- ✚ 保護者に日ごろの活動を見てもらい、喜ぶ。健
- 🌲✚ 秋から冬へ移りかわる自然を感じながら、外で元気に遊ぶ。健然
- 🌲🔴 遊びや活動のなかで数や量に関心をもつ。然言

☑ 振り返り

保育参観では、ほとんどの子どもが緊張せずに、ふだん通りの姿を見せることができた。これからも子どもたちが自信をつけられるように、クラス全体での活動を増やしていきたい。

11月　週案・保育所・めろんぐみ

11月○日（木）	11月○日（金）	11月○日（土）
園庭遊び（かけっこや鬼ごっこなど） これから寒くなるので、天気のよい日は園庭で思いきり体を動かしましょう。	保育参観	異年齢保育
✚かけっこや鬼ごっこをして、体を十分に動かす。健	♥保護者にこれまで準備してきたことを発表し、達成感を味わう。自社 🔴保護者に自分の絵を説明し、伝わる喜びを感じる。言感	♪段ボールの家づくりを楽しむ。感 ♪段ボールの家に色を塗って、イメージしたものに見立てて遊ぶ。感思
●外の空気にふれ、健康な体をつくっていけるように運動の機会を増やす。	●保育参観の時間を楽しめるような雰囲気づくりをする。 ●ふだん通りの様子が見てもらえるよう、スケジュールを組む。	●段ボールやテープ、クレヨン、絵の具など材料を十分に用意する。 ●年齢ごとに扱いやすい材料を使って色を塗れるように声かけをする。
●保育者も一緒に遊び、体をのびのびと動かす楽しさに共感する。	●子どもが緊張しないように、保育者がクラスの雰囲気を和らげる。 ●保護者に成長の様子を説明し、質問があれば答える時間をとる。	●子どもたちが協力して家をつくれるように、声かけをしたり、コツを教えたりする。 ●絵の具で汚れることがあるため、着替えの服を用意してもらう。

11月の遊びと環境

その①新聞びりびり競争

用意するもの 新聞紙

環境のポイント
チームで活動する楽しさが味わえるよう2人組に分かれるようにします。チーム決めは子どもたちでできるよう見守りましょう。

制限時間を決めて、手で新聞をできるだけ小さく破ります。終わったらそれぞれ紙切れの数を数え、多かったチームが勝ちです。

活動の内容
- 数に興味をもつ。
- 競争を楽しみながら工夫する。

よーいドン！
いーち
にー
さーん

チームで相談……

どうすれば新聞を小さくちぎれるか、チームでやり方を相談します。

折って破ろう！

厚すぎると破りにくい……

その②どんぐりの国

用意するもの どんぐり、細い油性ペン、模造紙、色紙、ハサミ、のりなど

どんぐりに顔を描きます。模造紙に皆で絵を描き、どんぐりの暮らす町をつくります。

プラスワン・アイデア

お菓子の空き箱などを利用して、立体のビルや、公園にすべり台などをつくってみましょう。

活動の内容
- 秋の自然物に親しむ。
- 友だちとイメージを共有して遊ぶ。

11月の文例集

● CD-ROM → ■ 5歳児_季節の文例集→ p127_11月の文例集

【 5領域 】✚…健康 ♥…人間関係 ▲…環境 ●…言葉 ♪…表現
【 10の姿（幼児期の終わりまでに育ってほしい姿）】
㉕…健康な心と体　㉔…自立心　㉖…協同性
㉗…道徳性・規範意識の芽生え　㉚…社会生活との関わり
㉒…思考力の芽生え　㉙…自然との関わり・生命尊重
㉜…数量や図形、標識や文字などへの関心・感覚
㉘…言葉による伝え合い　㉓…豊かな感性と表現

前月末の子どもの姿

● 運動会が終わったあと、自信をもって活動に取り組むようになった。
● クラス全体で協力して取り組むことを理解し、みんなで声をかけ合うことが多くなった。

養護のねらい
● 就学を意識して、生活リズムを整えていくようにする。
● 子どもたちが安心して興味や関心を広げていけるように、常に近くで見守りながら支援する。

健康・安全への配慮

● かぜを予防するために、しっかりと体を動かし、丈夫な体づくりができるよう声をかける。
● 避難訓練の際に、走ったり、押し合ったりしないようにする。

ねらい
▲ マナーを守りながら、乗り物に乗ることを経験する。㉚㉗
♥ 友だちと一緒に目標に向かって行動し、お互いに助け合う。㉖㉔
♪ 季節を感じながら、製作することを楽しむ。㉓

内容
▲ 遠足の際に電車を利用し、マナーを守って乗ることを理解する。㉚㉗
♥ グループ活動で、友だち同士で手助けし合い、皆で目標を達成できるようにする。㉖㉔
♪ 一人ひとり秋についてイメージし、絵に描いて表現することを楽しむ。㉓

環境構成
● 電車の中で走ったり大きな声を出したりしないなどのマナーを事前に伝えておく。
● 適切な言葉がけによって、子どもたちが互いに助け合うことの気持ちよさを感じるようにする。
● 秋を感じられる場所を探しておき、そこに散歩に行ってから絵を描くようにする。

保育者との関わりと配慮事項
● 電車に乗っている人たちの迷惑にならないようにするにはどうすればよいか、考える時間をつくる。
● 目標を達成するためには皆の協力が必要なことを伝え、目標が達成できたらしっかりほめる。
● 子どもたちのイメージを大切にし、その感覚を尊重する。

職員との連携

● 担当職員で相談しながら、就学に向けた心構えなどを保護者に伝えるためのパンフレットを作成する。
● インフルエンザ予防接種の状況を確認する。

家庭・地域との連携

● 子どもたちの心の成長の様子や、就学に向けて大きく変化していることを保護者に伝える。
● 家庭でも子ども自身ができることは行うようにしてもらい、園での生活との差を減らす配慮をお願いする。

食育

● つくってくれた人に感謝して食べる。
● クッキング活動を経験し、包丁の安全な使い方を理解する。

12月 月案・めろんぐみ　保育所

◎ CD-ROM → 📁 5歳児_月案
→ 📁 p128-p133_12月の月案（めろんぐみ）

12月　めろんぐみ　月案
担任：A先生

今月の保育のポイント
寒さのなかでも外遊びを取り入れて、しっかりとした体づくりを行っていきましょう。体調管理には十分に注意をはらい、職員間や保護者との情報共有をはかっていくことが大切です。生活リズムも崩れやすい時期ですが、ふだん通りの生活が送れるよう工夫していきましょう。

前月末の子どもの姿
- インフルエンザで休む子どもが少しずつ増えてきた。
- 保育参観時に、張りきって自分の姿を保護者に見せようとしていた。

【5領域】
健康 ✚
人間関係 ♥
環境 ▲
言葉 ●
表現 ♪

ねらい	内容
✚寒さに負けず、戸外で体を動かし元気に遊ぶ。健	✚寒い日でも戸外に出て、これまで取り組んできた遊びを友だちと繰り返し楽しむ。健
♥目的に向かってクラスの友だちと協力して遊ぶ。道協	♥ルールのある遊びのなかで、友だちと力を合わせたり競い合ったりすることを楽しむ。道協
♪友だちと協力し、試行錯誤しながら共同製作をつくり上げる。感協	♪皆で協力してクリスマスツリーをつくり、飾りつける。感
✚ダイナミックな運動を楽しみ、新しい動きに挑戦する。健自	✚マットや巧技台を使って、新しい運動に挑戦してみる。健自
▲年末年始の行事に興味をもつ。社	▲1年の終わりを意識しながら、皆で協力して大掃除を行う。社

職員との連携
- クリスマス会の献立について検討し、アレルギーのある子どものメニューにも配慮する。
- インフルエンザにかかっている子どもの人数や症状などを職員全体で把握する。

家庭・地域との連携
- 年末からお正月にかけての家庭での過ごし方の注意点を園だよりで知らせる。
- インフルエンザの流行期には、登園時などを利用してこまめに園全体の状況を知らせる。

【10の姿（幼児期の終わりまでに育ってほしい姿）】
健…健康な心と体　自…自立心　協…協同性　道…道徳性・規範意識の芽生え　社…社会生活との関わり　思…思考力の芽生え
然…自然との関わり・生命尊重　数…数量や図形、標識や文字などへの関心・感覚　言…言葉による伝え合い　感…豊かな感性と表現

12月 月案・保育所・めろんぐみ

養護のねらい
- 寒さに負けず、外に出て体を動かして遊べるような活動を設定する。
- 就学に向け、一人ひとりの成長した部分を認め、自信をつけていく。

健康・安全への配慮
- 前月に続き、手洗い、うがいをしっかりと行う。
- ポケットに手を入れると転倒したときに危険であることを伝えていく。
- 咳が出るときにはマスクをつけることを伝える。

行事
- 身体測定
- 誕生会
- 避難訓練
- クリスマス会

環境構成	保育者の関わりと配慮事項
行事のための活動が多くなるなかでも、好きな遊びを戸外で友だちと楽しめるよう時間をとる。	厚着にしすぎて動きづらい子がいたら、気がつくよう言葉がけする。
皆で決めたルールを紙にまとめ、壁面に掲示する。	子どもたちだけでルールや遊び方を決められるよう見守り、必要に応じて助言を行う。
段ボールなどを用意し、皆で大きなクリスマスツリー製作に挑戦できるように準備する。	自分たちで考える楽しさややり遂げた満足感を味わえるように見守る。
巧技台を少し難しいセットで組み立て、挑戦したくなるようにする。	一人ひとりのできることを見極め、個々に合わせた新しい運動を提案する。
バケツやぞうきん、ほうきやちりとりを用意しておき、子どもたちが掃除できるようにする。	新しい年を気持ちよく迎えるために掃除をするということを子どもたちにわかりやすく伝える。

食育
- クリスマスの献立を皆で楽しむ。
- 食事を楽しむとともに、マナーを守って食べられるようになる。

反省・評価のポイント
- 友だちを思いやりながら、協力して遊んだり、工夫したりできるような雰囲気づくりはできたか。
- 寒さに負けず、体をしっかりと動かす遊びを楽しむ時間を設定することはできたか。

12月 月案・すいかぐみ　保育所

◎ CD-ROM → 📁 5歳児_月案
→ 📁 p128-p133_12月の月案（すいかぐみ）

12月　すいかぐみ　月案
担任：B先生

今月の保育のポイント

外で元気に活動する子どもがいる一方で、出たがらない子どももいます。声かけを行って外遊びに誘いましょう。また、お正月に向けて保護者も落ち着かない時期です。子どもが安定した気持ちで過ごせるよう配慮していきましょう。

前月末の子どもの姿

- 合奏では、最後まで演奏できたことに達成感を感じ、自信を深めていた様子だった。
- 保育参観のときに、最初は恥ずかしそうにしていたが、親子参加のゲームをしているうちにいつも通り楽しむ姿が見られた。

	ねらい	内容
【5領域】 健康 ✚ 人間関係 ♥ 環境 ▲ 言葉 ● 表現 ♪	✚自分の体の状態を知りながら活動する。（健）	✚いつもと違う、熱っぽいなど、日ごろの自分の体と異なるときは保育者に知らせるようになる。（健）
	♥●友だちと共通のイメージをもち、考えを出し合って遊ぶ。（協）（言）	♥●友だちと話し合い、お互いに気持ちを受け止めてもらう心地よさを感じながら遊ぶ。（協）（言）
	●自分の思っていることを文字で表そうとする。（言）（数）	●郵便ごっこをとおして伝えたいことを言葉で書くことを楽しむ。（言）（数）
	♪クリスマスを楽しみにし、サンタさんへ思いを伝えようとする。（感）	♪毎年プレゼントをくれるサンタさんへのお礼のメダルを製作し、手紙と一緒にサンタさんへ送る。（感）
	▲新年を迎えるときの風習の意味を知る。（社）	▲お正月の由来や意味を絵本で知り、かがみもちや門松などの正月飾りを製作する。（社）

職員との連携

- お正月明けのもちつきの段取りを相談しておく。
- 感染症が見られたときの対応方法について職員同士で確認しておく。

家庭・地域との連携

- 休み中に生活のリズムが崩れないよう、保護者に協力してもらう。
- 来月からの小学校交流について、園だよりで伝える。

[10の姿（幼児期の終わりまでに育ってほしい姿）]
健…健康な心と体　自…自立心　協…協同性　道…道徳性・規範意識の芽生え　社…社会生活との関わり　思…思考力の芽生え
然…自然との関わり・生命尊重　数…数量や図形、標識や文字などへの関心・感覚　言…言葉による伝え合い　感…豊かな感性と表現

12月　月案・保育所・すいかぐみ

養護のねらい
- 丈夫な体をつくるため、外で体が温まる運動遊びを楽しめるようにする。
- 友だちと共通の目標をもって活動する姿を認め、就学に向けて自信がもてるようにする。

健康・安全への配慮
- 職員も含めて、手洗い、うがいをこまめに行う。
- 動きやすい服装で体を動かすよう声かけする。
- 体調が悪そうな子どもがいたら、様子を観察し、適切な対応を行う。

行事
- 身体測定
- 誕生会
- 避難訓練
- クリスマス会

環境構成	保育者の関わりと配慮事項
・どんなふうな症状が出たらかぜなのかを皆で確認し合う機会をつくる。	・異常を自分で感じられない子どももいるので、目配りは十分に行う。
・子どもたちの思いを形にできるよう玩具や用具を整えておく。	・共通のイメージをもって遊びこめるよう、思いを伝え合う姿を認める。
・郵便ポストを段ボールでつくっておき、子どもたちが手紙を出せるようにする。	・遊びながら文字に親しみがもてるようにし、伝えたい気持ちや書こうとする意欲を認めて励ます。
・クリスマス会でサンタさんからのお返事を全員に渡せるよう準備しておく。	・一人ひとりの工夫している点を見逃さず認め、達成感が味わえるようにする。
・製作したかがみもちや門松は家の正月飾りにできるよう持ち帰り、自宅に飾ってもらう。	・絵本や紙芝居なども用意してお正月の意味を伝え、体験できるように保護者にも協力をお願いする。

食育
- 冬至の日に、カボチャを使った料理を味わう。
- 食事は最後まで座ってきちんと食べることを身につける。

反省・評価のポイント
- 生活や遊びのなかで、年末年始の行事を楽しみにして期待する気持ちを養うことができたか。
- 体調の変化に自分で気づくことができ、保育者に伝えられるような配慮はできたか。

12月 月案・しろくまぐみ

幼稚園・認定こども園

◉ CD-ROM → 5歳児_月案
→ p128-p133_12月の月案（しろくまぐみ）

12月　しろくまぐみ　月案
担任：C先生

今月の保育のポイント

風が少しずつ冷たくなり、寒さも本番に向かうころです。発表会やクリスマス会用の製作など室内での活動が多くなりがちなので、天気のよい日には外へ出てたくさん体を動かしましょう。お正月を前に、発表会で自信をもって行動する姿には、1年間の成長が見られます。

前月末の子どもの姿

- 発表会に向けた活動では、協力して取り組む姿が見られた。
- 外へ出たがらない子も、新しいルールのゲームを友だちに誘われて遊び始めると、夢中になっていた。

	第1週	第2週	
ねらい	✚▲寒さに負けず、戸外で遊び、冬の自然を感じる。健然感 ♥♪発表会に向けて自分の役割を意識したり友だちと協力したりする。協感	♪自分の思いを形にしたり、工夫したりして表現し、遊びに取り入れて友だちと楽しむ。感思 ♥♪皆の前でのびのびと表現し、友だちと達成感を味わう。協感	
内容	✚▲園庭で体を動かして遊んだり、公園で落ち葉の山で遊んだりする。健然感 ♥♪友だちとイメージをもち、気持ちを合わせて、合奏や劇などの表現をすることを楽しむ。協感	♪自分の思いや感じたことをさまざまな方法で表現して遊ぶ。感思 ♥♪発表会の準備から本番までの活動をとおしてクラスの皆で協力して人前で表現する楽しさを味わう。協感	
環境構成	●寒さで体が動きにくく、けがをしやすくなるので、徐々に活動が活発になるよう、配慮する。 ●ホールの使用時間を他クラスの担任と調整しておく。	●思いを形にできるよう、クリスマスシーズンならではの素材や参考になる絵本や写真を準備しておく。 ●当日までの予定を子どもたちと確認し、見通しをもって取り組めるようにする。	
保育者の援助	●保育者も落ち葉に寝転がり、季節の変化を一緒に楽しむようにする。 ●発表会に向けて協力して取り組む一人ひとりの姿を認め、励ます。	●それぞれの工夫や自分の思いを形にして表現する楽しさに共感する。 ●一人ひとりががんばった部分を認め、やり遂げた満足感が味わえるようにする。	

職員との連携

- 発表会では他クラスの保育者とも連携をとり、時間の配分など共通理解をはかる。
- お楽しみ会では子どもが期待するような演出（サンタクロースが登場）を考え、衣装や小道具などの準備をしておく。

家庭・地域との連携

- 子どもたちが年長という意識で行事に取り組んでいることを保護者に伝え、ともに成長を喜び合う。
- 冬休みのしおりや園だよりをとおして、冬休みの過ごし方と来月のもちつき行事について知らせる。
- 保護者にも手洗い・うがいをお願いする。

【5領域】 ✚…健康　♥…人間関係　🌲…環境　●…言葉　♪…表現
【10の姿（幼児期の終わりまでに育ってほしい姿）】
健…健康な心と体　自…自立心　協…協同性　道…道徳性・規範意識の芽生え　社…社会生活との関わり　思…思考力の芽生え
然…自然との関わり・生命尊重　数…数量や図形、標識や文字などへの関心・感覚　言…言葉による伝え合い　感…豊かな感性と表現

🎯 月のねらい

- 🌲●♪ 発表会に向けて、友だちと話し合いながら劇や合奏をつくり上げていく。協感思数言感
- ♥🌲 年少・年中児と関わりながら、お楽しみ会を楽しむ。感
- 🌲 大掃除で園をきれいにする喜びを感じる。道

🎂 行事

- 発表会
- お楽しみ会
- 大掃除　終業式
- 保護者会
- 避難訓練
- 安全指導

12月　月案・幼稚園・認定こども園

第3週	第4週
✚♥🌲 友だちとやりたい遊びをたっぷりと楽しむ。健言感 ✚🌲 冬休みに向けて、園内をすすんで片づけようとする。健自道社	冬休み（幼稚園）
✚♥🌲 冬休みが来ることがわかり、今までしてきたさまざまな遊びを楽しむ。健言感 ✚🌲 自分のものだけなく皆で使った遊具やいす、机などに感謝しながら大掃除を行う。健自道社	
● 友だちとじっくり遊びこめるよう場、時間を確保する。 ● バケツやぞうきんの収納場所がわかるようにしておき、全員で大掃除する時間帯を設定する。	
● 掃除が終わったきれいさをともに味わい、満足感がもてるようにする。	

🍴 食育

- クリスマスやお正月の行事食の由来について、絵本などをとおして知る。

☑ 反省・評価のポイント

- 発表会に向けた活動で友だちと意見がぶつかったとき、子ども同士で解決できるように関わることができたか。
- 年末ならではの雰囲気を感じながら、さまざまな行事を楽しめるように援助できたか。
- 年長児の自覚をもてるような声かけができたか。

12月 週案・すいかぐみ　保育所

CD-ROM → 5歳児_週案→p134-p135_12月の週案

クリスマス会

12月　すいかぐみ　週案
担任：B先生

 予想される子どもの姿
- 1日のなかでやるべきことがわかり、すすんでする姿が見られる。
- 友だちとのつながりが強くなり、仲間同士で励まし合ったり、工夫したりして遊ぶ姿が見られる。

	12月○日（月）	12月○日（火）	12月○日（水）	
活動予定	室内遊び（クリスマスの製作）　この週は金曜日にクリスマス会があるので、それを盛り上げるための活動を取り入れます。	散歩（××公園）　寒くても天気のよい日は戸外での活動を取り入れましょう。	園庭遊び	
内容	♪クリスマスの飾りを製作し、飾りつける。感社 ♪友だちと協力しながら飾りつけを楽しむ。協感	✚寒さに負けず、外で元気に活動を楽しむ。健 ▲散歩の途中で小学校の前を通り、就学を意識する。社	♥グループになって、友だちと考えを出し合いしながら遊びをすすめる。思協 ✚外遊びのあとには、必ずうがいと手洗いをていねいに行う。健	
環境構成	●クリスマスツリー、保育室の壁などの飾りをつくれるよう色画用紙や色紙などを用意する。	●保護者に手袋を用意してもらうよう伝える。 ●散歩コースに小学校の前を通る道を入れ、就学を意識できるようにする。	●自分たちで工夫して遊びを考えられるよう、保育者は様子を見守る。 ●正しいうがい、手洗いの方法をもう一度確認する。	
保育者の配慮	●自分たちのイメージに合ったものをつくる様子を見守り、やり遂げたことをほめる。	●手袋を忘れた子どものために、予備の手袋を用意し、散歩のときには皆が手袋を着用するように気を配る。 ●来年には小学生になることを意識できるような言葉がけをする。	●危ない場面以外は見守り、子どもたちの主体性を認める。 ●一人ひとりのうがいや手洗いのしかたを確認し、うまく行えない子どもは、一緒にやってみる。	

【5領域】✝…健康　♥…人間関係　🌲…環境　🔴…言葉　♪…表現

【10の姿（幼児期の終わりまでに育ってほしい姿）】
健…健康な心と体　自…自立心　協…協同性　道…道徳性・規範意識の芽生え　社…社会生活との関わり　思…思考力の芽生え
然…自然との関わり・生命尊重　数…数量や図形、標識や文字などへの関心・感覚　言…言葉による伝え合い　感…豊かな感性と表現

🎯 ねらい

- ✝ うがい、手洗いを積極的に行う。健
- 🌲✝ 季節の行事に関心や興味をもち、意欲的に活動する。社自
- ✝ 寒さに負けず、元気に体を動かして活動する。健

✅ 振り返り

年末が近くなり、少し落ち着かない様子が見られた。クリスマス会を楽しみにしながら、インフルエンザで欠席する子どももいた。今後もうがい、手洗いの大切さを繰り返し伝えていきたい。

12月 週案・保育所・すいかぐみ

12月○日（木）	12月○日（金）	12月○日（土）
室内遊び（クリスマスの歌） いよいよ明日はクリスマス会。サンタさんについて皆で話し、期待を高めます。	クリスマス会	異年齢保育
♪クリスマスの歌を皆で歌うことを楽しむ。感 🔴サンタクロースについて、知っていることを保育者や友だちに話す。言	✝🌲クリスマスの食事を楽しむ。健社 ♥年少児のクラスにプレゼントを届けて一緒に楽しむ。協道	♪お正月にあげる凧をつくる。感社
●絵本『さむがりやのサンタ』などを見ながら、サンタさんのイメージを話し合って、クリスマスの雰囲気を盛り上げる。	●食事のときにも、クリスマスの音楽をかけて、雰囲気を楽しめるようにする。 ●保育者が用意していたサンタさんからの手紙を一人ひとりに渡す。	●凧の台紙は保育者が用意しておく。 ●自分のイメージした色や模様が描けるよう、さまざまな描画材料を用意しておく。
●明日のクリスマス会を楽しみにできるような言葉がけをする。	●楽しい雰囲気のなかで食事を楽しめるように気を配る。	●どんなイメージでつくっているか聞き、一人ひとりが表現しようとする気持ちや意欲を認めていく。

12月の遊びと環境

その①いつ・誰が・どこで・何をした

用意するもの 紙、ペン

活動の内容
- 言葉と文字を結びつける。
- ゲームを通じて文章を楽しむ。

「いつ」「誰が」「どこで」「何をした」に該当する言葉を、子どもたちが考え、保育者が紙の札に書きます。

それぞれを箱に入れ、子どもたちが1枚ずつ引いて並べます。保育者が文章を読み上げます。
（いつ・誰が・どこで・何をした＝札の色をそれぞれ統一する）

慣れてきたら……

3〜4パターンをマグネットでとめて掲示します。子どもに札を入れ替えてもらい、文章の変化を楽しみます。

その②ミニ門松づくり

用意するもの 緑の折り紙、茶色い画用紙、黄色や金色の折り紙、ハサミ、シール、テープ、緑の毛糸・モールなど

活動の内容
- お正月の風習に興味をもつ。
- 行事に参加することを楽しむ。

緑の折り紙を丸め、長さの違う門松をつくります。茶色い画用紙でつくった筒に納めます。黄色の折り紙をじゃばらに折ったせんすを飾り、すきまに緑の毛糸やモールを入れます。

環境のポイント
出来上がった門松は家にもって帰れるよう、袋を準備しておきましょう。

プラスワン・アイデア

金色の折り紙や和柄の折り紙にのせ、折り鶴を飾るとぐっと華やかになります。

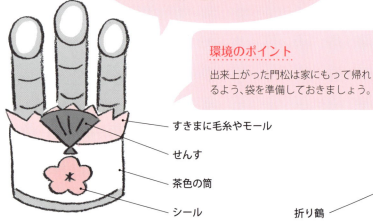

- すきまに毛糸やモール
- せんす
- 茶色の筒
- シール

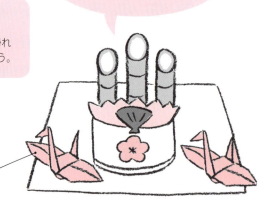

- 折り鶴

12月の文例集

● CD-ROM → ■ 5歳児_季節の文例集→ p137_12月の文例集

[5領域] ✝…健康 ♥…人間関係 ▲…環境 ●…言葉 ♪…表現
[10の姿（幼児期の終わりまでに育ってほしい姿）]
健…健康な心と体　自…自立心　協…協同性
道…道徳性・規範意識の芽生え　社…社会生活との関わり
思…思考力の芽生え　自然…自然との関わり・生命尊重
数…数量や図形、標識や文字などへの関心・感覚
言…言葉による伝え合い　感…豊かな感性と表現

前月末の子どもの姿

● いろいろなことに積極的に取り組むようになり、独自の遊びも工夫して楽しむようになった。
● 自分から身のまわりのことを行い、生活リズムを守ろうとする姿が見られた。

養護のねらい
● 工夫したことを認め、次につながる意欲や自信が育つように声をかけていく。
● 子どもたちが興味をもちやすい遊びを設定し、外で元気よく遊べるようにする。

健康・安全への配慮

● 外に出たあとは必ず手洗い、うがいを行うように声をかける。
● 手が冷たいときには、手袋をして暖かくするように伝える。

ねらい
▲♪友だちとクリスマス会の出し物について、主体的に取り組む。思 感
♪クリスマスの歌を皆で歌い、季節の変化を楽しむ。自然 感
▲分担して園の中や外の掃除を行い、きれいになったことの気持ちよさを味わう。道 社

内容
▲♪出し物の内容を相談して決め、練習したり必要なものをつくったりする。思 感
♪「ジングルベル」や「きよしこの夜」など、季節の歌を皆で合唱することを楽しむ。自然 感
▲一人ひとりが割り当てられた場所を掃除し、協力してきれいにする。道 社

環境構成
● 子どもたちが決める過程を見守り、それに合わせて必要なものを用意する。
● 子どもたちが好きなクリスマスソングの希望を聞き、伴奏用の楽譜などを準備する。
● 掃除する場所をあらかじめ片づけておき、子どもたちが動いてけがをしないようにする。

保育者との関わりと配慮事項
● できる限り子どもたちだけの活動を見守り、必要なときはさりげなく助言する。
● 子どもたちの「自分も選曲に加わった」という経験の場を増やすように関わっていく。
● 「きれいにしたい」という思いをもち、役に立ったと感じられるように割り当てを決めていく。

職員との連携

● 年末は、いつもの保護者が迎えに来られないこともあるので、降園の際には、家族であることの確認を必ず行うことを徹底する。

家庭・地域との連携

● もちをのどにつまらせないよう、小さくするなど、注意してもらうよう保護者にお願いする。
● 子どもたちの体調の変化は、小さな変化であっても必ず伝えてもらうようにする。

食育

● クリスマス料理の飾りつけを手伝って、雰囲気を味わう。
● 1年の終わりに、皆で調理員に感謝のあいさつをする。

12月 遊びと環境・文例集

幼保連携型認定こども園 園児指導要録（2学期）

多くの認定こども園と幼稚園では、学期ごとに要録をまとめています。ここでは、2学期の要録の記録について見ていきましょう。

○○年度　園児指導要録（1）

氏名	I	生年月日	○○年　▲月　□日
性別	男	在園期間	○○年　4月　1日　から入園 （3歳児クラスより入園）

	1学期	2学期	3学期
指導の重点など	（学年の重点） 年長児になった喜びを感じながら、新しい生活を楽しむ。 （個人の重点） 相手の気持ちに気づき、思いやりをもって行動する。	（学年の重点） 友だちと協力しながら活動し、さまざまな思いを伝え合い、共感する。 （個人の重点） 友だちと競い合って遊ぶことを楽しむ。	
指導上参考となる事項	✚ 何事にも積極的で、興味をもって取り組むことができる。健自 ♥● トラブルが起きたときに、友だちに対する口調が強くなってしまうことがあったが、保育者が仲介すると、相手の気持ちを考えようとする姿が見られた。協言道 🔺 動物が好きで、飼育当番のときには優しく動物にふれたり、接し方を友だちに伝えたりしようとする姿が見られた。道然	✚♥ 運動会に向けた活動では、友だちを誘ってリレーの練習に繰り返し取り組む姿が見られた。健協 ✚ 競い合う遊び（リレーやゲーム）では、友だちに負けると悔しさを表に出す姿が見られた。どうしたら次は勝てるのかを考えて、取り組む姿が見られた。道思 ● 郵便ごっこをとおしてひらがなに興味をもち、何度も手紙を書いていた。数思	

> 2学期には新たな個人の重点を設定します。

> 悔しい気持ちを次に切り替え、成長しようとしている姿が見られます。

※要録の様式はさまざまだが、認定こども園、幼稚園では学期ごとに担任がまとめている場合が多い。本書では、学期ごとにまとめたパターン（1）と、学期ごとにまとめていたものを3学期に1つにまとめたパターン（2）を提示する。

> ▶ 要録については 16 ページ
> ▶ 1 学期の要録は 86、87 ページ
> ▶ 3 学期の要録は 176、177 ページ

○○年度　園児指導要録（2）

氏名	J	生年月日	○○ 年　□ 月　▲ 日
性別	女	在園期間	○○ 年　10 月　1 日　から入園 （1 歳児クラスより途中入園）

	1 学期	2 学期	3 学期
指導の重点など	（学年の重点） 年長児になった喜びを感じながら、新しい生活を楽しむ。 （個人の重点） 自分の気持ちを友だちに伝える。	（学年の重点） 友だちと協力しながら活動し、さまざまな思いを伝え合い、共感する。 （個人の重点） いろいろな友だちと関わりながら、さまざまなことに挑戦する。	1学期は特定の友だちとの関わりが多かったので、2学期のさまざまな行事をとおして、ほかの友だちとの関わりも芽生えるよう個人の重点を設定します。
指導上参考となる事項	❤ 進級してしばらくは、友だちの輪に入っていくのに時間がかかったが、特定の友だちと仲良くなってからは、自分から誘いかけて遊ぶようになった。協自 ● 友だちの前で意見を言うことが苦手だったが、しだいに保育者や仲の良い友だちを介して、皆に思ったことや意見を言うようになってきた。言協 ♣♪ 描いたりつくったりすることが好きで、1つの製作物にじっくりと時間をかけて取り組むことができる。感思	❤ 運動会の係活動をとおして、1学期とは異なる特定の友だちとの関わりが見られるようになった。協 ● クラスの集まりで意見を聞くと、言葉にすることが苦手で黙り込んでしまう姿が見られるが、個別に聞くと、さまざまな意見をもっている。1対1のやりとりであれば「○○だから△△がいいと思う」など理由を交えた意見を言うことができる。言思 ❤♪ ダンスの練習では最初恥ずかしがっていたが、仲のよい女児どうしでグループができ、練習するようになると、積極的に楽しむ姿が見られた。協感	まだ皆の前で意見を言うことは苦手だけれども、徐々に自分の気持ちを表せるようになっていることがわかります。

1月 月案・めろんぐみ　保育所

◎ CD-ROM → 5歳児_月案
→ p140-p145_1月の月案（めろんぐみ）

1月　めろんぐみ　月案
担任：A先生

今月の保育のポイント

新年を迎え、園での生活もあとわずかです。楽しい思い出をたくさんもって卒園できるように計画を立てていきましょう。お正月休みは生活リズムが崩れがちです。体調も含めて、一人ひとりにしっかりと向き合っていきましょう。

前月末の子どもの姿

- 大掃除を皆で分担して一生懸命行う姿が見られた。
- 年末になって体調を崩した子どもも多く、園を休んだままお正月休みになった子どももいた。

	ねらい	内容
【5領域】 健康✚ 人間関係♥ 環境▲ 言葉● 表現♪	✚健康的な生活習慣を身につける。健 ✚ルールを守って遊びを思いきり楽しむ。道 ▲正月の伝統行事を楽しむ。社 ✚遊びのなかで、自分の目標に取り組み、達成感を味わう。健自 ♪イメージをふくらませて表現することを楽しむ。感	✚病気の予防のためにうがいや手洗いをしていることを理解し、ていねいに行う。健 ✚中当てドッジボールのルールを理解し、チームに分かれて思いきり体を動かして遊ぶ。道 ▲凧あげ、コマ回し、羽根つきなどさまざまな正月の遊びを友だちと楽しむ。社 ✚▲もちつきをとおして、日本の風習を知り、皆で食べることの楽しさを知る。健社 ✚鉄棒やなわとびに繰り返し取り組むなかで、目標をもち、やり遂げる。健自 ♪「冬」のイメージを、一人ひとりがダンスで表現する。感

職員との連携

- 小学校交流について、他クラスの担任と打ち合わせておく。
- 卒園に向けてのスケジュールを全員で確認し、必要な作業をピックアップする。
- もちつきの段取りを、調理員も交えて確認する。

家庭・地域との連携

- 凧やコマ、羽子板などを借りる場所の手配をしておく。
- 地域の人に、もちつきに参加してもらうようお知らせする。

[10の姿（幼児期の終わりまでに育ってほしい姿）]
健…健康な心と体　自…自立心　協…協同性　道…道徳性・規範意識の芽生え　社…社会生活との関わり　思…思考力の芽生え
然…自然との関わり・生命尊重　数…数量や図形、標識や文字などへの関心・感覚　言…言葉による伝え合い　感…豊かな感性と表現

1月 月案・保育所・めろんぐみ

養護のねらい
- 冬休みに体験したことをのびのびと話せるようなクラスの雰囲気づくりを心がける。
- 自分でロッカーや身のまわりの整理整頓を行ったときには、十分ほめ、意欲を認める。

健康・安全への配慮
- 寒さに負けない体づくりを心がけ、生活リズムを整える。
- 室内で十分に体を動かし温めてから、外遊びを行う。
- 転倒時のけがを防ぐためにポケットに手を入れないようにすることを伝える。

行事
- もちつき
- 身体測定
- 誕生会
- 避難訓練
- 小学校交流

環境構成	保育者の関わりと配慮事項
●どうして手洗い、うがいをするのかを子どもたちで発表する時間をつくる。	●ていねいにできている子どもにはできたことをほめ、他の子どもが意識できるようにする。
●ボードにルールを大きくわかりやすく書いて保育者が説明し、慣れてきたら子ども同士でルールを教え合う時間をとる。	●ボールを投げるのが苦手な子どもには、まずはボールを投げる練習を保育者と一緒にする。
●凧やコマ、羽子板などを十分な数準備する。 ●もちつきを安全に行えるよう、やり方や約束ごとについて事前に確認する時間を設ける。	●遊びのなかで、上手にできている姿や工夫している姿を認め、他の子どもにも知らせ、教え合えるようにする。 ●もちの大きさは適切か、のどにつまらせそうな子どもはいないか注意深く見守る。
●繰り返し取り組めるよう場所や時間を確保する。	●目標にしていることができてもできなくても一人ひとりのがんばりを認めて、言葉がけする。
●雪の結晶をイメージした飾りや、わたでつくった飾りを身につけ、冬の風の音をかけて、イメージがわく雰囲気をつくる。	●動きや表情など工夫している点をみつけたらクラス全体に伝え、友だちの表現を認めたり、取り入れたりできるようにする。

食育
- もちつきのあと、いろいろな味のおもちを楽しむ。
- 器をていねいに扱う。
- 小学校交流をとおして、小学校の給食に期待をもつ。

反省・評価のポイント
- イメージ通りに遊んだり、体を動かしたりできるよう、道具や言葉がけで援助できたか。
- 安全に楽しくもちつきを行うことができたか。

1月 月案・すいかぐみ　保育所

CD-ROM → 5歳児_月案
→ p140-p145_1月の月案（すいかぐみ）

1月　すいかぐみ　月案
担任：B先生

今月の保育のポイント
お正月休み中の生活リズムそのままで登園してくる子どももいます。少しずつ元に戻していきましょう。また、卒園まで残りもわずかです。生活習慣の自立などを目標としつつ、遊ぶ時間もたっぷり確保して保育していくことが大切です。

前月末の子どもの姿
- お休みになり友だちと離れるのを寂しがっている子どもが見られた。
- クリスマスに家でどんなふうに過ごしたかを保育者や友だちに話す姿が見られた。

	ねらい	内容
【5領域】 健康 ✚ 人間関係 ♥ 環境 ▲ 言葉 ● 表現 ♪	✚園での生活リズムを整える。（健）（自）	✚日々のスケジュールのなかで、生活リズムをつかみ、規則正しい生活を送る。（健）（自）
	▲いろいろな友だちと正月遊びを楽しむ。（社）	▲クラスの友だちや年下児とコマやカルタ、福笑いなど正月ならではの遊びを楽しむ。（社）
	✚▲季節の行事に興味をもち、積極的に関わる。（健）（然）	✚▲もちつきではつきあがったもちを丸める、大根おろしやきなこをまぶすなど自分のできることを手伝う。（健）（然）
	✚♥小学校交流をとおして就学に期待をもつ。（健）（協）	✚♥園から小学校まで歩いて行き、5年生と交流して楽しむ。（健）（協）
	♥♪クラスの目標に向かって皆で取り組む。（協）（感）	♥生活発表会に向けた劇遊びのなかで一人ひとりが役割をもち、相談したり力を合わせたりして取り組む。（協）（感）

職員との連携
- 小学校交流について、他クラスの担任と打ち合わせる。
- 避難訓練の手順を確認する。

家庭・地域との連携
- もちつき用にエプロンを別にもってきてもらうように伝える。
- もちつきでついたもちを地域の人たちにも試食してもらう。

[10の姿（幼児期の終わりまでに育ってほしい姿）]
健…健康な心と体　自…自立心　協…協同性　道…道徳性・規範意識の芽生え　社…社会生活との関わり　思…思考力の芽生え
然…自然との関わり・生命尊重　数…数量や図形、標識や文字などへの関心・感覚　言…言葉による伝え合い　感…豊かな感性と表現

養護のねらい

- 休み明けなので、園での生活リズムを取り戻せるようこまめに声かけをする。
- 一人ひとりのよいところを見つけてその都度伝えることで、自信をもって就学に臨めるようにする。

健康・安全への配慮

- 外で遊ぶときには、周囲をよく見て人とぶつからないように注意することを伝える。
- 体が冷たくなったと感じたときには、すぐに室内に入るように伝える。
- 子どもたちの体調把握に努め、症状がひどくならないうちに対応する。

行事

- もちつき
- 身体測定
- 誕生会
- 避難訓練
- 小学校交流

1月　月案・保育所・すいかぐみ

環境構成	保育者の関わりと配慮事項
●朝登園したときに、1日の流れについて説明し時間と活動について掲示しておく。	●自分たちで見通しをもって生活できるよう、わかりやすく伝える。
●5歳児が年下児に正月遊びを教える時間をとる。	●年下児に優しく接している姿を認め、皆で正月遊びを楽しめるようにする。
●食中毒予防のためにエプロン、三角巾を用意する。	●食中毒や事故が起きないよう、衛生面や安全面について十分配慮する。
●小学校の先生と活動の内容や当日の流れを事前に打ち合わせておく。	●緊張してしまう子には保育者が寄り添い、一緒に小学生と関われるようにする。
●役割や劇に使う小道具を子どもたち自身で決め、製作する時間を設けておく。	●自分の役割をやり遂げる喜びを感じられるように、一人ひとりに声かけをしていく。同時に、友だちのよいところにも気づけるような言葉がけをする。

食育

- 七草がゆの日におかゆを味わう。
- 食器が熱いときには、注意して触るようにする。
- もちつきを手伝い、満足感を味わう。

反省・評価のポイント

- 衛生や安全に気を配りながらもちつきの行事を楽しめるよう配慮できたか。
- 生活や遊びのなかでクラスのなかの自分の役割を意識できるような活動を設定できたか。

1月 月案・しろくまぐみ

幼稚園・認定こども園

◎ CD-ROM → ■ 5歳児_月案
→ ■ p140-p145_1月の月案（しろくまぐみ）

1月　しろくまぐみ　月案

担任：C先生

今月の保育のポイント

新年のあいさつを交わしたら、どのような正月遊びをしたか友だちと話し合う姿が見られるでしょう。園でもカルタやすごろくを用意して、楽しく遊びながら文字や数への興味を高められるといいですね。小学校交流では1年生のお兄さんやお姉さんと接することで、就学を意識するきっかけにもなります。

前月末の子どもの姿

- 発表会では意見をぶつけ合いながらも子どもたち同士でつくりあげる姿が見られた。
- 大掃除ではふざける子もいたが、きれいにする理由を伝えると行うようになった。

	第1週	第2週
ねらい	●▲♥ 新年の雰囲気を感じながら、友だちと遊びを楽しむ。協言数 ✝ 寒さに負けず、園庭で体を動かして遊ぶ。健	✝ 自分の目標に向かって繰り返し遊びに取り組む。自 ♥▲ 保育者や保護者と一緒にもちつきを楽しむ。協社
内容	●▲♥ 文字や数字に親しみながらカルタやすごろくで友だちと対戦することを楽しむ。協数言 ✝ 中当てドッジボールでチームの競い合いを楽しんだり、なわとびや一輪車などで目標に挑戦したりする。自	✝ コマやなわとび、鉄棒などに繰り返し挑戦して達成感を味わい、次の目標に向かって意欲的に取り組む。自 ♥▲ もちつきではもち米がもちになるまでの過程を体験する。協社
環境構成	● カルタやすごろくなどを用意しておく。 ● 自分たちで遊びをすすめられるよう必要な遊具や用具を取り出しやすくしておく。	● 思いきり遊べるよう場や時間を確保し、繰り返し取り組めるようにする。 ● もちつき用の道具を準備し、子どもがもちをつくときに危険がないよう動線を確認しておく。
保育者の援助	● 友だち同士で遊びを教え合えるよう、本人のよさやがんばりを伝えたり、友だちのよいところを知らせたりする。 ● 目標に向かってなわとびや一輪車などをする姿を見守り、自信につながる声かけをする。	● 一人ひとりのよさやがんばりを保育者が言葉にして認めたり、全体に知らせたりする。 ● 衛生面に十分配慮し、安全にもちつきを行えるようにする。

職員との連携

- もちつきでは衛生面や安全面での注意事項を事前に確認し、職員の役割分担や、保護者にお願いする作業について共通理解しておく。
- 小学校交流に同行する保育者の配置を確認する。

家庭・地域との連携

- 地域の方や保護者にもちつきの協力をお願いする。
- 小学校交流の体験内容や配慮の必要な幼児等について、小学校1年生の担任と十分な打ち合わせをしておく。

[5領域] ✚…健康 ♥…人間関係 ▲…環境 ●…言葉 ♪…表現

[10の姿（幼児期の終わりまでに育ってほしい姿）]
健…健康な心と体　自…自立心　協…協同性　道…道徳性・規範意識の芽生え　社…社会生活との関わり　思…思考力の芽生え
然…自然との関わり・生命尊重　数…数量や図形、標識や文字などへの関心・感覚　言…言葉による伝え合い　感…豊かな感性と表現

月のねらい

♪●✚ 遊びのなかで自分の役割を意識したり友だちと協力したりして、満足感を味わう。健協言感
♥●▲ 正月遊びをとおして文字や数に興味をもち、自分で書いたり数えたりすることを楽しむ。数言道
▲ 冬の自然現象に興味をもつ。然

行事

- 始業式
- もちつき
- 鏡開き
- 小学校交流
- 避難訓練
- 安全指導

1月　月案・幼稚園・認定こども園

第3週	第4週
▲冬の自然現象に興味をもち、自然の不思議さを感じながらふれて遊ぶ。然思 ♥▲小学校交流に参加し、就学への期待をもつ。健協	✚♥遊び方を工夫したり、友だちとのつながりを感じたりしながら遊びを楽しむ。健協思 ♥▲●学年の課題に向けて、友だちと考えを出し合い、協力してごっこ遊び（2月第1週の遊園地ごっこ）に向けて取り組む。協思言
▲園庭や公園で氷や霜柱にふれたり、友だちと氷鬼やかげふみなどをして遊ぶ。然思 ♥▲小学校生活の体験をとおして、就学を楽しみにし、小学生や学校生活に憧れの気持ちをもつ。自協	✚♥子ども同士で話し合ってルールを決めたり、工夫したりしながらサッカーやドッジボール、鬼ごっこなどを楽しむ。健協思 ♥▲●自分の考えを伝えたり、友だちの考えを受け止めたりしながら役割分担を決める。協思言
●冬の自然現象に興味をもって読んだり調べたりできるように絵本『ゆきのひ』や図鑑などを用意しておく。 ●事前に交通安全指導の時間をとり、標識やマークなど道のりにあるものを見せて、交通ルールを確認する。	●必要な材料（段ボールや絵の具など）を子どもたちに聞いて、準備したり、イメージの実現に生かせそうなものをすぐに提示できるようにしておいたりする。
●冬の自然の不思議さや子どもの気づきに共感する。 ●交通安全の事前指導を行い、実際の小学校への道のりで信号のある交差点では安全に渡れるように声かけをする。	●それぞれの考えを認めながら、グループとしてよいものにするにはどうしたらいいか、考えられるようにする。 ●皆でつくるなかで足りないものがないか気づけるような言葉がけをし、乗り物は安全のため保育者が土台づくりから確認する。

食育

- もちつきでついたもちを味わいながら、雑煮や汁粉などいろいろな食べ方があることを知る。
- 家庭での正月料理を皆で話し合い、日本の伝統食に関心をもつ。

反省・評価のポイント

- 正月遊びを行うときは、文字や数への興味を深めるような言葉がけができたか。
- 小学校交流では入学することを心待ちにするような時間を過ごすことができたか。

1月 週案・めろんぐみ

保育所

CD-ROM → 5歳児_週案→ p146-p147_1月の週案

もちつき

1月 めろんぐみ 週案
担任：A先生

予想される子どもの姿
- 正月休み中に生活リズムが崩れ、体調が悪い子どもがいる。
- 友だちのよさを認めながら、お互いに刺激し合う姿が見られる。

	1月○日（月）	1月○日（火）	1月○日（水）	
活動予定	園庭遊び（鬼ごっこ）	もちつき 1月前半の週は、伝統的なお正月の行事や遊びを数多く取り入れます（水・金・土曜日も）。	室内遊び(伝統的な遊びのための製作)	
内容	✚鬼ごっこをして、体を温めてから遊ぶ。健 ♥✚友だちと考えを出し合いながらルールのある遊びを楽しむ。思道協	♥✚もちをついたり、丸めたり、きなこをまぶしたりするなどもちつきに参加し、自分の役割を意識する。道協 ✚いろいろな味のもちを味わい楽しむ。感	♪福笑いを自分たちでつくり、楽しむ。感 ♪秋に集めたどんぐりでコマをつくる。感然	
環境構成	●危険物や障害物がないかよく確認しておく。 ●時間を意識して行動できるように、始まり、終わりなどの時刻を伝えておく。	●自分の好きな味を楽しめるように大根おろしやきなこ、あんなどを用意する。 ●子ども用のエプロンや三角巾、マスクを用意しておく。	●福笑いの下絵を描いた紙など、子どもたちがつくりやすい材料を準備する。 ●どんぐりの中心に軸がさせるように、あらかじめ穴を開けておく。	
保育者の配慮	●自分たちでルールを決めて鬼ごっこを楽しめるように見守り、保育者もそのルールで一緒に遊ぶ。 ●時間に合わせて行動できたときにはほめ、就学への自信につなげる。	●もちを食べるときは、のどにつまらせないよう見守る。 ●衛生面に気をつけることができるよう、前後の手洗いを徹底する。	●コマの回し方のコツなどを伝え、自分たちで工夫してつくれるよう見守る。	

【5領域】 ✚…健康 ♥…人間関係 ▲…環境 ●…言葉 ♪…表現

【10の姿（幼児期の終わりまでに育ってほしい姿）】
健…健康な心と体　自…自立心　協…協同性　道…道徳性・規範意識の芽生え　社…社会生活との関わり　思…思考力の芽生え
然…自然との関わり・生命尊重　数…数量や図形、標識や文字などへの関心・感覚　言…言葉による伝え合い　感…豊かな感性と表現

🎯 ねらい

- ✚ 園での生活リズムを思い出し、規則正しい生活を送ることを心がける。 健
- ▲ 伝統的な正月遊びに親しむ。 社 数
- ♥ 友だちと協力しながら遊びに取り組む。 協

☑ 振り返り

園での生活も残り少なくなり、寂しさを見せる子ども、小学校入学の期待感でいっぱいの子どもとさまざまだった。一人ひとりの気持ちに寄り添うことを心がけた。

1月　週案・保育所・めろんぐみ

	1月○日（木）	1月○日（金）	1月○日（土）
	散歩（○○公園）	室内遊び（伝統的な遊び） ＊水曜日につくった福笑いやコマで遊びます。	異年齢保育
	▲冷たい風や冬の植物など自然に興味をもち、友だちと一緒に見たり調べたりして楽しむ。 然 思	♪自分でつくった福笑いで遊ぶ。 思 ♪つくったコマを回して遊び、どうしたらうまく回せるか繰り返し試す。 思	✚12月につくった凧を園庭であげて遊ぶ。 健
	●調べたり比べたりできるよう、図鑑、容器、虫眼鏡、温度計などを準備しておく。	●自分たちのつくったもので遊ぶ楽しさに共感する。	●高くあがるように、風向きを知らせる。
	●子どもたちが気づいたことや発見したこと、疑問に思ったことに共感し、クラスの皆で共有できるように伝える。	●繰り返し遊ぶ姿を見守り、子ども同士でコツを伝え合えるようにする。	●走る方向を確かめないとうまくあがらないので、皆で協力することが大事だと伝える。 ●皆の協力で凧があがったことを伝え、達成感を感じられるようにする。

1月の遊びと環境

その① 雪の結晶のモチーフづくり

用意するもの 折り紙、ハサミ

正方形の折り紙をナプキンの形に折り、さらに2つの辺を半分に折ります。図のように線を書いてから、線の通りに切りとって開くと雪の結晶の出来上がり。

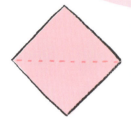

- ここを切りとり、開く
- 切りとる
- 中心はつながるように

活動の内容
- 雪の結晶の美しさに気づく。
- 切り紙を工夫して楽しむ。

次の日は……

透明のビニール袋に雪の結晶を貼ったマントやドレスをつくり、雪をイメージしたダンスを踊ってみましょう。

環境のポイント
いろいろな切り方が楽しめるよう、保育者も一緒に楽しみ、必要に応じてヒントを与えるようにしましょう。

その② オリジナルすごろく

用意するもの どんぐり、油性ペン、ボタン、ボンド、模造紙、さいころ

- どんぐり
- ボタン

どんぐりにペンで顔を描き、ボタンにボンドで接着してコマをつくります。数人のグループごとに、模造紙にマス目を描いてすごろくをつくります。

活動の内容
- 友だちと協力して遊びに必要なものをつくる。
- 友だちとアイデアを出し合って遊ぶ。

次の日は……

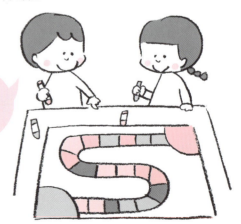

「赤く塗ったコマは1回休み」、「黄色いコマに止まったら、次の黄色いコマにすすめる」などアレンジを加えて楽しみます。

1月の文例集

◎ CD-ROM → 📁 5歳児_季節の文例集→p149_1月の文例集

【5領域】 ✝…健康 ♥…人間関係 🌲…環境 🟥…言葉 ♪…表現
【10の姿（幼児期の終わりまでに育ってほしい姿）】
健…健康な心と体　自…自立心　協…協同性
道…道徳性・規範意識の芽生え　社…社会生活との関わり
思…思考力の芽生え　然…自然との関わり・生命尊重
数…数量や図形、標識や文字などへの関心・感覚
言…言葉による伝え合い　感…豊かな感性と表現

前月末の子どもの姿

- 自分の役割をしっかりと果たそうとして努力する姿が見られた。
- 最後になるクリスマス会を楽しみ、思い出を友だちと伝え合っていた。

養護のねらい

- 卒園前の落ち着かない気持ちを受け止め、安心して日々を過ごせるようにしていく。
- 自分にできることを増やしていく意欲をもてるように、できたときにはおおいにほめ、子どもの自信につなげる。

健康・安全への配慮

- 体調不良の子どもを早期に発見できるように十分注意し、見つけたときには嘱託医に連絡して指示を仰ぐなど、適切な対応をとる。
- 運動をする際には、準備体操を行うことを習慣づけるようにする。

ねらい

- 🌲小学校を見学して雰囲気に慣れ、期待をふくらませる。自 道
- ✝ルールのあるゲームを楽しみながら、体を動かして発達を促す。健 道
- 🟥お正月休みにあったことを皆の前で話す。言 思

内容

- 🌲1年生や先生と会って話したり遊んだりして、就学を楽しみに思う。自 道
- ✝「だるまさんがころんだ」を皆で行い、走ったり、止まったりすることを楽しむ。健 道
- 🟥思い出しながら話をすることや、皆の前で話すことに慣れ、自信をもてるようにする。言 思

環境構成

- 年明けから小学校と連絡をとり、打ち合わせをしながら小学校見学の準備をしていく。
- 寒い時期なので、まずは皆で体を温める運動をしてから、遊びに移行する。
- リラックスして話をできるような雰囲気にし、楽しく過ごせる時間にする。

保育者との関わりと配慮事項

- 保育者が先生を信頼している様子を見せることで、子どもたちに信頼感を伝える。
- いろいろな運動を取り入れた遊びを行い、発達を促すようにする。
- 子どもたちの話を聞いて感想を伝えることで、「聞いてもらった」という安心感が生まれるようにする。

職員との連携

- 園長から小学校に交流会を依頼するとともに、担当者を決めてスケジュールを立てていく。
- 就学に向けた行事を確認し、役割分担をする。

家庭・地域との連携

- 就学までの行事、小学校との交流会などの内容を園だよりでお知らせする。
- 小学校に伝達しなければならない重要事項について、保護者に確認する。

食育

- 鏡開きの日にお汁粉を食べ、お正月の行事に親しむ。
- あわてずに、よくかんで食べることを習慣にする。

1月 遊びと環境・文例集

2月 月案・めろんぐみ　保育所

CD-ROM → 5歳児_月案
→ p150-p155_2月の月案（めろんぐみ）

2月　めろんぐみ　月案
担任：A先生

今月の保育のポイント

就学が近づいてきました。小学校に送付する資料の作成は、子どもの成長が伝わる適切な言葉で記載しましょう。さまざまな行事を経験し、それを楽しむだけでなく知識として蓄えてきたかということについて、振り返ることが大切です。

前月末の子どもの姿
- 正月遊びを楽しむなかで友だちと遊び方やコツを教え合う姿がみられた。
- 寒さに負けずに、外遊びを積極的に楽しんでいた。

	ねらい	内容
[5領域] 健康 ✚ 人間関係 ♥ 環境 ▲ 言葉 ● 表現 ♪	✚ 基本的生活習慣が身につき、自分の体を清潔にする意識をもつ。健 ♥ 難しいことや苦手なことに最後まで取り組もうとする。自 ▲ 時間を意識して行動する。数 ♪ 自分の役割を意識しながら表現を楽しむ。思感 ♥ 異年齢児との関わりのなかで、相手の役に立つ喜びを味わう。協道 ▲ 節分の行事に関心や興味をもつ。社	✚ 正しい歯ブラシのもち方や磨き方を意識して歯みがきを行う。健 ✚ 自分の目標をもってなわとびや鉄棒に挑戦する。健自 ▲ 時刻を意識しながら玩具を片づけたり、食事をしたりする。数健 ♪ 生活発表会で、保護者や異年齢児の前で表現したり、演じたりすることを楽しむ。思感 ▲♪ 今までの園での活動を思い出しながら節分の鬼のお面やますを製作することを楽しむ。感

職員との連携
- 保育所児童保育要録の記載について、職員の認識を確認する。
- 感染症で休む子どもがまだいるため、子どもたちの体調変化を見逃さないよう全員で見守る。

家庭・地域との連携
- 小学校就学に向けて必要な事項を文書で保護者に伝える。
- 生活発表会のプログラムを保護者に事前に配布しておく。

【 10の姿（幼児期の終わりまでに育ってほしい姿）】
健…健康な心と体　自…自立心　協…協同性　道…道徳性・規範意識の芽生え　社…社会生活との関わり　思…思考力の芽生え
自然…自然との関わり・生命尊重　数…数量や図形、標識や文字などへの関心・感覚　言…言葉による伝え合い　感…豊かな感性と表現

2月 月案・保育所・めろんぐみ

養護のねらい
- 手洗い、うがいの大切さを伝え、感染症の予防を心がける。
- 就学に向けて期待感をもち、自分で身支度や整理整頓を積極的に行えるようにする。

健康・安全への配慮
- 胃腸炎が発生した場合に、二次感染が起こらないよう処理方法を確認しておく。
- 散歩のときには友だちと手をつなぎ、前を見て歩くよう伝える。
- 交通標識の意味を伝え、ルールを守ることの大切さを理解できるようにする。

行事
- 節分(豆まき)
- 身体測定
- 誕生会
- 生活発表会
- 避難訓練

環境構成	保育者の関わりと配慮事項
●感染症対策のため歯ブラシの保管方法に十分注意する。	●歯をみがくのが苦手な子どもには、保育者が正しいみがき方を示し、まねしてみるよう促す。
●子ども一人ひとりの現在のすすみ具合がわかるよう、カードを用意しておく。	●やり遂げたときにはたくさんほめ、達成感を味わえるようにする。 ●できなくてもこれまでの努力を認め、次はがんばれるような言葉がけをする。
●子どもたちからよく見えるところに大きな時計を置き、時間への意識がもてるようにする。	●時間を意識できるよう遊びや生活のなかで働きかける。
●練習やリハーサルに向けてホールの使用時間を調整しておく。 ●年下児が劇を見て楽しめるよう観客席を用意しておく。	●皆でやり遂げた姿を認め、自信につなげていく。 ●年下児が憧れていることを伝え、誇りがもてるようにする。
●鬼のお面やますは、イメージ通りつくれるようにさまざまな材料を用意し、子どもが使いやすい長さや大きさにそれぞれ分けておく。	●昨年の節分の行事も振り返りながら、工夫できた部分やうまくできた部分をみつけてほめる。

食育
- 節分の意味を理解し、大豆を使った料理を食べる。
- 食事をできるだけ残さずに食べようとする。
- つくってくれる人への感謝の気持ちをもって食事をする。

反省・評価のポイント
- 生活発表会では、これまでの練習の成果を見せられるよう励ますことができたか。
- 難しいことや苦手なことでもがんばって挑戦しようという気持ちを育むことができたか。

2月 月案・すいかぐみ　保育所

CD-ROM → 5歳児_月案
→ p150-p155_2月の月案（すいかぐみ）

2月　すいかぐみ　月案

担任：B先生

今月の保育のポイント

卒園まであと2か月となり、子どもたちも不安や緊張、期待でいっぱいです。不安定な状態を、保育者が支えながら保育していくことが大切です。小学校へ送付する書類が、子どもの姿をありのまま伝えるものになるようにていねいに記載しましょう。

前月末の子どもの姿

- 元気よく、友だちと関わりながら遊ぶ姿が見られた。
- 小学校入学を控えて、楽しみにしたり、不安に感じたりする子どもが見られるようになった。

	ねらい	内容
【5領域】 健康✚ 人間関係♥ 環境★ 言葉💬 表現♪	✚寒さに負けず、健康的に生活する習慣を身につける。健 ♥友だちとのつながりを感じながら遊ぶ。協 ★💬遊びのなかで、言葉や文字に興味をもつ。言 数 ♥友だちと協力しながら遊びや活動に取り組む。協 思 道 ♥♪気持ちをこめて歌い、クラスの友だちとのつながりを感じる。協 感	✚戸外で遊んでから室内に入ったら、上着を1枚脱ぐなど適切な服装を自分で考える。健 ♥サッカーやドッジボールなどの集団遊びをとおして、互いのよさを認め合いながら友だちと遊ぶ喜びを味わう。協 ★💬しりとりやカルタ遊びをとおして、言葉や文字への興味をもつ。言 数 ♪生活発表会の劇遊びに向けて役割を友だちと相談したり、分担したりして協力して準備をすすめる。思 感 道 ♥♪卒園式に向けた活動のなかで、これまでの園生活を思い出しながら、気持ちをこめて歌う。協 感

職員との連携

- 子どもたちのありのままの姿を記載できるよう、小学校就学用の書類の作成にていねいに取り組む。
- 卒園式の役割分担を相談し、明確にしておく。

家庭・地域との連携

- 卒園式までのスケジュールを園だよりで知らせる。
- 就学までに必要な準備について保護者に伝える。

[10の姿（幼児期の終わりまでに育ってほしい姿）]
健…健康な心と体 **自**…自立心 **協**…協同性 **道**…道徳性・規範意識の芽生え **社**…社会生活との関わり **思**…思考力の芽生え
然…自然との関わり・生命尊重 **数**…数量や図形、標識や文字などへの関心・感覚 **言**…言葉による伝え合い **感**…豊かな感性と表現

2月 月案・保育所・すいかぐみ

養護のねらい
- 達成感を味わい自信につながるよう子どもの「できた」を見逃さず認める関わりをしていく。
- 友だちと積極的に体を動かして遊べるよう室内の気温に気を配る。

健康・安全への配慮
- 手洗い、うがいを習慣づけ、体調管理を促していく。
- 避難訓練のときに、静かに慌てず行動できることを目標にする。

行事
- 節分（豆まき）
- 身体測定
- 誕生会
- 生活発表会
- 避難訓練

環境構成	保育者の関わりと配慮事項
● 厚着にならないよう室内の温度を調節し、外に出る前には十分に体を動かすようにする。	● 一人ひとり寒さの感じ方は異なるが、動きにくいほど着ている子どもには声かけをする。
● 皆で遊ぶことの楽しさを味わえるように、集団での遊びを多く取り入れるようにする。	● 子どもたちが主体的に遊んでいる姿を見守り、必要に応じて言葉がけする。
● 友だちと競い合う楽しさが感じられるよう、チームに分かれて遊べるようにする。	● 友だち同士でヒントを教え合えるよう、状況に応じて促す。
● 劇の題材は子どもたちで相談して決めるようにする。 ● 生活発表会当日までの予定を確認できるよう、スケジュールや当日の時間割を掲示しておく。	● 一人ひとりのセリフの言い方や衣装など表現のなかの工夫を認め、クラスの皆に伝えていく。
● 歌う曲は子どもたちで話し合って決めるようにする。	● これまでの園生活を思い出すような話をし、卒園式に向けてクラスのつながりが深められるようにする。

食育
- 食べるときの姿勢やよくかむことなど、食事のマナーを意識しながら食べる。
- 伝統行事と食の関係を知り、意味や由来に興味をもつ。

反省・評価のポイント
- 室内でも戸外でも、体を動かし元気に遊べるような援助ができたか。
- 就学に向けて子どもたちの不安感を取り除くことができているか。

2月 月案・しろくまぐみ

幼稚園・認定こども園

◉ CD-ROM → 📁 5歳児_月案
→ 📁 p150-p155_2月の月案（しろくまぐみ）

2月　しろくまぐみ　月案
担任：C先生

今月の保育のポイント

翌月には卒園式を迎えます。就学を楽しみにする子もいれば、不安を抱いている子もいるかもしれません。一人ひとりの気持ちに寄り添いながら、自分の成長に自信をもって、園生活最後の行事や活動に主体的に取り組めるよう、温かく見守りましょう。

👤 前月末の子どもの姿

● 小学校交流では、ほとんどの子どもが小学生に憧れの気持ちをもちつつも、関わりが消極的になる場面もあった。

	第1週	第2週
ねらい	✚♥♪ 自分の役割を意識して、友だちと協力しながら、遊びを楽しむ。健協 ♪♥ 学年の課題に取り組み、満足感や達成感を味わう。自協道思感	✚ 遊びをとおして、自分や友だちのよさやがんばりを感じる。健自思 ✚ 卒園までの見通しをもって積極的に遊びや生活に取り組む。自
内容	✚♥♪ 節分に向けた製作で友だちの工夫やアイデアを参考にしたりしながら遊ぶことを楽しむ。協感 ♪♥ 自分たちの役割を意識しながら年少・年中児を迎え入れて遊園地ごっこを楽しむ。自協道思感	✚ 好きな遊びを思いきり楽しむなかで、自分や友だちのよさや成長を感じる。健思 ✚ 1年生になることに期待をもち、自分や友だちの成長を感じ、自信をもって行動する。自
環境構成	● 赤鬼と青鬼それぞれの気持ちを考えられるように絵本『泣いた赤鬼』を用意する。 ● 年少・年中児が、遊園地での遊び方がわかるようにするにはどうすればいいのか子どもたちで話し合えるようにする。	● 好きな遊びに取り組む時間を確保する。 ● 今まで経験してきたことを思い出したり、卒園までにどのようにすすめていくかを子どもたちで話し合ったりする時間を設ける。
保育者の援助	● 鬼の面の製作でうまくいかない子どもには、難しいところに手を添えたり友だちの姿を見せたりする。 ● 年少・年中児が喜ぶ姿を伝え、役に立つ喜びや年長児としての誇りが感じられるようにする。	● 一人ひとりのよさやがんばりを保育者が言葉にして認めたり、全体に知らせたりする。 ● 園生活を惜しむ気持ちや新しい生活への期待を受け止め、共感する。

🤝 職員との連携

● 年中クラスの担任と当番活動の引き継ぎについて十分打ち合わせをしておく。

📖 家庭・地域との連携

● 鬼の面やますは持ち帰って、家庭でも豆まきを楽しんでもらえるようにする。
● 小学校までの道のりを子どもと一緒に歩いて、交通ルールの確認もしてもらう。
● 保護者に個人面談について案内しておく。

[5領域] ✚…健康 ♥…人間関係 ▲…環境 ●…言葉 ♪…表現

[10の姿（幼児期の終わりまでに育ってほしい姿）]
健…健康な心と体　自…自立心　協…協同性　道…道徳性・規範意識の芽生え　社…社会生活との関わり　思…思考力の芽生え
然…自然との関わり・生命尊重　数…数量や図形、標識や文字などへの関心・感覚　言…言葉による伝え合い　感…豊かな感性と表現

月のねらい

♪♥▲✚ 今までの経験や知識を生かして、自分たちで遊びを発展させていく。思健協言感
▲✚ 卒園を意識して、今は何をすべきかを自分なりに判断して行動しようとする。思自

行事

● 節分（豆まき）
● 遊園地ごっこ
● お別れ遠足
● 避難訓練
● 安全指導
● 個人面談

2月 月案・幼稚園・認定こども園

	第3週	第4週
	✚♥遊びや活動のなかで、友だちと互いのよさを認め合いながら取り組み、やり遂げる。健協 ♥●年中児にわかりやすい言葉で伝えようとする。言	✚卒園までにすることがわかり、遊びや生活に見通しをもって取り組む。自 ♥●友だちの考えを受け入れながら学年（クラス）の課題に取り組む。然
	✚♥友だちのよさがわかり、協力して遊びをすすめていく楽しさを十分に味わう。健協 ♥●当番活動の内容や動植物の世話のしかたを、年中児にわかるような言葉や動きでていねいに伝える。言	✚楽しかった園生活の思い出を振り返りながら、卒園に向けて遊びや活動に意欲的に取り組む。自 ▲卒園式のお別れの歌と言葉の相談をとおして学年（クラス）のつながりを深めていく。然
	● 卒園式までの時間の組み立てを工夫し、友だちと遊ぶ時間を十分に確保する。 ● 当番活動や動植物の世話に必要な道具や方法について、確認しておく。	● 今まで経験したことを思い出す時間をとる。 ● 話し合いの時間が長くなりすぎないよう、話し合いの内容を明確にし、主体的にすすめられるようにする。
	● 互いのよさを認め合う姿を見守り、言葉に出して認めたり共感したりする。 ● 当番活動の説明が年中児に伝わりにくかったら、保育者が言葉を足すなどさりげなく関わる。	● 卒園に向けての活動ばかりにならないよう、今まで楽しんできた遊びを友だちと心ゆくまで楽しめるようにする。 ● 互いの考えを受け入れ合い、活動をすすめる姿を認め、励ます。

食育

● 豆まきでは1年間を元気に過ごせるよう年の数と同じだけ豆を食べる。
● 基本的な食事マナーを意識する。
● 時間（20分程度）を意識して食事を楽しむ。

反省・評価のポイント

● 卒園式や就学に向けての意識を自然にもてるような活動内容を展開することができたか。
● グループや学級での活動が多くなるなか、一人ひとりの好きな遊びを楽しむ時間は確保できたか。

2月 週案・すいかぐみ

保育所

CD-ROM → 5歳児_週案→p156-p157_2月の週案

生活発表会

2月 すいかぐみ 週案
担任：B先生

予想される子どもの姿
- 日常の生活習慣が自立し、身のまわりのことを自分でできている。
- 時間やルールを意識した活動に取り組み、就学に自信をもてるようになっている。

	2月○日（月）	2月○日（火）	2月○日（水）
活動予定	散歩（○○公園）	室内遊び（生活発表会に向けて合奏の練習） ※金曜日の生活発表会に向けて、火曜・木曜日は合奏を練習します。	園庭遊び
内容	▲公園で草木の芽吹きなど、自然の変化に気づく。然思 ▲交通ルールを守って散歩を楽しむ。道社数 ▲公園での集合時間を意識して遊ぶ。道社	♪生活発表会のために、いろいろな楽器で合奏することを楽しむ。感	✚♥自分たちでルールを決めて遊ぶ。健道 ✚走ったり、しゃがんだり、とび越えたり、いろいろな動きを取り入れて遊ぶ。健
環境構成	●散歩コースのなかで自然の変化に気づけるよう、下見をしておく。 ●歩道の歩き方、横断歩道の渡り方などがしっかりと身についていくように関わっていく。	●楽器は十分な数用意しておく。	●皆で好きな遊びを選ぶ時間をとり、遊ぶためのルールを自分たちで決めるようにする。 ●園庭にとび越える台を置く、くぐるための輪を設置するなど準備する。
保育者の配慮	●子どもたちが気づいたり感じたりしたことに共感する。	●リズムや音を感じながら合奏できるように言葉がけする。	●子どもたちが決めたルールで遊び、うまくいかなかったらルールを修正していけるように声かけをする。 ●危険がないよう十分に目配りする。

【5領域】 ✚…健康 ♥…人間関係 ▲…環境 ●…言葉 ♪…表現

【10の姿（幼児期の終わりまでに育ってほしい姿）】
健…健康な心と体　自…自立心　協…協同性　道…道徳性・規範意識の芽生え　社…社会生活との関わり　思…思考力の芽生え
然…自然との関わり・生命尊重　数…数量や図形、標識や文字などへの関心・感覚　言…言葉による伝え合い　感…豊かな感性と表現

🎯 ねらい

- ▲♥ 生活発表会に向けて、クラスの皆で協力して取り組む。協思
- ▲ 戸外に出て自然の変化に興味をもつ。然
- ✚ 就学を意識しながら遊びや活動に挑戦する。健自

☑ 振り返り

クラス全体での活動、時間やルールを意識した活動に取り組むことができた。保育所での生活もあと1か月なので、引き続き自信をもって就学に向かえるよう活動を設定していきたい。

2月○日（木）	2月○日（金）	2月○日（土）
室内遊び（生活発表会に向けて合奏の練習） 明日は発表会なので、ホールを使って最後の練習をします。	生活発表会	異年齢保育
♪生活発表会で自信をもって演奏できるよう、合奏を繰り返し楽しむ。感 ♪自分なりに目標をもって楽器演奏に取り組む。自感	♪保護者の前で自信をもって演奏し、達成感を味わう。自感 ♪演奏や展示をとおして、保護者に自分たちの日ごろの活動を知ってもらう。社	✚♥寒さに負けず、園庭で鬼ごっこやドッジボールを友だちと楽しむ。健社
●ホールの使用時間を調整しておく。	●子どもたちの成長の様子を撮った写真と保育者のコメントをまとめたもの（ドキュメンテーションなど）を、年齢順に展示する。	●十分に準備体操をしてから遊ぶようにする。
●本番を楽しみにできるよう、これまで練習をがんばってきたことを認めてほめる。	●子どもたちがリラックスして合奏できるよう、雰囲気を和らげることを心がける。 ●演奏や展示をとおして子どもたちの成長を保護者とともに喜び合う。	●保育者も一緒に遊び、皆でルールを考えて遊びをすすめる楽しさに共感する。

2月　週案・保育所・すいかぐみ

2月の遊びと環境

その① ドッジボールのバリエーション

用意するもの ボール、コート

コートの中に「安全地帯」をつくり、そこに入ったらボールが当たってもセーフ。ただし、5つ数える間しか入れないルールにします。

環境のポイント
コートの大きさは、子どもの人数や遊びの状況に応じて広げたり狭めたりできるようにしておきましょう。

活動の内容
- 寒さに負けず、友だちと体を動かして遊ぶ。
- ルールを守りながら遊ぶことを楽しむ。

アレンジ・アイデア

小さいゴムボールを使って遊ぶ。数を2個に増やしてもいいでしょう。

その② しりとり競争

用意するもの なし

いくつかのグループに分かれます。グループで輪になり、並び順にしりとりをします。制限時間内に、一番たくさんの言葉が出たチームが勝ち。

活動の内容
- 言葉に関心をもつ。
- チームで競って遊ぶことを楽しむ。

プラスワン・アイデア

しりとりの言葉を思いつかない子には、まわりの子がヒントを出してよいことにします。ただし言葉をそのまま教えるのではなく、「つのがある強い虫は？（かぶとむし）」など、なぞなぞの形でヒントを出します。

2月の文例集

● CD-ROM → ■ 5歳児_季節の文例集→ p159_2月の文例集

【 5領域 】 ✚…健康 ♥…人間関係 ▲…環境 ●…言葉 ♪…表現
【 10の姿（幼児期の終わりまでに育ってほしい姿）】
健…健康な心と体　自…自立心　協…協同性
道…道徳性・規範意識の芽生え　社…社会生活との関わり
思…思考力の芽生え　然…自然との関わり・生命尊重
数…数量や図形、標識や文字などへの関心・感覚
言…言葉による伝え合い　感…豊かな感性と表現

前月末の子どもの姿
- 小学校を見学したことで、就学への期待感がふくらみ、楽しみにしている姿が見られた。
- グループでの遊びを楽しみ、元気よく活動していた。

養護のねらい

- 身についている生活習慣について自信をもち、就学に必要な新しいことへの意欲が育つように働きかける。
- 身のまわりのことができたときには、それが実感できるようにほめ、積極的に取り組む意欲が育つようにする。

健康・安全への配慮
- 避難訓練の際にはいつも集中しなければならないことを伝え、緊張感をもって行うようにする。
- 体調に異変が見られるときは、子どもが自分から保育者に伝えるように促す。

ねらい
- ♪卒園式で歌う歌を練習し、卒園やその後の就学に期待感をもつ。 感
- ▲身のまわりを清潔にしようとする。
- ▲節分に興味や関心をもつ。 然

内容
- ♪小学校の音楽の先生の指導で、歌の練習をする。 感
- ▲ぞうきんを使って保育室の掃除を行い、きれいにした気持ちよさを感じる。 道 社
- ▲節分と鬼の関係、豆をまくことの意味を知る。 然

環境構成
- 小学校の先生に園に来てもらい、慣れた環境で歌の練習ができるようにする。
- ぞうきんはきれいに洗っておいたものを用いる。
- 節分について伝える紙芝居を製作しておく。

保育者との関わりと配慮事項

- 指導は小学校の先生に任せ、保育者は子どもたちのそばについて関わるようにする。
- きれいにできたことをほめ、「またやってみよう」という意欲をもつように接する。
- 紙芝居の絵を一緒に描くなどして、行事に対する興味がわくようにする。

職員との連携

- 卒園式に必要な備品を確認し、不足しているものを用意するようにする。
- 担任以外の保育者が子どもたちに対して感じていることを聞き、記録に残しておく。

家庭・地域との連携

- 生活発表会に向けて子どもたちが努力していることを伝え、帰宅後に話題にしてもらうようお願いする。
- 就学を控えて落ち着かないときもあるので、家庭でもその気持ちを受け止めてもらうように伝える。

食育

- 意識して食器を大切に扱うようにする。
- 食前・食後の手洗い、うがい、歯みがきをていねいに行う。

2月 遊びと環境・文例集

3月 月案・めろんぐみ　保育所

◎ CD-ROM → 📁 5歳児_月案
→ 📁 p160-p165_3月の月案（めろんぐみ）

3月　めろんぐみ　月案
担任：A先生

今月の保育のポイント

友だちと別れる寂しさ、小学校入学に向けた喜びと緊張など、さまざまな思いが入り混じる時期です。精神的に不安定になる子どももいます。保育者は一人ひとりの気持ちを受け止め、残りの園生活を安心して過ごせるように配慮していくことが必要です。

前月末の子どもの姿

- 寒いなかでも、友だちと外で元気に遊ぶ姿が見られた。
- 年下の子どもの手助けをしたり、保育者を手伝ったりするなど積極的に行動する姿が見られた。

【5領域】健康✚人間関係♥環境🌲言葉💬表現♪	ねらい	内容
	✚これまで経験してきた運動遊びを自分なりに工夫して楽しむ。健	✚暖かくなってきたことに気づき、戸外で積極的に遊ぶことを楽しむ。健 ✚運動遊びがより楽しくなるように自分たちでルールを工夫する。健
	♥これまでの園生活を振り返り、感謝の気持ちを伝える。社 思	♥保護者、保育者、職員、異年齢児などに対してこれまでの感謝の気持ちをお別れ会の呼びかけのなかで伝える。社
	♥小学校交流で就学を意識する。自 社	🌲✚小学校の教室でいすに座ったり、1年生と交流したりして就学を実感し、新しい生活に期待をもつ。自 社
	✚卒園までにすることがわかり、見通しをもって生活に取り組む。健 道	✚感謝の気持ちをもって保育室の掃除をしたり、身のまわりの整理整頓をしたりする。健 道
	♪さまざまな音を聞き、表現や演奏を楽しむ。感	♪♥卒園式の合奏のため、いろいろな楽器を通じて音の違いや響き、皆と音を合わせる楽しさを味わう。感 協

職員との連携

- 卒園式と卒園式後就学までの保育について話し合う。
- 新年度のクラスへの引き継ぎを確認する。

家庭・地域との連携

- 卒園式の日に準備してもらうものを保護者に伝える。
- 小学校入学前後の子どもとの接し方について精神面・健康面について大切なことを保護者に伝える。

[10の姿（幼児期の終わりまでに育ってほしい姿）]
健…健康な心と体　自…自立心　協…協同性　道…道徳性・規範意識の芽生え　社…社会生活との関わり　思…思考力の芽生え
然…自然との関わり・生命尊重　数…数量や図形、標識や文字などへの関心・感覚　言…言葉による伝え合い　感…豊かな感性と表現

3月　月案・保育所・めろんぐみ

養護のねらい
- 就学の喜び、期待などをもてるような言葉がけをし、意欲的に生活できるようにする。
- 基本的生活習慣が身についたことを認め、自信がもてるようにする。

健康・安全への配慮
- 小学校入学に向けて緊張するなど精神的に不安定になりやすいので、一人ひとりの状況を日々確認し対応していく。
- 小学校への通学路を散歩に取り入れ、安全な歩き方を体験できるようにする。

行事
- ひなまつり
- 小学校交流
- 身体測定
- 誕生会
- お別れ会
- 卒園式
- 避難訓練

環境構成	保育者の関わりと配慮事項
・温度計を用意し、気温の変化に気がつけるようにする。 ・なわとびやボールなどを用意し、子どもたちがそれを工夫しながら使用して遊びを発展させていけるようにする。	・新しいルールを考えたときには、その遊び方を子どもに説明してもらうなど、次につながるようにしていく。
・園生活を思い出せるよう、これまでの園生活や行事での写真や記録を用意しておく。	・子どもたちが園生活の楽しい思い出やお世話になった人のことなどを思い出せるような言葉がけをする。
・小学校の担任と事前に当日の活動について打ち合わせておく。	・緊張したりとまどったりしている子どもに言葉がけし、不安をやわらげる。
・子どもたち用の掃除道具を準備したり、製作物を持ち帰れるようまとめたりしておく。	・これまでの園生活に感謝しながら自分たちの場所を掃除する姿を認め、就学に向けて自信がもてるようにする。
・楽器ごとの音の響きの違いに興味や関心をもてるよう、さまざまな楽器を用意し、自由に表現できるようにする。	・子どもたちが楽器の組み合わせによる音の違いに気づけるよう保育者も必要に応じて助言する。

食育
- これまでの園での給食を振り返り、思い出しながら食べる。
- 4歳児クラスに給食当番の役割を引き継ぐ。

反省・評価のポイント
- これまでの園生活を振り返り、まわりの人への感謝の気持ちがもてるような言葉がけができたか。
- 就学に対しての期待がもてるように、成長した部分やできるようになったことを認めることができたか。

3月 月案・すいかぐみ　保育所

CD-ROM → 5歳児＿月案
→ p160-p165_3月の月案（すいかぐみ）

3月　すいかぐみ　月案
担任：B先生

今月の保育のポイント
卒園を前にして、子どもたちにもさまざまな気持ちが生まれています。その気持ちを受け止め、残りの園生活の日々を楽しく過ごしていけるように配慮していきましょう。たくさんの思い出を残せるよう、関わっていくことが大切です。

前月末の子どもの姿
- 就学に向けてお兄さん、お姉さんを意識した言葉づかいが見られた。
- 年度末の慌ただしさや就学への不安から、甘える子どもが見られた。

【5領域】
健康✚
人間関係♥
環境▲
言葉●
表現♪

ねらい	内容
✚友だちと好きな遊びをたっぷりと楽しむ。(健)	✚卒園までの時間を意識しながら好きな遊びを十分に遊び込む。(健)
♥これまでの園生活を振り返り、周囲の人に感謝の気持ちをもつ。(社)	♥園生活のなかで出会った人々への感謝やお別れの気持ちをプレゼントで伝える。(社)
▲自分の役割を意識しながら季節の行事を楽しむ。(社)	▲ひなまつりの飾りつけを自分たちで行い、歌を歌ってお祝いする。(社)(感)
●相手にわかるように言葉で伝える。(言)	●園のなかの当番活動の引き継ぎについて、年下の子どもにわかりやすく説明をする。(言)(道)
▲♥●クラスの皆で春をイメージした製作を楽しむ。(感)(協)(言)	▲♥● 友だちとアイデアを出し合い春の花をテーマにしたポスター製作を楽しむ。(感)(協)(言)
♪歌詞の意味を理解し、心をこめて歌を歌う。(感)(言)	♪歌詞の意味を知り、心をこめて卒園式の歌を練習する。(感)(言)

職員との連携
- 卒園式後の施設の利用について、職員で確認する。
- 新年度の役割分担を確認し、4月からスムーズに移行できるようにする。

家庭・地域との連携
- 子どもたちの成長した姿を保護者に伝え、喜びを共有する。
- 小学校就学まで、規則正しい生活習慣を続けてほしいことを保護者に伝える。

[10の姿（幼児期の終わりまでに育ってほしい姿）]
健…健康な心と体　自…自立心　協…協同性　道…道徳性・規範意識の芽生え　社…社会生活との関わり　思…思考力の芽生え
然…自然との関わり・生命尊重　数…数量や図形、標識や文字などへの関心・感覚　言…言葉による伝え合い　感…豊かな感性と表現

3月 月案・保育所・すいかぐみ

養護のねらい
- 就学に向けて達成感を得られるよう子どもたち自身で考えたり、決めたりする活動を設定する。
- 自分の行動に自信をもてるよう、これまでがんばってきたことやできるようになったことを認める声かけを心がける。

健康・安全への配慮
- 年度末の慌ただしさで気持ちが不安定なため事故も起こりやすいので、いつも以上に注意深く見守る。
- 卒園式までに体調を崩すことがないよう、保護者と一緒に注意して見守る。

行事
- ひなまつり
- 小学校交流
- 身体測定
- 誕生会
- お別れ会
- 卒園式
- 避難訓練

環境構成	保育者の関わりと配慮事項
・これまで遊んできた遊具や玩具を子どもの興味に合わせて用意しておく。	・好きな遊びを楽しみながら、つながりを感じたり、互いのよさに気づいたりできるよう必要に応じて言葉がけをする。
・メッセージカードの製作のための材料（写真、ペン、ボール紙、折り紙、テープ）などを準備しておく。	・これまでの園生活の思い出を振り返るドキュメンテーションをつくり朝の会などで話題にとりあげる。
・自分たちで活動をすすめているという気持ちがもてるよう、飾りつけの方法も子どもたち自身で決められるようにする。	・見通しをもって準備をすすめてくれることに感謝し、進級への自信につなげる。
・どうしたらわかりやすく伝えられるかを子どもたち自身で考える時間をとる。	・これまで当番をがんばってきたことをほめ、達成感や満足感を得られるようにする。
・今までの製作活動で使ってきた材料や用具を準備しておく。	・子どもたちの感性を大切にして、そのイメージを受け止めていく。
・心をこめて歌えるよう、歌詞の意味を伝える時間をとる。	・皆で心をこめて歌いながら、園生活をふり返り、新しい生活に期待がもてるようにしていく。

食育
- おひなさまに供えたひなあられを、みんなで分けて食べる。
- 食事をつくってくれている人に感謝の気持ちをもって食事をいただく。

反省・評価のポイント
- これまでがんばってきたことや成長した姿を伝え、自信をもって就学に向かえるような援助ができたか。
- 園生活のなかで出会った人々への感謝の気持ちを伝えられる場面をつくることができたか。

3月 月案・しろくまぐみ 幼稚園・認定こども園

CD-ROM → 5歳児_月案
→ p160-p165_3月の月案（しろくまぐみ）

3月 しろくまぐみ 月案
担任：C先生

今月の保育のポイント

春の訪れとともに園生活も最後の月です。楽しかった出来事や友だちと力を合わせて取り組んだ行事を、保育者も子どもと一緒に振り返りながら、卒園式へ向けて準備をすすめましょう。園生活を支えてくれた人への感謝の気持ちを胸に、成長した子どもたちが巣立っていきます。笑顔で送り出しましょう。

前月末の子どもの姿

- 当番活動の引き継ぎでは年中児に優しく教える姿が見られた。
- 鬼のお面づくりでは友だちと相談し合いながらイメージに合うものをつくっていた。

	第1週	第2週
ねらい	・春に向かう季節の変化に気づく。（然・思） ・卒園を意識しながら友だちと遊ぶことを楽しむ。（協・感） ・ひなまつりを年少・年中児と楽しむ。（感）	・卒園を意識しながら友だちと遊ぶことを楽しむ。（協・感） ・園生活のなかで出会った人々に感謝やお別れの気持ちをもつ。（言）
内容	・早春の自然の変化を見つけたり感じ取ったりしたことを、友だちと話し合う。（然・思） ・自作のひな人形を飾り、年少・年中児と歌や踊り、ひなまつりを楽しむ。（感）	・卒園が近づいていることがわかり、楽しかった遊びを友だちと心ゆくまで楽しむ。（協・感） ・お世話になった人や年少・年中児にさまざまな方法でお別れの気持ちを伝えるカードをつくる。（言・感）
環境構成	・園庭や保育室で陽だまりの暖かさや明るさを感じ、遊べるようにする。 ・ひなまつり会の雰囲気を演出できるように、桃の花や菜の花を飾ったり、ござを敷いたりする。	・卒園に向けた活動時間の組み立てを工夫し、好きな遊びを友だちと楽しむ時間を十分に確保する。 ・子どものイメージに合わせて、メッセージカードに使うシールやペンなどを準備する。
保育者の援助	・子どもたちの気づきを認めたり、保育者も一緒に春の兆しを感じたりする。 ・終わったらひな人形を自宅に持ち帰り、家でもひなまつりの雰囲気を楽しむように伝える。	・今まで経験してきた遊びを思い出せるよう声かけする。 ・心をこめてカードをつくることができるよう、一人ひとりの顔や、やってもらったことが思い浮かぶ言葉がけをする。

職員との連携

- 卒園に向けての準備を全職員で分担し、気持ちよく送り出せるよう打ち合わせを十分に行っておく。
- ひなまつりから卒園式まで年中クラスとともに活動することが多いので、場や時間の割り振りなど保育者間で共通理解をしておく。

家庭・地域との連携

- 子どもの成長を保護者とともに喜び合う。
- 小学校に指導要録を持参して、子どもの特性や配慮点など一人ひとりの育ちを伝える。
- 子どもの製作物を見て、この1年の成長を知ることで自信をもって就学を迎えてもらう。

[5領域] ✝…健康　♥…人間関係　▲…環境　💬…言葉　♪…表現

[10の姿（幼児期の終わりまでに育ってほしい姿）]
健…健康な心と体　自…自立心　協…協同性　道…道徳性・規範意識の芽生え　社…社会生活との関わり　思…思考力の芽生え
然…自然との関わり・生命尊重　数…数量や図形、標識や文字などへの関心・感覚　言…言葉による伝え合い　感…豊かな感性と表現

🎯 月のねらい

- ♥✝ 残り少ない園生活を友だちと楽しむ。自
- 💬♪ 園生活でお世話になった人や年少・年中児へのお別れや感謝の気持ちを表現する。感 言
- ♥ 卒園式に向かう活動をとおして友だちとのつながりを感じる。協

🎂 行事

- ひなまつり
- お別れ会
- 卒園式
- 避難訓練
- 安全指導

3月　月案・幼稚園・認定こども園

第3週	第4週
♥💬♪ 卒園式に向かう活動をとおして、園生活の楽しさを共有し、クラスの友だちとのつながりを感じる。協 言 感	春休み（幼稚園）
♥💬♪ 気持ちをこめて歌ったり、声を揃えて卒園の言葉を言ったりしながら、クラスのつながりを深める。協 言 感 ▲ 感謝の気持ちをこめて、これまで使ってきた保育室の掃除をする。道	
● 歌う曲は子どもたちと考え、前月から準備できるようにしておく。 ● 園内のどこを片づけたらいいか、子どもたちが決めたところをきれいにできるように掃除道具を準備しておく。	
● がんばったことやできるようになったことをその場やクラス全体で伝え、新しい生活に期待がもてるようにする。 ● 意識をもって、園内の掃除や片づけをしている姿を認める。	

🍴 食育

- 小学校の給食に期待をもって食べることを楽しむ。

☑ 反省・評価のポイント

- 個々の成長を認めるような関わり方ができたか。
- 残り少ない園生活を友だちと思いきり遊ぶなど、充実して過ごせるような活動内容を構成できたか。
- 自信をもって卒園式に臨めるように、自分のやることがわかるように伝えることができたか。

3月 週案・めろんぐみ 保育所

卒園式

3月 めろんぐみ 週案
担任：A先生

予想される子どもの姿
- 卒園することに不安を感じ、保育者に甘える姿が見られる。
- 心身ともに急に成長したように見える子どももいて、就学を意識していることが感じられる。

	3月○日（月）	3月○日（火）	3月○日（水）	
活動予定	卒園式の練習 いよいよ週末には卒園を迎えます。月曜日はあいさつをしっかり練習しましょう。	小学校との交流会 小学校を訪問することで、卒園する気持ちを高めていきます。	散歩（××公園）	
内容	●卒園式でのあいさつのしかたを練習する。言 ●これまでにお世話になった人や関わってきた人を思い出し、感謝の気持ちをもつ。自社	▲地域の小学校に行き、小学1年生と交流する。社 ●元気にあいさつし、小学生との交流を楽しむ。言社	▲公園に咲いている桜を見て春を感じる。然感 ▲花びらを袋にたくさん集めて遊びに取り入れる。感然	
環境構成	●これまでの活動が思い出せるよう、写真や作品をまとめたものを準備しておく。	●出発前に小学校に行くまでのコースを皆で確認する。 ●当日の活動について小学校の担任と事前に調整をしておく。	●花びらを集められるよう袋を持参する。 ●桜の花以外にも春を感じるものがないか、皆で一緒に探索する。	
保育者の配慮	●気持ちをこめてあいさつができるよう、これまでがんばったことや、楽しかったことを保育者が具体的に伝えていく。	●緊張している子どもには保育者が付き添い、励ますようにする。 ●小学校での生活を伝え、就学を楽しみにできるようにする。	●花びらを集めるときには、落ちているものだけにすることを伝える。 ●春の花の名前を皆で言ってみるなど、春を意識できるようにする。	

[5領域] ✚…健康 ♥…人間関係 ▲…環境 ●…言葉 ♪…表現

[10の姿（幼児期の終わりまでに育ってほしい姿）]
健…健康な心と体　自…自立心　協…協同性　道…道徳性・規範意識の芽生え　社…社会生活との関わり　思…思考力の芽生え
然…自然との関わり・生命尊重　数…数量や図形、標識や文字などへの関心・感覚　言…言葉による伝え合い　感…豊かな感性と表現

🎯 ねらい

- ✚♥ 卒園に向けて、自信をもって遊びや友だちと活動に取り組む。健 協
- ▲ 時間に対する意識をもとうとする。数 然
- ✚▲ 春の訪れを感じ、戸外で遊ぶ。健 然

✅ 振り返り

いよいよ卒園を迎え、一人ひとりが自分の成長を実感して、自信をもって就学に臨むことができたと思う。これからもいろいろな経験をしながら成長していってほしい。

	3月○日（木）	3月○日（金）	3月○日（土）
	室内遊び（製作）	卒園式のリハーサル	卒園式
	♪春の花をテーマに皆で一つの大きなポスターをつくり、卒園の記念製作を楽しむ。感 協 社 ♪これまでの製作活動で経験したことを振り返りながらつくる。感	▲卒園式の進行に従って動いてみる。道 社	●卒園式で、これまでの成長を実感しながらあいさつする。言 社 自 ●保護者や保育者に感謝の気持ちをもち、気持ちをこめて伝える。言 社
	●今まで使ってきた製作のための材料、用具を準備しておく。 ●皆でつくった作品を、壁に展示する。	●時間を意識できるよう本番通りの時間割でリハーサルを行う。 ●卒園式と同じ配置でいすを置く。	●保護者も子どもたちの成長を感じられるような卒園式になるよう雰囲気づくりをする。
	●皆で一つの作品をつくり上げ、全員が達成感をもてるようにする。	●年長児らしい態度で式に臨むことを意識できるように言葉がけをする。	●保護者とともに、保育者として成長した子どもを送り出すことに喜びを感じる。

3月　週案・保育所・めろんぐみ

3月の遊びと環境

その① これから咲く花ポスター

用意するもの 大きな紙、クレヨン、ペン、絵の具、折り紙、ハサミ、のり、花の図鑑など

つぼみの絵

活動の内容
- 遊びをとおして春の訪れを感じる。
- 友だちとアイデアを出し合い、共同製作を楽しむ。

完成したら……

町の掲示板や、近所のお店などに貼ってもらいに行きましょう。卒園の記念になります。

園庭や公園でもうすぐ咲きそうな花を見つけ、グループごとにその花のポスターをつくります。まだ花が咲いている様子が見られない場合には、図鑑を見てもよいでしょう。

その② 思い出ギャラリー

用意するもの 画用紙、クレヨン、絵の具、ハサミ、のり、紙テープなど

活動の内容
- 1年の活動を振り返り、卒園を意識する。
- 楽しかった思い出を友だちと話し合う。

環境のポイント
これまでの活動を思い出せるよう、保育者がまとめたドキュメンテーション*などを用意しておくとよいでしょう。

*ドキュメンテーション→186ページ

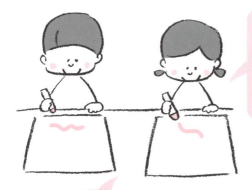

1年間の思い出を皆で話し合い、楽しかったことを絵に描きます。

完成したら……

「うんどうかい」「えんそく」などテーマ別（あるいは班別）に保育者が模造紙に貼ります。模造紙の余白を子どもたちで自由に飾りつけ、壁に掲示します。

3月の文例集

[5領域] ✚…健康 ♥…人間関係 ▲…環境 ●…言葉 ♪…表現
[10の姿（幼児期の終わりまでに育ってほしい姿）]
健…健康な心と体　自…自立心　協…協同性
道…道徳性・規範意識の芽生え　社…社会生活との関わり
思…思考力の芽生え　然…自然との関わり・生命尊重
数…数量や図形、標識や文字などへの関心・感覚
言…言葉による伝え合い　感…豊かな感性と表現

● CD-ROM → ■ 5歳児＿季節の文例集→p169_3月の文例集

前月末の子どもの姿

- 自分から年少児に関わり、できないことを手助けしようとする姿が見られた。
- 友だちと一緒に「もうすぐ1年生！」と言って、小学校への入学を楽しみにしているようだった。

養護のねらい

- 着替え、歯みがきなど自分でできるようになったことについて、自信がもてるようにはたらきかけていく。
- 卒園まで安心して落ち着いた気持ちで過ごせるように、子どもと接する。

健康・安全への配慮

- 交通標識の意味や安全な歩き方を、皆で確認し、実践する。
- 避難訓練のときは、訓練の意味をわかったうえで、年少児の模範となるような行動を促す。

ねらい

- ▲小学校を訪ね、先生と一緒に遊び、小学校で過ごすことに慣れる。協
- ●友だちと今までの思い出を話し合う。言思
- ♥相手の気持ちを考えて活動する。協

内容

- ▲小学校の先生に教えてもらいながら、グループに分かれてブロックで遊ぶ。協
- ●心に残っている思い出を皆で話し、保育者などに感謝の気持ちを伝える。言思
- ♥自分の気持ちを伝え、相手の気持ちも理解しながら友だちと遊ぶことを楽しむ。協

環境構成

- 事前に園で用意するものを確認し、グループ分けを考えておく。
- 話す順番を決め、写真などを用意して思い出しやすい雰囲気をつくる。
- 気持ちを伝え合っている様子を見守り、子どもたちが自由に関わっていけるような雰囲気をつくる。

保育者との関わりと配慮事項

- 子どもたちの間を回りながら、ブロック遊びを楽しめているか確認する。
- 一人ひとりの思い出に共感し、保育者の思い出も伝える。
- 自分たちで関わり合いをもてるようになったことを認め、友だちとの関わり方に自信がもてるように声をかける。

職員との連携

- 小学校へ送付する資料の内容に誤りがないよう、別のクラスの担当と交換して確認し合う。
- 卒園式のプログラムを確認し、手順を決めておく。

家庭・地域との連携

- 卒園式後、就学前までの保育について保護者に連絡し、それぞれの利用状況を確認する。
- 子どもたちの成長の記録を保護者に渡し、喜びを共有する。

食育

- 卒園前のお祝い給食を楽しみながら味わう。
- 調理してくれる人に感謝し、楽しい雰囲気のなかで食べる。

3月 遊びと環境・文例集

3、4、5歳児の個別の指導計画

3、4、5歳児の個別の指導計画はいつ、どのようなときに立てるのでしょうか。

❶ 3、4、5歳児の個別の指導計画とは？

3、4、5歳児については、クラス単位で指導計画を立てますが、特に配慮が必要な子どもに対しては、それに加えて個別の指導計画を立てます。このことは、2008年の保育所保育指針の改定の際から定められ、現在の指針にもその内容が明記されています。

❷ どのようなメリットがあるの？

集団のなかで今その子がどのような状況なのか、配慮が必要な部分がどこかを知ることができます。また、支援が必要な子どもの保育には加配保育者※や栄養士、嘱託医などさまざまな職員が関わるので、職員間の共通理解をすすめるうえでも有効です。さらに、必要に応じて保護者にも計画を見てもらうことで、保護者とも連携しながら支援をすすめることができます。

立案のメリット
① 配慮が必要な子どもの状況がわかり、適切な配慮や支援を行うことができる
② 職員間の共通理解が深まる
③ 保護者と現在の状況や支援方針を共有できる

❸ どんな種類があるの？

▼ 指導記録 → 173ページ

どんな記録？
指導記録とは、子どもの現状を記録するものです。基本的生活習慣、運動、遊びなど、項目別に子どもの現在の状況を記録していきます。関係機関とつながっている場合にはその旨も記載します。目標を立て、適切な支援を行うための現状整理を目的として作成されます。

いつ立てるの？
何らかの障がいがあるとわかっている場合には、その子の担任になった時点で作成します。途中から気になる点が出てきた場合にはその時点で作成します。

誰が作成するの？
担任の保育者が中心となりますが、加配保育者やフリーの保育者など、その子に関わる保育者や、嘱託医などの職員にも見てもらう必要があります。現状を知るために、新入園児の場合は保護者から、進級児の場合には保護者や前年度の担任から情報収集しましょう。

ポイント
負担が大きくならないように、「とりあえず書いてみる」というような気持ちを大切にして書いてみましょう。配慮が必要な子の場合、どうしてもできないことに目がいきがちですが、長所や成長した部分、好きなものや興味があることにも気づけるようにしましょう。

※加配保育者：障がいのある子どもを専門に担当する保育者のこと。

● 個別の年間計画 → 174ページ

どんな記録？
個別の年間計画は、長期の個別指導計画です。年間目標を決めて、それを達成するための期ごとの目標や援助、家庭との連携について記載します。クラスの指導計画ともひもづけながら、その子だけの指導計画を立てます。

誰が作成するの？
作成するのは担任ですが、初任者の場合には先輩や主任に相談するとよいでしょう。また、加配保育者やフリーの保育者との連携も不可欠です。

いつ立てるの？
何らかの障がいがあるとわかっている場合には、年度の初め、5月の連休ごろを目安に作成します。途中から気になる点が出てきたときには気づいた時点で、職員間で確認をしながら作成しましょう。

ポイント
目標を達成するためには、その子の好きなことや興味があることをうまく活用することが大切です。好きなことを把握しながら計画を立てましょう。

● 個別の短期指導計画 → 175ページ

どんな記録？
1～2週間といった短いスパンで達成できるような目標を立てるための指導計画です。現時点では年間計画を立てる必要性がないと判断できる場合には、ひとまず短期指導計画を作成して支援を始めましょう。

誰が作成するの？
担任の保育者が中心となって作成します。

いつ立てるの？
気になる点が出てきたとき、計画作成の必要が出てきたときにすぐ作成します。障がいの有無にかかわらず必要があれば不十分でもまずは作成してみて、その子の課題や配慮すべき点が解決され、作成の必要性がなくなったとしたら作成することをやめてしまって構いません。

ポイント
短期指導計画の項目はその子ごとに、具体的に設定します。1～2週間で達成できるものを立てて、達成できたら次の目標を立てましょう。もし達成できなかったら目標がその子にとってまだ難しいものだったか、保育者の支援が適切でなかったのかなど、その原因を検討しましょう。

配慮が必要なことがわかっているときのポイント
ポイント① 入園時には、保護者が行っているその子への関わり方を聞く
ポイント② 支援機関と連携し、目標を共有する
ポイント③ 保護者や支援機関と情報共有を密にしながら支援をすすめていく

入園後に気になる点が出てきたときのポイント
ポイント① 障がいの有無にかかわらず、必要と感じたら、不十分なものでもまずは作成してみる
ポイント② その子の様子をよく観察する
ポイント③ 何らかの障がいの可能性が考えられる場合は保護者に日々の様子をていねいに伝え、家庭での困りごとを聞いてみる

Dちゃんの個別指導計画
（入園時に配慮が必要なことがわかっているとき）

氏名：D
生年月日：20○○年○月■日（5歳2か月）

入園時の様子
- 着替え、食事、排泄などさまざまな面で援助が必要だったため、保育者が常についていた。
- 言葉は喃語*程度の発語で、言葉の理解も難しかった。
- 体力や集中力が弱く、1つの遊びが長続きせずに、遊びに飽きると寝転がっていた。

専門機関とのつながり
- 生後まもなくダウン症候群*が明らかになったため、2歳までは保健センター、3歳以降は児童発達支援センターで療育を受けている。現在は、週1日、言語療法*と作業療法*を受けている。

家族：父（43歳）、母（40歳）、本児（5歳）
不妊治療の末にできた子どもだったため、夫婦ともに非常に大事に育てている印象である。しかし、大事さゆえに、甘やかしてしまうことが多く、子どもが求めるとすぐ抱っこしてしまったり、悪いことをしたときに叱らなかったりすることがある。

保育者の願い
- 就学に向けて、基本的生活習慣の自立を促したい。
- 言葉で思いを伝える力を伸ばしたい。
- 家庭、学校と連携して、本児にとって最も適した就学先を一緒に考えていきたい。

＊喃語：「あー」「うー」など、意味のない声のこと。
＊ダウン症候群：染色体の突然変異による病気。筋力や言語発達の遅れが見られることが多い。
＊言語療法：言語の障がいや、声や発音の障がい、食べる機能の障がいについてリハビリテーションを行うこと。
＊作業療法：障がいがある人に対し、日常生活の動作や社会適応のための能力の回復や維持を目指し、治療を行うこと。

指導記録

● CD-ROM → ■ 5歳児_個人案 → ■ p173-175_Dちゃん（指導記録）

作成日　20○○年4月○日

氏名	D	生年月日	○○年○月■日 （5歳2か月）
入園時期	3歳時入園し、4月から5歳児クラス	5歳児	すいかぐみ

基本的生活習慣	● 着替え・身支度：服につけてもらったワッペンを頼りに前後ろを判断して着替えることができる。服や荷物の片づけは、途中で集中が途切れてしまい遊びだすことが多い。 ● 食事：友だちを見てはしを使いたがるが、うまく使えずイライラしてしまう。スプーンやフォークは使える。 ● 排泄：小便のみ自立しており、立ち便器ですることができる。大便は便座に座ることを嫌がるため、常時おむつをしている。
運動	● 身体は小さく、筋緊張が弱いため歩行が不安定だが、体を動かすことが好きで、自らすすんで活発に遊ぶ。 ● 手先は不器用で細かい作業などは途中で投げ出してしまったり壊してしまったりするため、援助が必要。
遊び	● 車や電車が好きで、積み木などで見立てて遊んでいる。 ● 音楽が好きで、音楽に合わせて踊ったり、楽器を鳴らしたりすることを楽しむ。
コミュニケーション	● 話すこと：二語文程度の発語があるが、発音が不明瞭のため、何を言っているかわからないことが多い（特に子ども同士だと伝わらないことが多い）。 ● 聞くこと：個別に伝えれば簡単な指示に従うことができるが、長く覚えておくことが苦手なので、こまめに声かけが必要である。
対人関係	● 自ら積極的に関わろうとするが、自分を通そうと強引にしてしまったり、力の加減ができなかったりする。 ● 思いどおりにならないことがあると、友だちや保育者の顔にしばしば唾を吐いてしまう。 ● 保育者が仲裁すると相手に謝ることができる。
集団参加	● 活動に参加することを好むが、手順を少なくする・難易度を下げるなど簡単なやり方に変えたり、本児にわかるような簡単な言葉で伝えたりと配慮が必要である。
家庭の様子及び連携状況	● おだやかに本児に接しているが、本児ができることもつい手伝ってしまうことが多い。 ● 小学校入学に向けて、一人でできることを増やしていきましょうという方向性で話し合っている。
関係機関との連携	● 児童発達支援センターに平日週1日、土曜日に民間の療育機関へ通っている。 ● 児童発達支援センターや療育機関での支援については、文書でやりとりをして情報共有している。 ● 大学病院の小児神経科に経過観察のため年2回通院。

指導計画（年間計画）

◉ CD-ROM → 📁 5歳児_個人案
→ 📁 p173-175_Dちゃん（指導計画［年間計画］）

作成日　20○○年4月○日

課題となっている子どもの姿	● 身支度や食事、製作遊びなどに集中して取り組める時間が短い。 ● 思いどおりにならないことがあると、人の顔に唾を吐いてしまう。
年間目標	● 就学に向けて一人でできることを増やし、集中して最後まで物事に取り組む。 ● 言葉で思いを伝えたり、手伝ってほしいときに自ら助けを求めたりする。 ● 就学に向けて家庭と連携して、ともにDちゃんにとって最善の学校について考える。

期	1期	2期	3期	4期
短期目標（養護）	● 保育者と信頼関係を築き、新しいクラスで安心して過ごす。	● 好きなこと、得意なことをとおして、自己を発揮する。	● 自分でやりたいという気持ちを尊重されているなかで、主体的に過ごす。	● 就学に向けて期待をもって生活する。
短期目標（健康・人間関係・環境・言葉・表現）	● 身のまわりのことを自分で最後までやろうとする。 ● 楽しいことやできたときの気持ちを保育者に伝えようとする。	● 集中して遊びやさまざまな活動に取り組む。 ● さまざまな気持ちになり、友だちや保育者と言葉で共有する。	● 苦手なことにも前向きに取り組もうとする。 ● 嫌な気持ちや困っていることを保育者に伝えようとする。	● 達成感を感じ、保育者と気持ちを共有する。 ● 困っていることややってほしいことを保育者に言葉で伝える。
環境及び保育者の援助	● やるべきことやその順序を言葉と絵カードで伝え、見通しをもたせる。 ●「楽しい」「うれしい」など気持ちを言葉にして共感する。	● 援助の量を段階的に減らし、一歩引いて見守るようにする。 ● 好きな遊びや活動のなかで、友だちと気持ちを伝え合うように促す。	● 指先を使う遊びを取り入れ、苦手なことも楽しみながら取り組めるように援助する。 ● 気持ちを伝える言葉を絵本などを用いて繰り返し教える。	● 活動を振り返り見通しをもてるようにする。 ●「手伝って」を言葉で言えるよう「て…」など言葉のヒントを与え、意図的・自発的な発語を促す。
家庭との連携	● 就学に向けてできるようになってほしいことを聞き、家庭や園でできることを共有する。	● 大人が先回りせずに自分でできるように援助する方法を共有する。 ● 就学相談や学校見学の様子を聞く。	● 就学先について、就学相談の判定の結果や両親の思いを聞き、Dちゃんにとって最善の学校について一緒に考える。	● 就学に向けて、一人でできること、援助が必要なこと、行っている支援方法について、家庭や関係機関と連携してまとめる。
振り返り	● 身支度は絵カードで確認しながら行うことで、取り組めるようになってきた。 ● 言葉で保育者に気持ちを伝えることが増えた。	● 絵カードがなくても身支度を最後までできることが増えた。 ● 製作遊びでは完成したら保育者に伝え、ほめられることを喜んだ。	● 苦手な活動も、諦めずに取り組める時間が増えた。 ● 唾を吐き出すことは減り、言葉で気持ちを伝えるようになってきた。	● ほこらしげに「自分でできたよ」と保育者に見せに来ることが増えた。 ● 唾を吐きだすことは大幅に減少した。

指導計画（短期）

CD-ROM → 5歳児_個人案
→ p173-175_Dちゃん（指導計画［短期］）

作成日　20○○年5月○日

すいか　ぐみ	名前　D		年齢　5歳3か月
作成者：A先生			

学期の目標	・就学に向けて一人でできることを増やし、集中して最後まで物事に取り組む。 ・言葉で思いを伝えたり、手伝ってほしいときに自ら助けを求めたりする。 ・適度な力加減で友だちと関わる。		

	ねらい	方法、手立て	様子	評価
基本的生活習慣	・朝の支度を最後まで行う。 **言葉がけと環境調整の2つの側面から手立てを考えましょう。**	・ボードに絵カードを貼って見せ、支度の順序の見通しをもたせる。 ・途中で集中が途切れないよう、着替えの場所を仕切りで区切り、刺激を減らす。	・絵カードを指差しながら、次やることを確認する姿が見られた。 ・仕切りを置くと、注意がそれることが少なくなった。	・絵カードを自分で確認しながら、見守りのみで支度ができるようになった。
基本的生活習慣	・遊びを終えるときに、自分で使ったおもちゃを片づける。 **楽しみながら、生活習慣を身につけていけるとよいでしょう。**	・次の遊びに移ろうとしたときに、声をかけ、片づける箱を見せる。 ・片づけるときに、おかたづけの歌を歌って楽しい雰囲気をつくる。	・保育者と一緒におかたづけの歌を歌いながら、片づけを楽しんだ。 ・片づけの途中で友だちの様子が気になり、注意がそれることがあった。	・見守りと声かけが必要であるが、片づけを楽しみ、遊び終えたときには自ら気づいて片づけようとする姿が見られるようになった。
言葉	・「やって」「とって」など、要求の言葉を保育者に伝える。 **言葉が出やすいように、環境調整によって機会をつくりましょう。**	・「やって、だね」など、適切な表現を繰り返し教える。 ・いつも使うおもちゃを、手の届かないところに置いておき、「とって」を言うように促す。	・保育者の言葉がけをまねる姿が多く見られた。 ・保育者が近くにいると「やって」「とって」など、自ら言葉で表現することができた。	・言葉で伝えることの喜びや楽しさを感じ、積極的に言葉を発することが増えてきている。
対人関係	・友だちと一緒に簡単な手遊びうたを楽しむ	・まずは保育者と一緒に手遊びのやり方に慣れる。 ・力を強く入れすぎてしまうときには「優しくタッチ」と言葉をかける。	・手遊びは非常に楽しんで行っていた。 ・テンションが上がると強くタッチしたり、強引に引っ張ろうとしたりしてしまうことがあった。	・手遊びそのものは楽しめるので、声かけをしながら引き続きほどよい力加減を身につけていく必要がある。

幼保連携型認定こども園 園児指導要録（3学期）

多くの認定こども園と幼稚園では、学期ごとに要録をまとめています。ここでは、3学期の要録の記録について見ていきましょう。

◎ CD-ROM → 📁 5歳児＿要録 → 📁 園児指導要録 → p176＿園児指導要録（1）

○○年度　園児指導要録（1）

氏名	I	生年月日	○○年　▲月　□日
性別	男	在園期間	○○年　4月　1日　から入園（3歳児クラスより入園）

	1学期	2学期	3学期
指導の重点など	（学年の重点） 年長児になった喜びを感じながら、新しい生活を楽しむ。 （個人の重点） 相手の気持ちに気づき、思いやりをもって行動する。	（学年の重点） 友だちと協力しながら活動し、さまざまな思いを伝え合い、共感する。 （個人の重点） 友だちと競い合って遊ぶことを楽しむ。	（学年の重点） 共通の目的に向かって、友だちと力を合わせてやり遂げる喜びを味わう。 （個人の重点） 友だちと力を合わせて、最後までやり遂げる。
指導上参考となる事項	✚ 何事にも積極的で、興味をもって取り組むことができる。㉇㉑ ♥● トラブルが起きたときに、友だちに対する口調が強くなってしまうことがあったが、保育者が仲介すると、相手の気持ちを考えようとする姿が見られた。㉔㉒ ▲ 動物が好きで、飼育当番のときには優しく動物にふれたり、接し方を友だちに伝えたりしようとする姿が見られた。㉓㉕	✚♥ 運動会に向けた活動では、友だちを誘ってリレーの練習に繰り返し取り組む姿が見られた。㉇㉔ ✚ 競い合う遊び（リレーやゲーム）では、友だちに負けると悔しさを表に出す姿が見られた。どうしたら次は勝てるのかを考えて、取り組む姿が見られた。㉓㉖ ● 郵便ごっこをとおしてひらがなに興味をもち、何度も手紙を書いていた。㉗㉖	●♪ 劇遊びや発表会に向けた活動のなかで、友だちの意見を聞いたり、自分のアイデアを話したりする姿が多く見られた。㉒㉘ ♥ 集団遊びの場でも、自分の考えたルールですすめようとせずに、友だちのアイデアを取り入れようとすることが多くなってきた。㉔㉓ ♥● 当番活動の引き継ぎでは、年下児にわかりやすく話そうとする姿が見られた。㉔㉓㉒

※要録の様式はさまざまだが、認定こども園、幼稚園では学期ごとに担任がまとめている場合が多い。本書では、学期ごとにまとめたパターン（1）と、学期ごとにまとめていたものを3学期に1つにまとめたパターン（2）を提示する。

CD-ROM → 5歳児 _ 要録→ 園児指導要録→ p177_ 園児指導要録（2）

要録については16ページ
1学期の要録は86、87ページ
2学期の要録は138、139ページ

○○年度　園児指導要録（2）

ふりがな		○○年度	幼児期の終わりまでに育ってほしい姿
氏名	J		「幼児期の終わりまでに育ってほしい姿」は、幼保連携型認定こども園教育・保育要領第2章に示すねらい及び内容に基づいて、各園で、幼児期にふさわしい遊びや生活を積み重ねることにより、幼保連携型認定こども園の教育及び保育において育みたい資質・能力が育まれている園児の具体的な姿であり、特に5歳児後半に見られるようになる姿である。「幼児期の終わりまでに育ってほしい姿」は、とりわけ園児の自発的な活動としての遊びを通して、一人一人の発達の特性に応じて、これらの姿が育っていくものであり、全ての園児に同じように見られるものではないことに留意すること。
生年月日	○○　年　□月　▲日	（学年の重点） 共通の目的に向かって、友だちと力を合わせてやり遂げる喜びを味わう。	
性別	女	（個人の重点） 自分の気持ちを言葉で表しながら、目標に向かって力を発揮する。	
ねらい（発達を捉える視点）		（指導上参考となる事項） ♥進級してしばらくは、友だちの輪に入っていくのに時間がかかったが、特定の友だちと仲良くなってからは、自分から誘いかけて遊ぶようになった。2学期には運動会をとおして特定の友だち以外とも仲を深める姿が見られるようになった。協 自 ♠♪描いたりつくったりすることが好きで、1つの製作物にじっくりと時間をかけて取り組むことができる。感 ●クラスの集まりで意見を聞くと、言葉にすることが苦手で黙りこんでしまう姿が見られたが、個別に聞くと、さまざまな意見をもっている。1対1のやりとりであれば「○○だから△△がいいと思う」など理由を交えた意見を言うことができる。言 思 ♥●♪劇遊びでは、やりたい役の希望を自分から言うことができた。最初は恥ずかしがっていて声も小さかったが、セリフや動きを皆で決めていく過程でしだいに自信をもって取り組めるようになった。協 言 自 感 ♥当番活動の引き継ぎでは、4歳児からの質問に優しく答える姿が見られた。道	
健康	明るく伸び伸びと行動し、充実感を味わう。		健 健康な心と体
健康	自分の体を十分に動かし、進んで運動しようとする。		自 自立心
健康	健康、安全な生活に必要な習慣や態度を身に付け、見通しをもって行動する。		協 協同性
人間関係	保育所の生活を楽しみ、自分の力で行動することの充実感を味わう。		道 道徳性・規範意識の芽生え
人間関係	身近な人と親しみ、関わりを深め、工夫したり、協力したりして一緒に活動する楽しさを味わい、愛情や信頼感をもつ。		社 社会生活との関わり
人間関係	社会生活における望ましい習慣や態度を身に付ける。		思 思考力の芽生え
環境	身近な環境に親しみ、自然と触れ合う中で様々な事象に興味や関心をもつ。		然 自然との関わり・生命尊重
環境	身近な環境に自分から関わり、発見を楽しんだり、考えたりし、それを生活に取り入れようとする。		数 数量や図形、標識や文字などへの関心・感覚
環境	身近な事象を見たり、考えたり、扱ったりする中で、物の性質や数量、文字などに対する感覚を豊かにする。		言 言葉による伝え合い
言葉	自分の気持ちを言葉で表現する楽しさを味わう。		感 豊かな感性と表現
言葉	人の言葉や話などをよく聞き、自分の経験したことや考えたことを話し、伝え合う喜びを味わう。		
言葉	日常生活に必要な言葉が分かるようになるとともに、絵本や物語などに親しみ、言葉に対する感覚を豊かにし、保育士等や友達と心を通わせる。		
表現	いろいろなものの美しさなどに対する豊かな感性をもつ。		
表現	感じたことや考えたことを自分なりに表現して楽しむ。	（特に配慮すべき事項） 特になし	
表現	生活の中でイメージを豊かにし、様々な表現を楽しむ。		

※幼児期の終わりまでに育ってほしい姿については別紙（→181ページ）参照

保育所児童保育要録 (1)

CD-ROM → 5歳児_要録 → 保育所児童保育要録 → p178_保育所児童保育要録（1）

ふりがな	
氏名	E
生年月日	●●年　○月　△日
性別	男

ねらい（発達を捉える視点）

✚ 健康
- 明るく伸び伸びと行動し、充実感を味わう。
- 自分の体を十分に動かし、進んで運動しようとする。
- 健康、安全な生活に必要な習慣や態度を身に付け、見通しをもって行動する。

♥ 人間関係
- 保育所の生活を楽しみ、自分の力で行動することの充実感を味わう。
- 身近な人と親しみ、関わりを深め、工夫したり、協力したりして一緒に活動する楽しさを味わい、愛情や信頼感をもつ。
- 社会生活における望ましい習慣や態度を身に付ける。

▲ 環境
- 身近な環境に親しみ、自然と触れ合う中で様々な事象に興味や関心をもつ。
- 身近な環境に自分から関わり、発見を楽しんだり、考えたりし、それを生活に取り入れようとする。
- 身近な事象を見たり、考えたり、扱ったりする中で、物の性質や数量、文字などに対する感覚を豊かにする。

● 言葉
- 自分の気持ちを言葉で表現する楽しさを味わう。
- 人の言葉や話などをよく聞き、自分の経験したことや考えたことを話し、伝え合う喜びを味わう。
- 日常生活に必要な言葉が分かるようになるとともに、絵本や物語などに親しみ、言葉に対する感覚を豊かにし、保育士等や友達と心を通わせる。

♪ 表現
- いろいろなものの美しさなどに対する豊かな感性をもつ。
- 感じたことや考えたことを自分なりに表現して楽しむ。
- 生活の中でイメージを豊かにし、様々な表現を楽しむ。

保育の過程と子どもの育ちに関する事項

（最終年度の重点）
共通の目的に向かって、友だちと一緒に力を合わせてやり遂げる喜びを味わう。

（個人の重点）
友だちの得意なことやよさに気づきながら、自分の力を発揮する。

（保育の展開と子どもの育ち）

✚ 運動面ではなわとびが得意で、寒い時期でも積極的に体を動かして遊んでいた。得意な運動については友だちにコツを教える姿も見られた。健自

✚ 給食の時間を楽しみにして、好き嫌いなくよく食べていた。食事の際に肘をついたり、お皿をもたないで食べたりすることもあったが、繰り返し声かけすることで、マナーを守ることの大切さが理解できた様子だった。健道

♥●♪ 進級したばかりのころは、保育者や友だちの提案よりも自分の意見を優先する姿が見られたが、友だちの意見や提案のおもしろさに気づき、友だちと相談し合う姿が見られるようになった。協言

●♥ 劇遊びでは、自分のイメージしたことを友だちに伝えることに苦戦し、口調が強くなってしまうことがあったが、子ども同士の話し合いを繰り返すうちに、友だちの伝え方を手本にして優しく関わることができるようになった。言協感

▲♪ 想像力が豊かで、製作活動の際にはイメージしたものを形にすることを楽しんでいた。お店やさんごっこでは率先して看板の文字を書こうとしていた。思数

（特に配慮すべき事項）
特になし

最終年度に至るまでの育ちに関する事項

- 入園（3歳児クラスより入園）当初は不安な様子が見られ、母親が離れると泣くことが多かったが、保育者がそばに寄り添っていねいに関わることによって、登園を楽しみにするようになった。

- 電車が好きで、絵本や写真を見たり電車の玩具で遊んだりして楽しんでいた。

- 友だちに興味をもち、積極的に関わる姿が見られた。ときおり友だちに対して口調が強くなることがあり、泣かせてしまうこともあったが、保育者の仲立ちで自分から謝ることができた。

- クラスの友だちとトラブルになると、気分がふさいでしまう姿も見られたが、保育者が関わることでしだいに切り替えられるようになった。

幼児期の終わりまでに育ってほしい姿

※各項目の内容等については、別紙（→181ページ）に示す「幼児期の終わりまでに育ってほしい姿について」を参照すること。

- 健 健康な心と体
- 自 自立心
- 協 協同性
- 道 道徳性・規範意識の芽生え
- 社 社会生活との関わり
- 思 思考力の芽生え
- 然 自然との関わり・生命尊重
- 数 数量や図形、標識や文字などへの関心・感覚
- 言 言葉による伝え合い
- 感 豊かな感性と表現

保育所児童保育要録 (2)

◎ CD-ROM → 📁 5歳児_要録→ 📁 保育所児童保育要録→ p179_ 保育所児童保育要録（2）

ふりがな	
氏名	F
生年月日	●● 年 ○月 △日
性別	女

ねらい（発達を捉える視点）

✚ 健康
- 明るく伸び伸びと行動し、充実感を味わう。
- 自分の体を十分に動かし、進んで運動しようとする。
- 健康、安全な生活に必要な習慣や態度を身に付け、見通しをもって行動する。

♥ 人間関係
- 保育所の生活を楽しみ、自分の力で行動することの充実感を味わう。
- 身近な人と親しみ、関わりを深め、工夫したり、協力したりして一緒に活動する楽しさを味わい、愛情や信頼感をもつ。
- 社会生活における望ましい習慣や態度を身に付ける。

▲ 環境
- 身近な環境に親しみ、自然と触れ合う中で様々な事象に興味や関心をもつ。
- 身近な環境に自分から関わり、発見を楽しんだり、考えたりし、それを生活に取り入れようとする。
- 身近な事象を見たり、考えたり、扱ったりする中で、物の性質や数量、文字などに対する感覚を豊かにする。

● 言葉
- 自分の気持ちを言葉で表現する楽しさを味わう。
- 人の言葉や話などをよく聞き、自分の経験したことや考えたことを話し、伝え合う喜びを味わう。
- 日常生活に必要な言葉が分かるようになるとともに、絵本や物語などに親しみ、言葉に対する感覚を豊かにし、保育士等や友達と心を通わせる。

♪ 表現
- いろいろなものの美しさなどに対する豊かな感性をもつ。
- 感じたことや考えたことを自分なりに表現して楽しむ。
- 生活の中でイメージを豊かにし、様々な表現を楽しむ。

保育の過程と子どもの育ちに関する事項

（最終年度の重点）
共通の目的に向かって、友だちと一緒に力を合わせてやり遂げる喜びを味わう。

（個人の重点）
友だちとのやりとりを楽しみながら、さまざまなことに挑戦する。

（保育の展開と子どもの育ち）

✚ 好奇心旺盛で、さまざまなことに対して意欲的に取り組む。途中で遊びに飽きてしまってやめてしまうときもあったが、好きな遊びには集中して取り組んでいた。健自

▲●♪ 七夕について興味をもち、絵本で調べていた。自分が調べたことを保育者や友だちに伝えたり、製作に生かしたりしていた。また、七夕の短冊に願いごとを自分で書こうとし、書き方がわからない文字について保育者に聞く姿も見られた。数 然 数 言 感

♥♪ 絵や製作が得意で、自分のイメージしているものを表現することができる。入園式や誕生会のプレゼント係になり、友だちにも呼びかけて協力しながら、たくさんのメダルをつくっていた。協 感

✚♪ ダンスなど、体を動かして表現することが好きで、友だちにダンスを教えたり、友だちのいる前で踊ったりする姿が見られた。健 感

✚ 野菜が苦手で、給食の時間に残したり、食べるのに時間がかかったりすることもあったが、仲のよい友だちが食べる姿に刺激を受けて、食べてみることができるようになってきた。健 自

（特に配慮すべき事項）
特になし

最終年度に至るまでの育ちに関する事項

● 4歳児クラスより転園。当初は友だちの輪に入れず保育者のそばにいることが多かったが、しだいに慣れ、特定の友だちと遊ぶことが増えた。

● 絵を描くことが好きで、一人で好きな絵を繰り返し描く姿が見られた。

● 思ったことやしてほしいことを保育者に言葉で伝えることができていた。

● 進級について不安な様子が見られたが、5歳児クラスで遊ぶ体験や、5歳児に遊びを教えてもらう体験をとおして、しだいに進級を楽しみにするようになった。

幼児期の終わりまでに育ってほしい姿

※各項目の内容等については、別紙（→ 181ページ）に示す「幼児期の終わりまでに育ってほしい姿について」を参照すること。

- 健 健康な心と体
- 自 自立心
- 協 協同性
- 道 道徳性・規範意識の芽生え
- 社 社会生活との関わり
- 思 思考力の芽生え
- 然 自然との関わり・生命尊重
- 数 数量や図形、標識や文字などへの関心・感覚
- 言 言葉による伝え合い
- 感 豊かな感性と表現

保育所児童保育要録 (3)

● CD-ROM → ■ 5歳児_要録→ ■ 保育所児童保育要録→ p180_保育所児童保育要録（3）

ふりがな		
氏名	G	
生年月日	●● 年 ○月 △日	
性別	女	

ねらい（発達を捉える視点）

✚ 健康
- 明るく伸び伸びと行動し、充実感を味わう。
- 自分の体を十分に動かし、進んで運動しようとする。
- 健康、安全な生活に必要な習慣や態度を身に付け、見通しをもって行動する。

♥ 人間関係
- 保育所の生活を楽しみ、自分の力で行動することの充実感を味わう。
- 身近な人と親しみ、関わりを深め、工夫したり、協力したりして一緒に活動する楽しさを味わい、愛情や信頼感をもつ。
- 社会生活における望ましい習慣や態度を身に付ける。

▲ 環境
- 身近な環境に親しみ、自然と触れ合う中で様々な事象に興味や関心をもつ。
- 身近な環境に自分から関わり、発見を楽しんだり、考えたりし、それを生活に取り入れようとする。
- 身近な事象を見たり、考えたり、扱ったりする中で、物の性質や数量、文字などに対する感覚を豊かにする。

● 言葉
- 自分の気持ちを言葉で表現する楽しさを味わう。
- 人の言葉や話などをよく聞き、自分の経験したことや考えたことを話し、伝え合う喜びを味わう。
- 日常生活に必要な言葉が分かるようになるとともに、絵本や物語などに親しみ、言葉に対する感覚を豊かにし、保育士等や友達と心を通わせる。

♪ 表現
- いろいろなものの美しさなどに対する豊かな感性をもつ。
- 感じたことや考えたことを自分なりに表現して楽しむ。
- 生活の中でイメージを豊かにし、様々な表現を楽しむ。

保育の過程と子どもの育ちに関する事項

（最終年度の重点）
共通の目的に向かって、友だちと一緒に力を合わせてやり遂げる喜びを味わう。

（個人の重点）
友だちと意見を出し合いながら遊びや行事に取り組む。

（保育の展開と子どもの育ち）

✚ 感受性が豊かで、進級お祝い会の日にうれしさから泣いている姿が見られた。友だちとのやりとりや休み明けなどにも、涙を流しながら喜怒哀楽を表現することがある。健

♥ 1学期には4歳児クラスのときに仲のよかった友だちとままごとなどの慣れ親しんだ遊びをしていることが多かったが、2学期の行事やグループ活動をとおして、クラスのほかの友だちとの関わりも増えてきた。協 自

♥● 行事や係などのグループ活動では、友だちの意見を受け止めることのほうが多く、自分の意見を言わないままになってしまう場面も多く見られた。保育者が仲介して促すと、だんだんと自分の考えを言えるようになってきた。協 言

▲ 敬老の日では地域のお年寄りとの交流を楽しみにする姿が見られた。交流会のあと、お年寄りに手紙を書く姿が見られた。社 数 道

▲♪ 季節の変化に対して敏感で、戸外活動の際には「前には咲いていなかった花が咲いた」「葉の色が変わった」「暖かくなった」など季節の変化を口にする姿が見られた。また、季節の行事も意欲的に楽しんでいた。然 思 感

✚ 就学に対しては緊張しており、小学校交流の日にも園とは違う様子にとまどい、泣く姿が見られたので、保育者がそばについて励ました。健

（特に配慮すべき事項）
花粉症のため、時期になると目・鼻にかゆみを生じる。

最終年度に至るまでの育ちに関する事項

● 2歳児クラスより入園。最初は特定の保育者との関わりを好み、他の保育者や他児と関わることはほとんどなかった。次第に特定の保育者がそばにいなくても落ち着いて遊べるようになった。

● 思ったことやしてほしいことを保育者や友だちに言えず、泣いてしまうことが多くあり、保育者がていねいに関わるようにしていた。

● ままごと遊びが好きで、ついたてや積み木を使って遊びの場を作って楽しんでいた。

● 植物や生き物の世話に興味をもち、意欲的に関わっていた。

幼児期の終わりまでに育ってほしい姿

※各項目の内容等については、別紙（→181ページ）に示す「幼児期の終わりまでに育ってほしい姿について」を参照すること。

- 健 健康な心と体
- 自 自立心
- 協 協同性
- 道 道徳性・規範意識の芽生え
- 社 社会生活との関わり
- 思 思考力の芽生え
- 然 自然との関わり・生命尊重
- 数 数量や図形、標識や文字などへの関心・感覚
- 言 言葉による伝え合い
- 感 豊かな感性と表現

幼児期の終わりまでに育ってほしい姿について（別紙）

保育所保育指針第1章「総則」に示された「幼児期の終わりまでに育ってほしい姿」は、保育所保育指針第2章「保育の内容」に示されたねらい及び内容に基づいて、各保育所で、乳幼児期にふさわしい生活や遊びを積み重ねることにより、保育所保育において育みたい資質・能力が育まれている子どもの具体的な姿であり、特に小学校就学の始期に達する直前の年度の後半に見られるようになる姿である。「幼児期の終わりまでに育ってほしい姿」は、とりわけ子どもの自発的な活動としての遊びを通して、一人一人の発達の特性に応じて、これらの姿が育っていくものであり、全ての子どもに同じように見られるものではないことに留意すること。

健康な心と体	保育所（幼保連携型認定こども園）の生活の中で、充実感をもって自分のやりたいことに向かって心と体を十分に働かせ、見通しをもって行動し、自ら健康で安全な生活をつくり出すようになる。
自立心	身近な環境に主体的に関わり様々な活動を楽しむ中で、しなければならないことを自覚し、自分の力で行うために考えたり、工夫したりしながら、諦めずにやり遂げることで達成感を味わい、自信をもって行動するようになる。
協同性	友達と関わる中で、互いの思いや考えなどを共有し、共通の目的の実現に向けて、考えたり、工夫したり、協力したりし、充実感をもってやり遂げるようになる。
道徳性・規範意識の芽生え	友達と様々な体験を重ねる中で、してよいことや悪いことが分かり、自分の行動を振り返ったり、友達の気持ちに共感したりし、相手の立場に立って行動するようになる。また、きまりを守る必要性が分かり、自分の気持ちを調整し、友達と折り合いを付けながら、きまりをつくったり、守ったりするようになる。
社会生活との関わり	家族を大切にしようとする気持ちをもつとともに、地域の身近な人と触れ合う中で、人との様々な関わり方に気付き、相手の気持ちを考えて関わり、自分が役に立つ喜びを感じ、地域に親しみをもつようになる。また、保育所（幼保連携型認定こども園）内外の様々な環境に関わる中で、遊びや生活に必要な情報を取り入れ、情報に基づき判断したり、情報を伝え合ったり、活用したりするなど、情報を役立てながら活動するようになるとともに、公共の施設を大切に利用するなどして、社会とのつながりなどを意識するようになる。
思考力の芽生え	身近な事象に積極的に関わる中で、物の性質や仕組みなどを感じ取ったり、気付いたりし、考えたり、予想したり、工夫したりするなど、多様な関わりを楽しむようになる。また、友達の様々な考えに触れる中で、自分と異なる考えがあることに気付き、自ら判断したり、考え直したりするなど、新しい考えを生み出す喜びを味わいながら、自分の考えをよりよいものにするようになる。
自然との関わり・生命尊重	自然に触れて感動する体験を通して、自然の変化などを感じ取り、好奇心や探究心をもって考え言葉などで表現しながら、身近な事象への関心が高まるとともに、自然への愛情や畏敬の念をもつようになる。また、身近な動植物に心を動かされる中で、生命の不思議さや尊さに気付き、身近な動植物への接し方を考え、命あるものとしていたわり、大切にする気持ちをもって関わるようになる。
数量や図形、標識や文字などへの関心・感覚	遊びや生活の中で、数量や図形、標識や文字などに親しむ体験を重ねたり、標識や文字の役割に気付いたりし、自らの必要感に基づきこれらを活用し、興味や関心、感覚をもつようになる。
言葉による伝え合い	保育士（保育教諭）等や友達と心を通わせる中で、絵本や物語などに親しみながら、豊かな言葉や表現を身に付け、経験したことや考えたことなどを言葉で伝えたり、相手の話を注意して聞いたりし、言葉による伝え合いを楽しむようになる。
豊かな完成と表現	心を動かす出来事などに触れ感性を働かせる中で、様々な素材の特徴や表現の仕方などに気付き、感じたことや考えたことを自分で表現したり、友達同士で表現する過程を楽しんだりし、表現する喜びを味わい、意欲をもつようになる。

保育所児童保育要録（保育に関する記録）の記入に当たっては、特に小学校における子どもの指導に生かされるよう、「幼児期の終わりまでに育ってほしい姿」を活用して子どもに育まれている資質・能力を捉え、指導の過程と育ちつつある姿をわかりやすく記入するように留意すること。また、「幼児期の終わりまでに育ってほしい姿」が到達すべき目標ではないことに留意し、項目別に子どもの育ちつつある姿を記入するのではなく、全体的、総合的に捉えて記入すること。

保育日誌

◉ CD-ROM → 📁 5歳児 _ 保育日誌
→ p182-p183_ 保育日誌 4-9月

保育日誌とは、日々の保育を振り返り、次の保育に生かしていくための記録です。指導計画に基づいて保育を行い、設定したねらいや内容に対して実際にどうだったか、具体的な子どもの成長、今後の課題について記入していきます。ここでは週案で紹介した活動についての保育日誌を掲載します。

月／日	主な活動	子どもの様子	評価・反省
4／○（水）	● 入園式に向けた準備	● 一人ひとりの役割を保育者が伝えると、5歳児クラスとしての自覚が出てきた様子が見られた。グループに分かれて行なった飾りつけでは、子どもたちが意見を出して素材や内容を選び、製作に取り組む姿が見られた。	● 入園式の様子を伝え、飾りつけについて意見を求めると、「○○したらどう？」「○○したい」など、自分のイメージを言葉にしていた。今後も子どもたちのイメージに合わせて素材を用意することで、製作の楽しみが味わえるようにしたい。

▶ 4月週案 52・53ページへ

月／日	主な活動	子どもの様子	評価・反省
5／○（火）	● 散歩（○○公園）	● 公園ではダンゴムシ探しに熱中し、皆で協力しながらたくさん捕まえていた。ミニ図鑑をもってきていたので、その場でダンゴムシについて調べたり、虫めがねで拡大したりして観察していた。	● いつもより少し長距離の散歩だったが、体力がついてきて、無理なく楽しめた。自分から水分補給を行おうとする姿も見られた。虫に興味をもっている子が多いので、明日は園庭で虫探しを楽しめるようにしたい。

▶ 5月週案 62・63ページへ

月／日	主な活動	子どもの様子	評価・反省
6／○（木）	● 室内遊び（巧技台）	● 室内遊びが増えてきたので、子どもたちも慣れてきていて、順番を守ることを意識しながら友だちと協力して身体を動かすことを楽しんでいた。今までできなかったことに挑戦する姿も見られた。	● 他児との関わりが増えてきて、言葉を交わしながら皆で協力して遊べるようになってきている。保育者は関わり過ぎず見守るようにしたい。また、雨の日が続いているので、今後も室内で身体を動かせる遊びを増やしていきたい。

▶ 6月週案 72・73ページへ

月／日	主な活動	子どもの様子	評価・反省
7／○（木）	● 室内遊び（七夕の飾りつけ）	● 七夕まつりを楽しみにしながら、協力して飾りつけをする姿が見られた。手が届かない子がいると、背の高い子が飾りつけを手伝ってあげる様子も見られた。友だちと相談しながら飾りつけをしている子もいた。	● クラスの友だちとつながりができてきて、協力したり、力を出し合ったりしながら活動できることが増えてきた。これからの秋の行事に向けて、引き続きクラスの皆で取り組めるような活動を設定していきたい。

▶ 7月週案 82・83 ページへ

月／日	主な活動	子どもの様子	評価・反省
8／○（火）	● プール遊び	● 水遊びの前の身支度にも慣れ、スムーズに準備をしている様子が見られた。積極的に水遊びを楽しみ、遊びのなかで足をバタバタさせたり、顔を水につけたりと泳ぎに挑戦するような動作をしている子もいた。	● 水遊びにもだいぶ慣れてきている様子だが、安全には十分気をつけて楽しめるように配慮していこうと思う。泳ぐことに挑戦している子どももいるが、無理には練習させず、遊びの延長上で楽しめるようにしていきたい。

▶ 8月週案 94・95 ページへ

月／日	主な活動	子どもの様子	評価・反省
9／○（金）	● 園庭遊び（運動会に向けた活動）	● かけっこの練習では、勝負に勝ちたいという気持ちが強くなり、負けた悔しさから涙を流す子もいた。ダンスの練習では、積極的に振りつけについて意見を出し、皆で揃えようという意識が見られた。	● 負けた悔しさを表すだけでなく、勝つためにはどうすればいいか考え、努力する姿が見られるようになってきたので、今後も競い合う機会を多く設けたいと思う。運動会に向けて一人ひとりの意欲や期待が高まっている。

▶ 9月週案 104・105 ページへ

保育日誌

◉ CD-ROM → 📁 5歳児_保育日誌
→ p184-p185_保育日誌 10-3月

月／日	主な活動	子どもの様子	評価・反省
10／○ (金)	● 運動会のリハーサル	● 一人ひとりが明日の係の内容を確認し、自分の役割を意識している様子だった。ダンスの練習では、これまで取り組んできたことを表現しようとする姿が見られた。家でダンスの練習をしていると話す子もいた。	● 明日の運動会に向けて、競技や係活動などに協力しながら取り組んでいた。運動会に向けた活動をとおして、クラスのつながりが深まってきた。これまであまり遊んでいなかった子同士の関わりも見られるようになった。

▶ 10月週案 114・115ページへ

月／日	主な活動	子どもの様子	評価・反省
11／○ (火)	● 室内遊び（自然物を調べる）	● どんぐりやきれいな色の落ち葉などを、図鑑や絵本を使って調べる様子が見られた。また、それぞれの形や大きさ、重さの違いに興味をもち、はかりや定規で調べたり、どちらが多くどんぐりがとれたかを競争して、数えたりする姿も見られた。	● 遊びのなかで数や重さに興味がもてるよう、用具を用意しておいたところ、それぞれの興味に合わせて使い、遊びが盛り上がっている様子だった。子どもたちが発見したことをクラスのほかの子にも紹介していきたい。

▶ 11月週案 124・125ページへ

月／日	主な活動	子どもの様子	評価・反省
12／○ (火)	● 散歩（××公園）	● 公園に行く途中で小学校の前を通り、来月の小学校交流の話をした。緊張したり、楽しみにしたりする様子が見られた。「小学校では何をするの？」「お兄さん、お姉さんがいるの？」など、皆口々に質問をしていた。	● 歩いて30〜40分かかる公園にも無理なく行けるようになり、帰ってきてからは自分で手洗い、うがいをするようになった。また、来月からの小学校交流をイメージできるよう、小学校の前を通って話ができたので、期待する気持ちが芽生えたと思う。

▶ 12月週案 134・135ページへ

月/日	主な活動	子どもの様子	評価・反省
1/○（土）	● 異年齢保育	● 自分のつくった凧があがる様子を見て、喜んでいた。風向きを友だちに伝えたり、ぶつからないように、走る方向を確認したりする姿が見られた。帰ってきてから、もっと高くあがるように新しい凧をつくる子もいた。	● 自分たちのつくったもので正月遊びをする楽しさを味わえたようだった。どうしたら高くあがるか意見を出し合いながら、工夫する姿が見られた。今後も子どもたちが考えを出し合って遊べるような機会をつくりたい。

▶ 1月週案 146・147 ページへ

月/日	主な活動	子どもの様子	評価・反省
2/○（火）	● 室内遊び（合奏の練習）	● 擬音や絵で表記された楽譜を見ながら、自分のパートを練習していた。友だちと音を合わせることを楽しんでいる様子だった。うまくいかない部分は子どもたちでどうすればいいか話し合う様子が見られた。	● 演奏する曲選びやパート決めを子どもたちだけですすめたこともあり、自分たちの活動として意識して取り組む姿が見られた。また、気持ちを合わせて演奏するためにはどうすればいいのか、子どもたちで考えようとしている。

▶ 2月週案 156・157 ページへ

月/日	主な活動	子どもの様子	評価・反省
3/○（金）	● 卒園式のリハーサル	● 式の練習では、静かにしていなければならない時間も多いが、意欲をもち、集中して取り組むことができた。卒園式を楽しみにして、お別れの言葉や歌を、心をこめて言ったり、歌ったりする様子が見られた。	● 卒園式が近づくにつれ、子どもたちの絆が強くなってきた。本番は緊張すると思うがしっかり見守り、新しい生活に向けて送り出したいと思う。

▶ 3月週案 166・167 ページへ

写真や動画を記録に生かすには？

保育の現場で写真や動画を記録の手段として使用することが増えてきています。
ここでは、写真、動画を活用した記録（ポートフォリオ、ドキュメンテーション）の方法を紹介します。

1 ポートフォリオとは何か？

ポートフォリオの語源は、イタリア語の Portafoglio（portrait 持ち歩く +forglio 紙）で「財布」や「ファイル、書類ケース」を意味します。近年では一般的にも自身の作品や履歴をファイルに収めて発表したり、プレゼンテーションしたりする際に用いるものとして、この言葉が使用されています。保育の現場では、保育者が一人ひとりの成長過程や、子どもたちの体験などを写真や文章でまとめ、子どもを理解するための記録として用いたり、保護者に対して子どもの姿を伝えるための資料として使われたりしています。似たような記録として、ニュージーランドで生まれたラーニング・ストーリー（子どもたちの言動を紙にまとめたものをファイリングし部屋の入り口に置いておき、保護者や子どもがいつでも見られるようにしておく記録のこと）というものもあります。

● ポートフォリオの例

出典：松井剛太「保育所における保護者の保育参加を目指したポートフォリオの作成」『乳児教育学研究』24、2015年

2 ドキュメンテーションとは何か？

イタリアのレッジョ・エミリア市で実施されていたもので、保育のプロセス（過程）を見える化することを特徴とした記録のことです。「プロセス」を重視するものなので、活動の途中についても記録していきます。また、活動のなかでの子どもの会話や行動について写真やICレコーダー、ビデオカメラなど、さまざまな方法で記録することで、子ども一人ひとりの学びや成長していく過程を、子ども自身や保護者と共有することができるというものです。ポートフォリオと違い、個人よりも協同的活動についての記録になります。

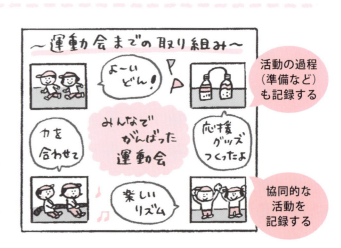

3 ふだんの保育のなかで、写真や動画をどのように活用すればいいの？

● 記録として活用する

→記録をまとめていく過程で、保育者自身が自分の保育を振り返ることができ、そのときには見えなかった子どもの姿が見えてくることがあります。振り返ることは、子ども理解につながるのです。

● 評価や反省を書くときに活用する

→保育者同士で、ドキュメンテーションなどを見て意見交換をします（これを保育カンファレンスといいます）。さまざまな視点から振り返ることで、これまでもっていた子どものイメージが変わることもあります。たとえば、これまで対応が難しいと思っていた子について、ほかの保育者の視点によってその子がトラブルを起こした理由がわかり、対応のしかたがわかる、ということもあります。

● 保護者との連携で活用する

→園の活動や育ちの姿を写真や動画で見せることによって、保護者に園としての取り組みを理解してもらうことができます。また、写真や動画で記録を残し、保護者や子どもが見られるところに掲示することによって、保護者と子どもの会話のきっかけにもなります。

4 写真をとるときの注意点は？

子どもがカメラを意識している写真（ポーズをとったり、ピースサインをしたりしているなど）はできるだけ避けましょう。子どもが何かに熱中したり、関心を向けたり、困難なことにチャレンジしようとしていたり、何かを表現しようとしていたりする姿を写真にとるように意識しましょう。

≪CD-ROMについて≫

付属のCD-ROMには、本誌で紹介されている文例のWord形式のデータが収録されています。
CD-ROMをお使いになる前に必ず下記をご確認ください。
付属のCD-ROMを開封された場合、以下の事項に同意されたものとします。

■動作環境
● 対応OS：Microsoft Windows7 以上
● アプリケーション：Microsoft Office Word 2010 以上
● CD-ROM ドライブ
※付属のCD-ROMを使用するには、パソコンにCD-ROMを読み込めるCD-ROMドライブが装備されている必要があります。

■使用上の注意
● 本誌では、Windows7 上で Microsoft Office Word 2013 を使用した操作手順を紹介しています。お使いの動作環境によって操作方法や操作画面が異なる場合がありますので、ご了承ください。
● お使いのパソコン環境やアプリケーションのバージョンによって、レイアウトが崩れて表示される場合があります。
※ Microsoft Windows、Microsoft Office、Wordは米国 Microsoft Corporation の米国およびその他の国における登録商標です。その他、記載されている製品名は、各社の登録商標または商標です。本書では、™、®、©マークの表示を省略しています。

■使用許諾
本誌掲載の文例、および付属CD-ROMに収録されたデータは、購入された個人または法人・団体が、営利を目的とせず、私的な目的（掲示物、園だよりなど）で使用することができます。ただし、以下のことを遵守してください。

● 他の出版物、園児募集のためのPR広告、インターネットのホームページ（個人的なものを含む）などでの使用はできません。無断で使用することは法律で禁じられています。また、付属CD-ROM収録のデータを加工・変形し、上記内容に使用することも同様に禁じられています。
● 付属CD-ROM収録のデータを複製し、第三者に販売・頒布（インターネットや放送を通じたものを含む）、譲渡・賃貸することはできません。
● 本書に掲載および付属CD-ROMに収録されているすべての文例等の著作権・使用許諾権・商標権は弊社に帰属します。
● 付属CD-ROMを使用したことにより生じた損害、障害、その他いかなる事態にも、弊社は一切責任を負いません。
● 付属CD-ROMは音楽CDではありません。オーディオプレイヤーなどで再生しないでください。
● CD-ROMの裏面を傷つけるとデータが読み取れなくなる場合があります。取り扱いには十分ご注意ください。
● 本書記載の内容についてのご質問は弊社宛てにお願いいたします。CD-ROM収録データのサポートは行っていません。

CD-ROMに収録されているデータについて

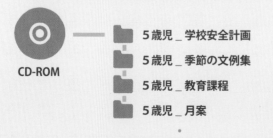

CD-ROM
- 5歳児_学校安全計画
- 5歳児_季節の文例集
- 5歳児_教育課程
- 5歳児_月案

付属のCD-ROMを開くと、各指導計画の名前のついたフォルダが入っています。指導計画のフォルダのなかには、掲載ページごとのフォルダがあり、本誌で紹介されている指導計画のテンプレートがWord形式で収録されています。

※日案の環境構成図は空欄になっています。園の実態に合わせて記入しましょう。

1 CD-ROMに収録されているWordファイルを開こう

使いたいテンプレートがきまったら、CD-ROMからファイルを探してパソコン上にコピーしましょう。
ここでは、Windows7上で「4月_めろんぐみ」のWordファイルをパソコン上に保存し、開いてみます。

1 CD-ROMを挿入する

付属のCD-ROMをパソコンのCD-ROM（DVD-ROM）ドライブへ挿入すると、自動再生ダイアログが表示されるので、「フォルダーを開いてファイルを表示」をクリックします。

- ダイアログを閉じてしまったり、表示されない場合は、スタートメニューの「コンピューター」から、「CD-ROMドライブ」をクリックして開くことができます。
- 「スタート→コンピューター→5歳児の指導計画」をクリックしていってください（Windows10の場合は「スタート→エクスプローラー→5歳児の指導計画」）。

2 目的のフォルダーを開く

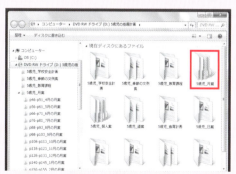

CD-ROMの内容を開くと、各章の名前のついたフォルダが表示されます。

「5歳児_月案」→「P46-P51_4月の月案」と開いていきましょう。
P46~51に掲載されている4月の月案のWordファイルがあります。

3 ファイルをパソコン上にコピーする

コピーしたいファイルをクリックしたままウィンドウの外へドラッグ（移動）しマウスボタンを離すと、デスクトップ上にファイルがコピーされます。

4 ファイルをダブルクリックする

デスクトップ上にコピーした「4月_めろんぐみ」をダブルクリックします。

5 Wordファイルが開く

Wordが起動し、「4月_めろんぐみ」のテンプレートが開きます。

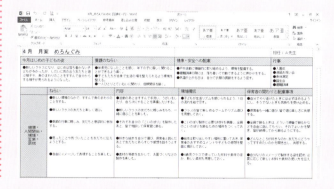

2 Wordの文章をコピーして、別ファイルの表へ貼り付ける

付属CD-ROMに収録されているテンプレートの文章をコピーし、所属している園で使用している表へ貼り付けてみましょう。また、文章を編集したり、文字の大きさやフォント（書体）を変更する方法を説明します。

1 Wordの文章をコピーする

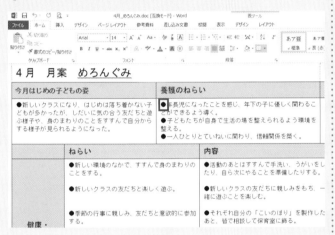

使いたい文章の先頭にカーソルを合わせ、クリックしながら文章の終わりまでドラッグし、文字列を選択します。

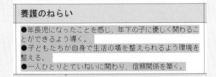

選択された範囲の色が変わり、選択状態になります。

「ホーム」タブ内の「コピー」をクリックすると、選択した文字列がコピーされます。

●「Ctrl」キーを押しながら「C」キーを押すことでもコピーすることができます。

2 自分の園の表へ貼り付ける

文字列をコピーしたら、所属している園で使用しているファイルをダブルクリックして開きます。

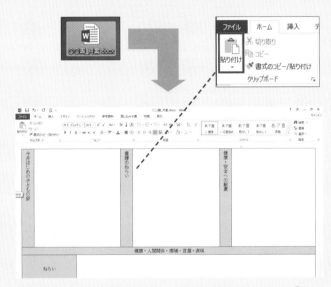

文章を貼り付けたい場所にカーソルを合わせてクリックし、「ホーム」タブ内の「貼り付け」をクリックします。

●「Ctrl」キーを押しながら「V」キーを押すことでも貼り付けされます。

カーソルがおかれた場所に、コピーした文字列が貼り付けされました。

3 文章を編集する

文章を編集する場合は、編集したい文字列をドラッグして選択します。

選択した文字列を「Delete」キーで削除するか、選択範囲の色が変わった状態のまま文字を入力し、新しい文章に書き換えます。

4 文字の大きさや、フォントを変更する

文字の大きさや、フォントを変更してみましょう。まず、変更したい文字列をドラッグ選択します。

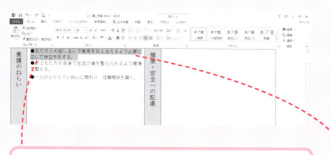

フォントの変更

フォント欄の右にある「▼」をクリックすると、使用できるフォントの一覧が表示されます。好きなフォントを選んでクリックすると、文字のフォントが変更されます。

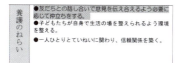

5 編集したWordファイルを保存する

編集したファイルを保存するには、「ファイル」タブを開き「名前を付けて保存」または「上書き保存」をクリックします。

編集前のファイルを残したい場合は「名前を付けて保存」をクリックし、「ファイル名」欄に新しいファイル名を入力します。保存先を指定したら「保存」をクリックします。
元のファイルに上書きする場合は、「上書き保存」をクリックします。

● せっかく作成したデータが消えてしまわないよう、こまめに保存をするようにしましょう。

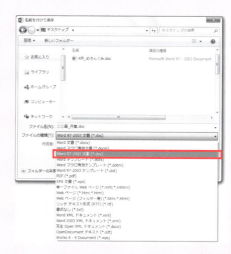

「ファイルの種類」で「Word97-2003文書」を選択して保存すると、古いバージョンのWordでも開くことのできる形式で保存されます。

大きさの変更

「ホーム」タブのフォントサイズ欄の右にある「▼」をクリックすると文字サイズの一覧が表示されます。

数字は直接入力して変更することもできます。

また、「A▲」「A▼」をクリックして文字の大きさを拡大・縮小することができます。

● **監修者**

原 孝成（はら たかあき）

目白大学人間学部子ども学科教授
広島大学大学院教育学研究科博士課程前期幼児学専攻修了。
著書に『指導計画の書き方』（共著、チャイルド社、2016年）、
『保育の心理学Ⅰ』（共著、中央法規出版、2015年）など多数。

● **執筆**

粟生こずえ、菅村薫、橋本朋子

● **幼稚園・認定こども園の指導計画の監修**

桶田ゆかり（文京区立第一幼稚園園長）

● **個別の指導計画の執筆**

堂山亞希（目白大学人間学部子ども学科専任講師）

● **協力**

（保育所の指導計画、保育所・認定こども園の要録）
社会福祉法人　新栄会（東京都新宿区）
木村健太朗（社会福祉法人　新栄会）

（幼稚園・認定こども園の指導計画）
文京区立第一幼稚園

〈スタッフ〉

編集協力：増田有希、宮本幹江
本文デザイン：伊藤悠（OKAPPA DESIGN）
本文イラスト：おおたきょうこ、ちこ*

本書の内容に関するお問い合わせは、**書名、発行年月日、該当ページを明記**の上、書面、FAX、お問い合わせフォームにて、当社編集部宛にお送りください。**電話によるお問い合わせはお受けしておりません。**
また、本書の範囲を超えるご質問等にもお答えできませんので、あらかじめご了承ください。
　FAX：03-3831-0902
　お問い合わせフォーム：http://www.shin-sei.co.jp/np/contact-form3.html

落丁・乱丁のあった場合は、送料当社負担でお取替えいたします。当社営業部宛にお送りください。
本書の複写、複製を希望される場合は、そのつど事前に、出版者著作権管理機構（電話：03-5244-5088、FAX：03-5244-5089、e-mail：info@jcopy.or.jp）の許諾を得てください。
JCOPY ＜出版者著作権管理機構 委託出版物＞

5歳児の指導計画 完全サポート　CD-ROMつき

2019年3月5日　初版発行

監修者　原　孝　成
発行者　富　永　靖　弘
印刷所　公和印刷株式会社

発行所　東京都台東区台東2丁目24　株式会社 新星出版社
〒110-0016 ☎03(3831)0743

© SHINSEI Publishing Co., Ltd.　Printed in Japan

ISBN978-4-405-07291-6